RHEINLAND-PFALZ

Natur und Technik

Natur-wissenschaften 6

Cornelsen

NATUR UND TECHNIK

Naturwissenschaften 6

Autorinnen und Autoren:
Volker Abegg, Ulrike Austenfeld, Barbara Barheine, Siegfried Bresler, Anja Faehndrich,
Anita Gutmann, Bernd Heepmann, Oliver Hintzen, Michael Jütte, Ute Klinkmüller,
Dr. Erich Kretzschmar, Carsten Kuck, Ralf Kühl, Dr. Jochim Lichtenberger, Martin Löffelhardt,
Aïnoa Malcotti, Dr. Heinz Obst, Cornelia Pätzelt, Ute Pfohl, Verena Rau, Judith Röder,
Norbert Schröder, Wilhelm Schröder, Reinhard Sinterhauf, Ingmar Stelzig, Claudia Täubner,
Sven Theis, Dr. Gottfried Wiedenmann

Berater: Norbert Schröder (Koblenz)

Redaktion: Christine Amling, Thomas Gattermann, Luisa Hetmann, Juliane Maaß,
Stefanie Roth, Florian Schäfer, Yvonne Schanzenbächer, Martin Vatter

Grafik und Illustration: diGraph, Esther Gollan, Rainer Götze, Karin Mall, Tom Menzel,
Matthias Pflügner, Detlef Seidensticker

Umschlaggestaltung: SOFAROBOTNIK GbR, Augsburg & München

Layout und technische Umsetzung: Michaela Müller für Corngreen GmbH, Leipzig;
Jesse Konzept & Text GmbH, Hannover

Begleitmaterial zum Lehrwerk für Lehrerinnen und Lehrer	
Handreichungen für den Unterricht	ISBN 978-3-06-013804-3
Kopiervorlagen	ISBN 978-3-06-013805-0
E-Book	ISBN 978-3-06-015258-2
Begleitmaterialien im Unterrichtsmanager Plus	ISBN 978-3-06-010975-3

www.cornelsen.de

Dieses Werk enthält Vorschläge und Anleitungen für Untersuchungen und Experimente.
Vor jedem Experiment sind mögliche Gefahrenquellen zu besprechen. Beim Experimentieren
sind die Richtlinien zur Sicherheit im Unterricht einzuhalten.

1. Auflage, 3. Druck 2024

Alle Drucke dieser Auflage sind inhaltlich unverändert und können
im Unterricht nebeneinander verwendet werden.

© 2018 Cornelsen Verlag GmbH, Berlin

Druck und Bindung: Livonia Print, Riga

ISBN 978-3-06-015256-8

PEFC zertifiziert
Dieses Produkt stammt aus nachhaltig
bewirtschafteten Wäldern und kontrollierten
Quellen.
www.pefc.de

PEFC/12-31-006

Inhaltsverzeichnis

Geräte und Maschinen im Alltag 266

Stoffe im Alltag 290

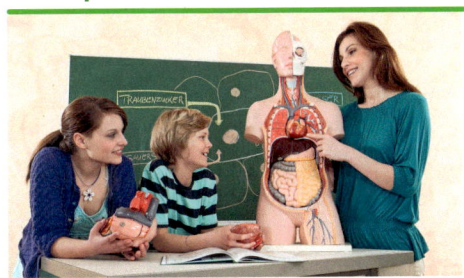

Anhang 390

Liebe Schülerin, lieber Schüler,
dieses Buch ist ganz einfach aufgebaut.
Zu jedem Thema findest du diese Seitentypen:

■ Basisseiten

... vor allem zum Lesen und Lernen

Sind Pflanzen lebendig?

1 Eine Gelbhalsmaus knabbert an einem Lerchensporn.

Die Maus muss Nahrung aufnehmen, um zu überleben. Ernährt sich die Pflanze ebenfalls und kann sie sich bewegen? Besitzt sie alle Kennzeichen des Lebendigen?

Pflanzen bewegen sich • Pflanzen sind meist fest in der Erde verwurzelt, dennoch bewegen sie sich. Blütenpflanzen öffnen und schließen ihre Blüten je nach Tageszeit oder bei Temperaturveränderungen.

Einige fleischfressende Pflanzen wie die Venusfliegenfalle bewegen sich sogar so schnell, dass sie Insekten fangen können. → 2

Pflanzen reagieren auf Reize • Pflanzen können Reize wahrnehmen und darauf reagieren. Zimmerpflanzen wachsen immer zum Sonnenlicht hin. Die Mimose kann Berührungen wahrnehmen und innerhalb von Sekunden ihre Blätter zusammenklappen. → 2

Pflanzen wandeln Stoffe um • Mit ihren Wurzeln nehmen Pflanzen aus dem Boden Wasser und Mineralstoffe auf. Über ihre Blätter können sie Kohlenstoffdioxid aufnehmen und Sauerstoff abgeben. Im Innern der Pflanzen werden diese Stoffe durch Leitungsbahnen transportiert.

2 Venusfliegenfalle und Mimose

Aus Kohlenstoffdioxid und Wasser wird mithilfe des Sonnenlichts Traubenzucker und Sauerstoff gebildet. Diesen Vorgang nennt man Fotosynthese. → 3
Der Zucker wird für das Wachstum der Pflanze benötigt und in den Früchten gespeichert.

Pflanzen wachsen • Aus einem winzigen Samen entsteht unter den richtigen Bedingungen eine große Pflanze. Dafür werden ausreichend Wasser, Wärme, Licht und Kohlenstoffdioxid benötigt. Einige Pflanzen wie zum Beispiel der Bambus wachsen viele Zentimeter pro Tag. An Früchten kann man ebenfalls das Wachstum erkennen, da sie sich aus befruchteten Blüten entwickeln. → 3

Fortpflanzung bei Pflanzen • Nach Bestäubung und Befruchtung von Blüten bildet die Pflanze Früchte mit Samen. Die Bestäubung kann durch Insekten oder den Wind erfolgen. Aus den Samen entwickeln sich wieder neue Pflanzen.
Manche Arten pflanzen sich auch ohne Samen fort, indem sie Knollen, Zwiebeln oder Ableger bilden.

Pflanzen zeigen alle Kennzeichen des Lebendigen:
Sie können sich bewegen und auf Reize aus der Umwelt reagieren. Sie wandeln Stoffe um, die für ihre Entwicklung, ihr Wachstum und ihre Fortpflanzung brauchen. Pflanzen sind Lebewesen.

die Fotosynthese
das Kohlenstoffdioxid
der Traubenzucker

3 Fotosynthese

4 Apfel

Aufgaben

1 ○ Nenne zwei Umweltreize, die Pflanzen wahrnehmen und auf die sie reagieren können.

2 ◰ Erläutere anhand der fünf Kennzeichen des Lebendigen, dass die Sonnenblume ein Lebewesen ist.

3 ■ Vergleiche die Ernährung einer fleischfressenden Pflanze mit der Ernährungsweise anderer Pflanzenarten.

158 Tiere – Pflanzen – Lebensräume

159

Jedes Kapitel beginnt mit einer **Auftaktseite.** Es umfasst mehrere Themen.

Jedes Thema enthält **Basisseiten** und **Materialseiten**.
An einer großen Überschrift erkennst du, dass ein neues Thema beginnt.

■ Basisseiten informieren und erklären. Merksätze fassen das Wichtigste zusammen. Neue Lernwörter findest du oben rechts.

■ Materialseiten bieten Pakete mit Aufgaben, Versuchen und Bauanleitungen zur Auswahl.

Mit leicht □, mittel ◰, schwer ■ sind Aufträge und Aufgaben gekennzeichnet – auf allen Seiten.

190

Sind Pflanzen lebendig?

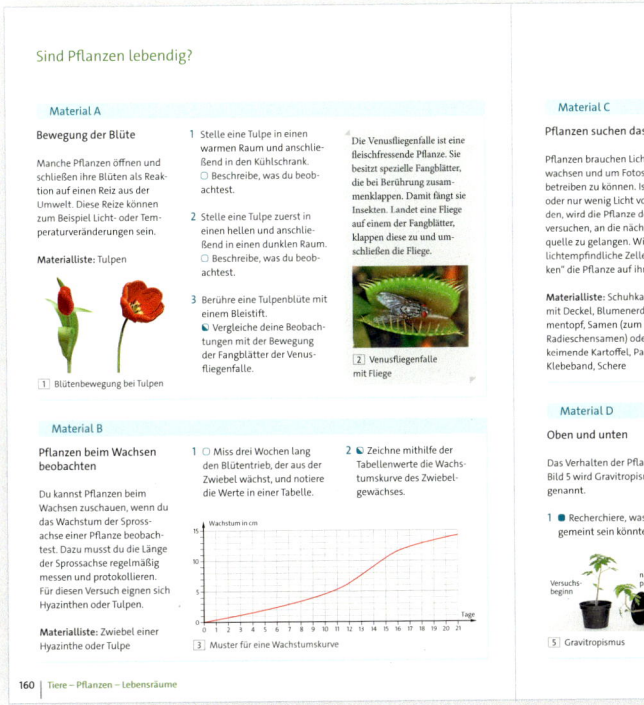

Material A

Bewegung der Blüte

Manche Pflanzen öffnen und schließen ihre Blüten als Reaktion auf einen Reiz aus der Umwelt. Diese Reize können zum Beispiel Licht- oder Temperaturveränderungen sein.

Materialliste: Tulpen

1 Stelle eine Tulpe in einen warmen Raum und anschließend in den Kühlschrank.
   Beschreibe, was du beobachtest.

2 Stelle eine Tulpe zuerst in einen hellen und anschließend in einen dunklen Raum.
   Beschreibe, was du beobachtest.

3 Berühre eine Tulpenblüte mit einem Bleistift.
   Vergleiche deine Beobachtungen mit der Bewegung der Fangblätter der Venusfliegenfalle.

Die Venusfliegenfalle ist eine fleischfressende Pflanze. Sie besitzt spezielle Fangblätter, die bei Berührung zusammenklappen. Damit fängt sie Insekten. Landet eine Fliege auf einem der Fangblätter, klappen diese zu und umschließen die Fliege.

1 Blütenbewegung bei Tulpen

2 Venusfliegenfalle mit Fliege

Material B

Pflanzen beim Wachsen beobachten

Du kannst Pflanzen beim Wachsen zuschauen, wenn du das Wachstum der Sprossachse einer Pflanze beobachtest. Dazu musst du die Länge der Sprossachse regelmäßig messen und protokollieren. Für diesen Versuch eignen sich Hyazinthen oder Tulpen.

Materialliste: Zwiebel einer Hyazinthe oder Tulpe

1 Miss drei Wochen lang den Blütentrieb, der aus der Zwiebel wächst, und notiere die Werte in einer Tabelle.

2 Zeichne mithilfe der Tabellenwerte die Wachstumskurve des Zwiebelgewächses.

3 Muster für eine Wachstumskurve

Material C

Pflanzen suchen das Licht

Pflanzen brauchen Licht, um zu wachsen und um Fotosynthese betreiben zu können. Ist kein oder nur wenig Licht vorhanden, wird die Pflanze dennoch versuchen, an die nächste Lichtquelle zu gelangen. Winzige lichtempfindliche Zellen „lenken" die Pflanze auf ihrem Weg.

Materialliste: Schuhkarton mit Deckel, Blumenerde, Blumentopf, Samen (zum Beispiel Radieschensamen) oder eine keimende Kartoffel, Pappe, Klebeband, Schere

1 Pflanze die Kartoffel oder die Samen in einen Blumentopf mit feuchter Erde.

2 Schneide in eine Seitenwand des Schuhkartons ein Fenster. Klebe Zwischenwände hinein, die so hoch wie der Karton sind, aber noch einen Weg für die Pflanze frei lassen.

3 Stelle den Blumentopf an den Platz im Karton, der am weitesten vom ausgeschnittenen Fenster entfernt ist. Schließe den Deckel und stelle den Karton an einen hellen Ort.

4 Führe ein Beobachtungsprotokoll. Sieh dazu jeden Tag kurz in den Karton und notiere die Veränderungen. Halte die Erde während des Versuchs immer feucht.

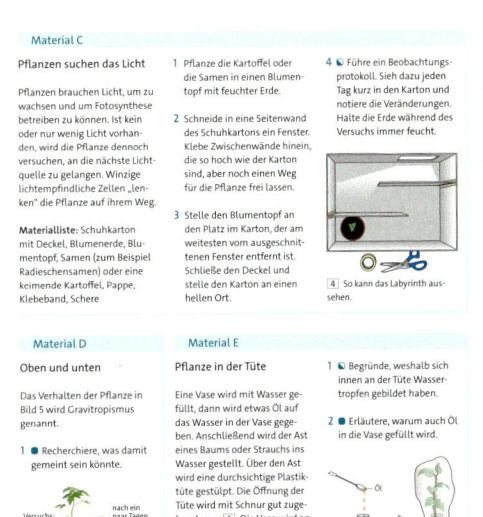

4 So kann der Versuch aussehen.

Material D

Oben und unten

Das Verhalten der Pflanze in Bild 5 wird Gravitropismus genannt.

1 Recherchiere, was damit gemeint sein könnte.

Versuchsbeginn — nach ein paar Tagen

5 Gravitropismus

Material E

Pflanze in der Tüte

Eine Vase wird mit Wasser gefüllt, dann wird etwas Öl auf das Wasser in der Vase gegeben. Anschließend wird der Ast eines Baums oder Strauchs ins Wasser gestellt. Über den Ast wird eine durchsichtige Plastiktüte gestülpt. Die Öffnung der Tüte wird mit Schnur gut zugebunden. 6 Die Vase wird an einen hellen Ort gestellt. Nach einigen Stunden haben sich innen an der Tüte Wassertropfen gebildet.

1 Begründe, weshalb sich innen an der Tüte Wassertropfen gebildet haben.

2 Erläutere, warum auch Öl in die Vase gefüllt wird.

Öl

6

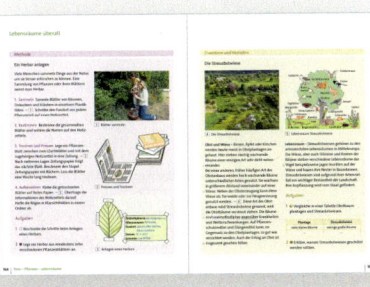

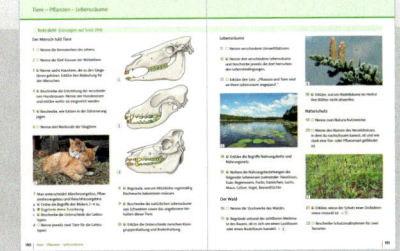

■ **Methodenseiten** zeigen Schritt für Schritt, wie man eine Sache sinnvoll angeht.

■ **Erweitern und Vertiefen** bietet Informationen an, die über das Grundlegende hinausgehen.

Die **Zusammenfassung** gibt einen Überblick über den Lernstoff des Kapitels.

Die Aufgaben auf den **Teste-dich-Seiten** beenden das Kapitel. Sie helfen dir, dein Wissen selbst einzuschätzen. Die Lösungen der Aufgaben findest du im Anhang.

Sonne – Wetter – Jahreszeiten

Pflanzen benötigen Sonnenlicht für ihr Wachstum und die Reifung ihrer Früchte. Auch der Mensch nutzt die Energie der Sonne. Aber was ist Sonnenenergie?

Bei Regen fällt Wasser vom Himmel. Wie kommt es da hin und warum bleibt es nicht dort?

Viele Pflanzen tragen Blüten. Die Blüten können verschiedene Formen und Farben haben. Doch welchen Nutzen haben sie?

Energie von der Sonne

1 Unsere Sonne

Die Sonne ist sehr weit entfernt von unserer Erde – und doch liefert sie uns viel Energie. Ohne Licht und Wärme von der Sonne würde es kein Leben
5 **auf der Erde geben.**

Sonnenwärme • Ohne die Wärmeenergie der Sonne wäre es so kalt auf der Erde, dass sich kein Leben entwickeln könnte. Wärmeenergie
10 treibt auch den Wasserkreislauf der Erde an und ist verantwortlich für das Entstehen von Wind.

Sonnenlicht • Pflanzen stellen aus Wasser und Kohlenstoffdioxid den
15 Nährstoff Traubenzucker her. Dazu benötigen sie Lichtenergie. Die Energie der Sonne wird also von der Pflanze aufgenommen, in chemische Energie umgewandelt und im Traubenzucker
20 gespeichert. Diesen Vorgang nennt man Fotosynthese. → 2
Aus dem Traubenzucker bilden die Pflanzen weitere Nährstoffe, zum Beispiel Fette in Sonnenblumenkernen
25 oder Stärke in Kartoffeln.
Menschen und Tiere ernähren sich von Pflanzen. Die Energie der Nährstoffe benötigt der Körper beispielsweise zum Erzeugen von Wärme und für die
30 Bewegung. Der Körper wandelt die chemische Energie der Nährstoffe in Wärmeenergie und Bewegungsenergie um. → 2

Energie • Energie tritt in verschiedenen
35 Formen auf, die ineinander umgewandelt werden können. Energie geht dabei nicht verloren.

> Die Sonnenenergie ermöglicht das Leben auf der Erde. Sie erwärmt und beleuchtet die Erde. Sonnenenergie kann in andere Energieformen umgewandelt werden.

Energiewandler

Sonne Lichtenergie Blatt chemische Energie

Energiewandler

chemische Energie Mensch Bewegungsenergie Wärmeenergie

2 Energieumwandlung

Aufgaben

1 ○ Nenne drei Energieformen.

2 ◗ Beschreibe die Energieumwandlung bei der Fotosynthese.

Material A

Feuer durch Sonnenlicht

Materialliste: große, starke Lupe, Streichhölzer, Knete, feuerfeste Unterlage

1 Halte die Lupe so ins Sonnenlicht, dass ein kleiner, heller Lichtfleck auf die Streichholzkuppen fällt. → 3 Warte ein wenig … ○ Beschreibe, was du beobachtest.

2 ○ Nenne die Energieform, die für das Entzünden der Streichhölzer sorgt.

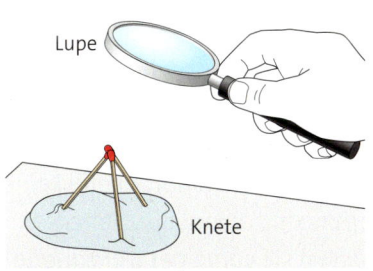

Lupe

Knete

3 Brennglas im Einsatz

Material B

Pflanzenöl verbrennen

Materialliste: Pflanzenöl, Baumwollfaden, Teelichthülsen, Sand, feuerfester Behälter, Büroklammern, Streichhölzer

1 Probiere das Pflanzenöl als Brennstoff aus. → 4 ○ Beschreibe deine Beobachtungen.

2 ◐ Beschreibe, welche Energieumwandlungen stattfinden.

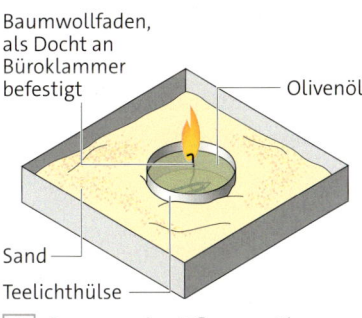

Baumwollfaden, als Docht an Büroklammer befestigt

Olivenöl

Sand

Teelichthülse

4 Brennendes Pflanzenöl

Material C

Solarantrieb

Materialliste: Solarzelle, Kabel, Solarmotor

1 Treibe mit der Solarzelle einen Solarmotor an. → 5 ○ Beschreibe, wie du vorgehen musst, damit der Motor besonders schnell läuft.

2 ◐ Beschreibe, welche Energieumwandlungen stattfinden.

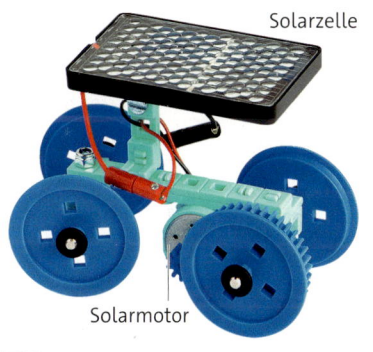

Solarzelle

Solarmotor

5 Modellauto

Material D

Solarkocher

In Bild 6 siehst du einen Solarkocher. In sonnigen Ländern können Menschen damit die Energie der Sonne zum Kochen nutzen.

1 ○ Nenne die Energieform, die beim Solarkocher genutzt wird.

2 ● Begründe, weshalb die Verwendung eines Solarkochers einen Beitrag zum Klimaschutz darstellt.

6 Solarkocher

Lichtquellen und Lichtausbreitung

1 Sonnenlicht fällt durch die Bäume des Waldes.

Seit Urzeiten nutzt der Mensch die Sonne als Lichtquelle. Früher regelte die Sonnenscheindauer das Leben der Menschen. Erst mit der Entdeckung des 5 **Feuers konnte der Mensch auch nachts aktiv sein.**

Lichtquellen • Die Sonne, die Sterne, eine Glühlampe, eine LED oder die Flamme einer Kerze sind Lichtquellen. 10 Sie erzeugen Licht und senden es aus.

Lichtquellen, die von Menschen gebaut wurden, heißen künstliche Lichtquellen. Es gibt aber auch natürliche Lichtquellen, die ohne menschliches Wirken 15 leuchten. → 2 Fällt das Licht einer Lichtquelle in deine Augen, kannst du es wahrnehmen. Auch Körper, die keine Lichtquellen sind, kannst du sehen. Dazu müssen sie von einer Lichtquelle 20 beleuchtet werden und das reflektierte Licht muss in deine Augen gelangen.

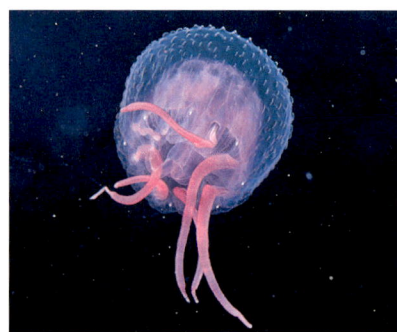

2 Leuchtende Tiere: Tintenfisch, Qualle und Glühwürmchen

Lichtausbreitung • Licht breitet sich immer geradlinig in alle Richtungen aus. Sollen Beobachtungen von Licht-
25 phänomenen zeichnerisch dargestellt werden, benutzen Forscher Licht-strahlen. Das sind gezeichnete Pfeile. Sie zeigen, welchen Weg das Licht nimmt. Der Lichtstrahl ist ein Modell
30 zum Darstellen von Licht. → 3

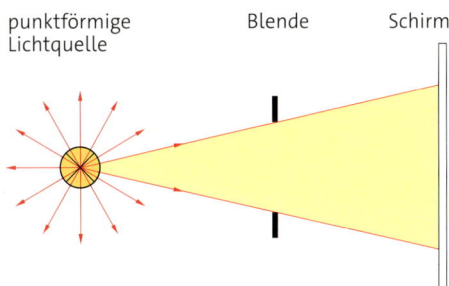

3 Lichtausbreitung

Schatten • Wenn Licht auf einen lichtundurchlässigen Gegenstand fällt, gelangt in den Raum hinter dem Gegenstand kein Licht. Dieser Raum
35 heißt Schattenraum.
Auf einer Wand hinter dem Gegen-stand entsteht ein Schattenbild. Mit dem Begriff Schatten kann sowohl der Schattenraum als auch das Schatten-
40 bild gemeint sein. → 4

4 Schattenraum – Schattenbild

Kern- und Teilschatten • Wird ein Gegenstand von mehr als einer Licht-quelle beleuchtet, entstehen hinter dem Körper unterschiedlich dunkle
45 Schattenbereiche. → 5
Kernschatten heißt der Bereich, in den kein Licht fällt. Er ist der dunkelste Schatten. In die helleren Schatten-bereiche fällt Licht von einer der Licht-
50 quellen. Sie heißen Teilschatten.

5 Kern- und Teilschatten

> Lichtquellen senden Licht aus.
> Licht breitet sich geradlinig nach allen Seiten aus.
> Der Lichtstrahl ist ein Modell zur Darstellung von Licht.
> Wird ein lichtundurchlässiger Körper beleuchtet, so entsteht hinter dem Körper ein Schatten.

Aufgaben

1 ○ Nenne drei künstliche und drei natürliche Lichtquellen.

2 ◖ Erläutere, was man unter einem Lichtstrahl versteht.

3 ◖ Erkläre die Begriffe „Schatten-raum" und „Schattenbild" an einem Beispiel.

Lichtquellen und Lichtausbreitung

Material A

Lichtquellen

1 Timo soll einen Vortrag über Lichtquellen halten. Dazu will er Fotos für den Vortrag auswählen.
   ○ Hilf Timo bei der Auswahl. → [1] – [5]
   🖊 Begründe deine Auswahl.

[1] Verkehrsampel

[2] Vollmond

[3] Blitz

[4] Lagerfeuer

[5] Im Dunkeln leuchtender Reflektor

Material B

Lichtausbreitung

Licht breitet sich geradlinig aus. Mit dem folgenden Experiment kannst du diese Eigenschaft der Lichtausbreitung sichtbar machen.

Materialliste: hell leuchtende Glühlampe, leere Konservendose (den Grat am Rand vorsichtig mit Klebeband abkleben), Hammer, Nagel, Kreidestaub oder Puder

1 Entferne das Papier von der Dose. Schlage vorsichtig mit Hammer und Nagel einige Löcher in die Dose. Stülpe die Dose über die leuchtende Glühlampe. → [6] Verdunkle den Raum.
   ○ Beschreibe deine Beobachtungen.

2 Schüttle etwas Kreidestaub oder Puder über die Dose.
   ○ Beschreibe deine Beobachtungen.

[6] Experimentaufbau

Material C

Schatten vergrößern und verkleinern

Materialliste: Glühlampe, Holzbaustein, Experimentierschirm

1 Beleuchte den Baustein so mit der Glühlampe, dass auf dem Schirm sein Schattenbild zu sehen ist. → 7
🖋 Beobachte von oben und stelle deine Beobachtungen zeichnerisch mithilfe von Lichtstrahlen dar.

2 Verändere zuerst den Abstand zwischen Glühlampe und Holzbaustein. → 8
◯ Beschreibe die Veränderung des Schattens.

3 Verändere nun den Abstand zwischen Holzbaustein und Schirm. → 9
◯ Beschreibe erneut die Veränderung des Schattens.

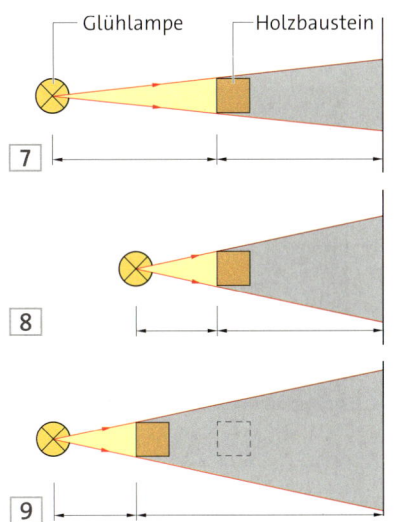

Material D

Farbige Schatten

Materialliste: eine rote und eine grüne Lampe, Gegenstand, Experimentierschirm

1 Baue das Experiment auf wie in Bild 10 gezeigt. Schalte zuerst nur die rote Lampe und anschließend nur die grüne Lampe an.
◯ Beschreibe, welche Farbe der Schatten jeweils hat.

2 Schalte nun beide Lampen gleichzeitig an.
◯ Beschreibe deine Beobachtungen.
🖋 Erkläre, wie die farbigen Schatten entstehen. → 11

10 Schattenbilder

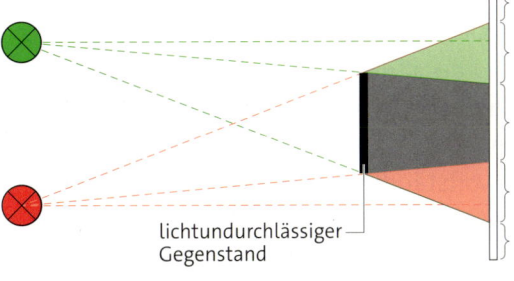

11 Kernschatten – Teilschatten

Lichtquellen und Lichtausbreitung

Schatten im Weltraum – Sonnenfinsternis und Mondfinsternis

1 Phasen der Sonnenfinsternis vom 11.08.1999

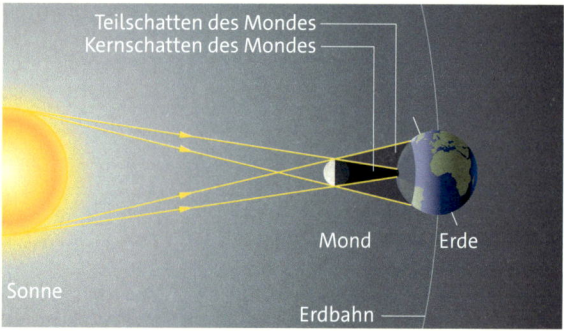

2 Schattenräume bei einer Sonnenfinsternis

Sonnenfinsternis • Der Mond wird von der Sonne beleuchtet. Auf seiner sonnenabgewandten Seite entsteht ein Schatten.
Da die Sonne eine sehr große Lichtquelle ist,
5 entstehen hinter dem Mond Kern- und Teilschattenräume. Meist geht der Schatten des Mondes an der Erde vorbei, da die Mondbahn gegenüber der Erdbahn geneigt ist.
Befinden sich Sonne, Mond und Erde auf einer
10 Linie, fällt der Schatten des Mondes auf die Erde. Befindet man sich in diesem Schattengebiet, kann man eine Sonnenfinsternis beobachten. → 1
Da der Schatten des Mondes viel kleiner ist als
15 die Erde, kann man eine Sonnenfinsternis nur dort beobachten, wo der Mondschatten auf die Erde trifft. → 2 Befindet man sich im Teilschattenraum, sieht man eine partielle Sonnenfinsternis, der Mond verdeckt dabei die Sonne
20 nur teilweise. Vom Kernschattenraum aus kann man eine totale Sonnenfinsternis beobachten, dabei wird die Sonne vollständig vom Mond verdeckt. Dann wird es mitten am Tag dunkel und die Temperatur sinkt.

25 **Häufigkeit von Sonnenfinsternissen** • Sonnenfinsternisse sind selten. Da die Mondbahn gegenüber der Erdbahn etwas geneigt ist, kreuzt sie nur zweimal im Jahr die Verbindungslinie zwischen Sonne und Erde. → 3
30 Nur dann stehen Sonne, Mond und Erde so in einer Linie, dass der Schatten des Mondes auf die Erde fällt und eine Sonnenfinsternis eintritt. Da der Mondschatten sehr klein ist, kommt es an einem bestimmten Ort auf der Erde etwa
35 alle 200 Jahre dazu. Die nächste totale Sonnenfinsternis in Deutschland erwarten wir am 03.09.2081.

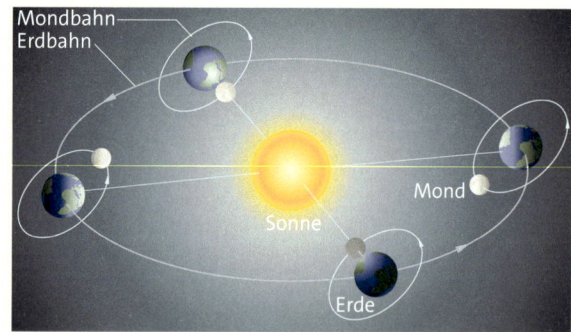

3 Der Mond umkreist die Erde.

4 Mondfinsternis

Mondfinsternis • Die Erde wird von der Sonne beleuchtet. Auf der sonnenabgewandten Seite
40 der Erde entstehen Kern- und Teilschatten-räume. ⇢ 5 Für eine Erdumrundung benötigt der Mond etwa einen Monat. Seine Bahn ver-läuft meist oberhalb oder unterhalb des Erd-schattenraums. Nur zweimal im Jahr bewegt
45 sich der Mond durch den Kernschatten der Erde. Dann kann man von Teilen der Erde aus eine Mondfinsternis beobachten. ⇢ 4

Beobachtungen bei einer Mondfinsternis • Der Vollmond tritt allmählich in den Kernschatten
50 der Erde ein. Dabei kann man beobachten, wie er an einer Seite dunkel wird. Die dunkle Fläche

wird langsam größer. Befindet sich der Mond vollständig im Kernschatten der Erde, erscheint er viel dunkler, meist leuchtet er rot. Der Mond
55 wird nicht vollständig dunkel, da immer Son-nenlicht von der Erde reflektiert wird. Vor allem der rote Anteil des Sonnenlichts wird in den Kernschatten gelenkt, dadurch erscheint der verfinsterte Mond rot. Nach einigen Minuten
60 verlässt der Mond den Schattenraum der Erde. Er wird nach und nach wieder hell.

Aufgaben

1 ○ Beschreibe, wie eine Sonnenfinsternis entsteht.

2 ○ Beschreibe, wie eine Mondfinsternis entsteht.

3 ◑ Erkläre, warum Mondfinsternisse nur bei Vollmond und Sonnenfinsternisse nur bei Neumond stattfinden können.

4 ● Erkläre, warum eine Sonnenfinsternis nicht gleichzeitig überall auf der Erde zu beobachten ist.

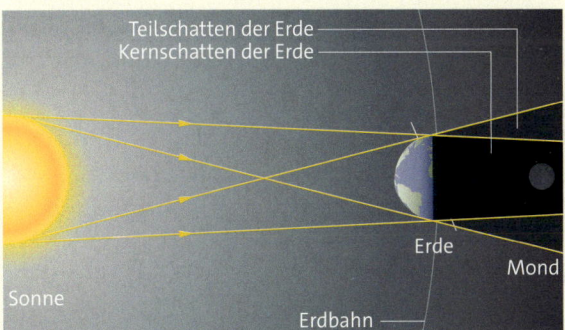

5 Schattenräume bei einer Mondfinsternis

Reflexion und Brechung von Licht

1 Lasershow mit Raumspiegeln

Eine Lasershow ist ein fantastisches Erlebnis. Aber wie erschaffen die Künstler aus Laserstrahlen solch schöne Muster oder sogar Bilder?

5 **Reflexion von Licht** • Licht wird von den Oberflächen aller Gegenstände zurückgeworfen. Man sagt, es wird reflektiert. Körper mit einer glatten, hellen Oberfläche reflektieren das 10 Licht besonders gut. Mit einem Spiegel kannst du zum Beispiel das Licht der Sonne umlenken.

Auch die Künstler der Lasershow arbeiten mit Spiegeln. Da die Reflexion des 15 Lichts immer nach der gleichen Gesetzmäßigkeit abläuft, können sie das Licht genau steuern. Beleuchtest du eine glatte Oberfläche, bilden das einfallende Licht und das reflektierte Licht 20 ein „V". Dieses „V" steht senkrecht auf der Oberfläche. → 2 Die Senkrechte mitten im „V" bezeichnet man als Lot. Einfallswinkel und Reflexionswinkel sind immer gleich groß. Dieses Gesetz 25 heißt Reflexionsgesetz.

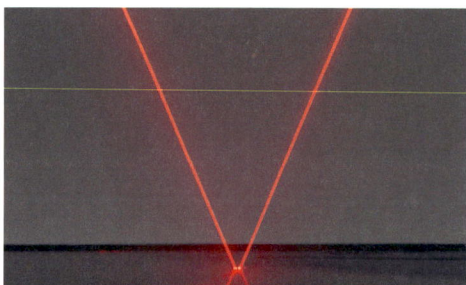

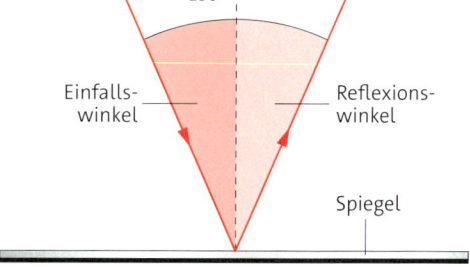

2 Lichtreflexion

Brechung von Licht • Beleuchtest du einen lichtdurchlässigen Körper, geht ein Teil des Lichts durch diesen Körper hindurch. Dabei ändert das Licht seine
30 Richtung, wenn es in den Körper hineingeht und wenn es aus dem Körper wieder hinausgeht. → 3 Diese Richtungsänderung wird als Lichtbrechung bezeichnet. Man sagt: Das Licht wird
35 an der Grenzfläche gebrochen. Stärke und Richtung der Lichtbrechung hängen von den beiden Stoffen an der Grenzfläche und vom Einfallswinkel des Lichts ab.

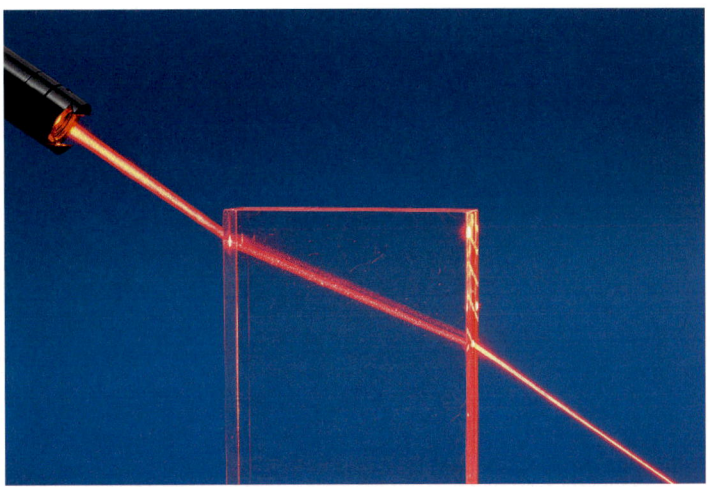

3 Licht wird an der Grenzfläche Luft–Glas gebrochen.

40 **Das Farbspektrum** • Sicher hast du schon einmal einen Regenbogen beobachtet. Die Farben des Regenbogens entstehen ebenfalls durch Lichtbrechung. Das Licht der Sonne wird dabei
45 an kleinen Wassertropfen in der Luft in seine Farben zerlegt. Mit einem geometrischen Körper aus Glas, der Prisma genannt wird, kannst du ein solches Farbspektrum selbst erzeugen.
50 → 4 Daran kannst du erkennen, dass weißes Licht aus einer Mischung verschiedener Einzelfarben besteht. Einfarbiges Laserlicht dagegen ist gebündeltes und sehr energiereiches Licht.
55 Es kommt in der Natur nicht vor, sondern wird künstlich erzeugt.

4 Farbzerlegung am Prisma

> Bei der Reflexion des Lichts ist der Reflexionswinkel immer genauso groß wie der Einfallswinkel. Licht ändert an der Grenzfläche zweier lichtdurchlässiger Körper seine Richtung. Dieses Phänomen bezeichnet man als Lichtbrechung.

Aufgaben

1 ○ Nenne zwei Beispiele für die Reflexion von Licht.

2 ◐ Erkläre den Begriff Reflexion und formuliere das Reflexionsgesetz.

3 ● Beschreibe, was bei der Lichtbrechung an Grenzflächen geschieht.

Reflexion und Brechung von Licht

Material A

Reflexion am Spiegel

Das Reflexionsgesetz kannst du selbst überprüfen.

Materialliste: Experimentierleuchte mit Spaltblende, Spiegel, Winkelscheibe

1 Baue das Experiment auf wie in Bild 1 gezeigt und lege eine Messwerttabelle an.

a ○ Stelle verschiedene Einfallswinkel ein. Lies die Reflexionswinkel ab und trage sie in die Tabelle ein.

b ◑ Vergleiche jeweils den Einfallswinkel mit dem dazu gehörenden Reflexionswinkel. Was fällt dir auf?

c ● Vergleiche deine Ergebnisse mit dem Reflexionsgesetz. Formuliere dein Ergebnis in einem Satz.

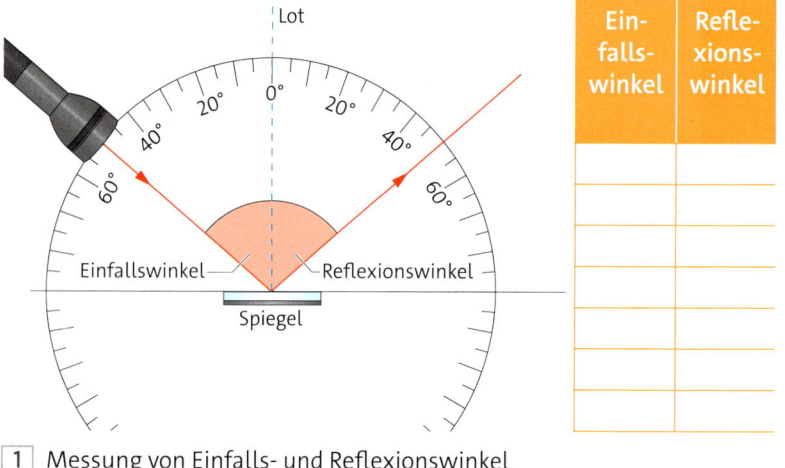

Einfalls-winkel	Reflexions-winkel

1 Messung von Einfalls- und Reflexionswinkel

Material B

Reflexion von Licht

Mira und Nils haben Licht mit einem Spiegel reflektiert und seinen Weg aufgezeichnet.

1 In der Zeichnung fehlt jedoch der Spiegel.

a ○ Übertrage die Zeichnung in dein Heft. → 2

b ◑ Erläutere, wie du die Position des Spiegels zeichnerisch oder mithilfe eines Experiments herausfinden kannst.

c ● Ergänze den Spiegel in der Zeichnung.

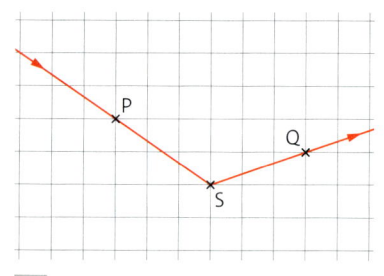

2 Reflexion von Licht

Material C

Der tote Winkel

Den Bereich seitlich des Autos, den ein Autofahrer in Rückspiegel, Außenspiegel und beim „Schulterblick" nicht sieht, nennt man den toten Winkel.

Materialliste: Tür, Spiegel

1 ◑ Stellt mithilfe eines Spiegels und einer Tür den Blickwinkel eines Autofahrers nach wie in Bild 3 gezeigt.

3 Das sieht ein Autofahrer.

Material D

Lichtbrechung an Grenzflächen

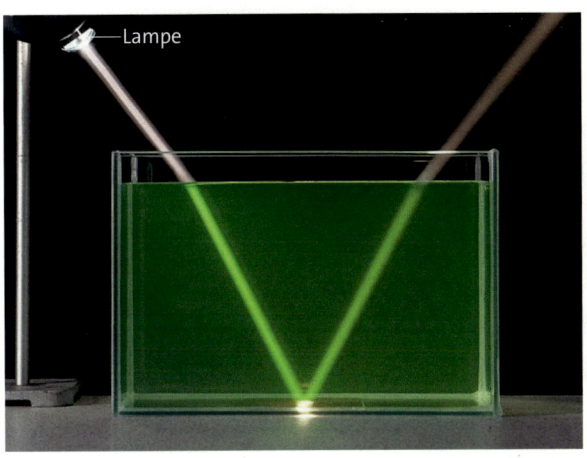

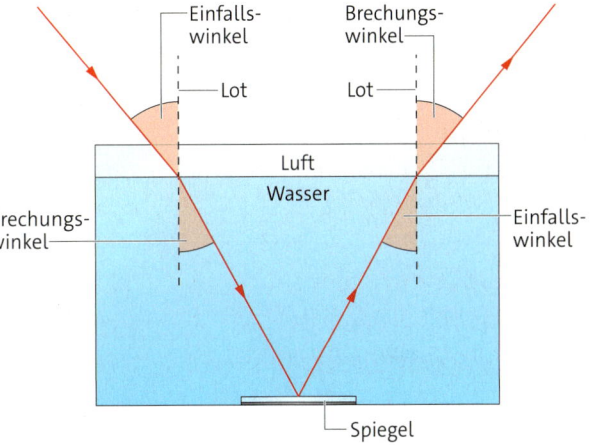

4 | Licht wird an den Grenzflächen Wasser - Luft und Luft - Wasser gebrochen.

Das Licht trifft schräg auf die Grenzfläche Luft - Wasser und wird dort gebrochen. Der Spiegel am Boden des Beckens reflektiert das Licht. Das Licht trifft dann erneut auf die Grenzfläche zwischen Wasser und Luft. In der Zeichnung zum Experiment sind alle Winkel und Lote eingezeichnet. → 4

1 ○ Vergleiche Einfalls- und Brechungswinkel.

2 ◑ Erkläre deine Beobachtung.

Material E

Zaubertrick

Materialliste: Tasse, Münze, Wasser

1 Arbeitet in Zweiergruppen. Lege eine Münze auf den Boden der Tasse. Bitte deinen Partner sich so hinzusetzen, dass er die Münze nicht sehen kann, und still sitzen zu bleiben. Gieße nun vorsichtig Wasser in die Tasse.

2 ○ Bitte deinen Partner zu beschreiben, was er beobachtet.

3 ● Erklärt mithilfe von Bild 5, wie der „Zaubertrick" funktioniert.

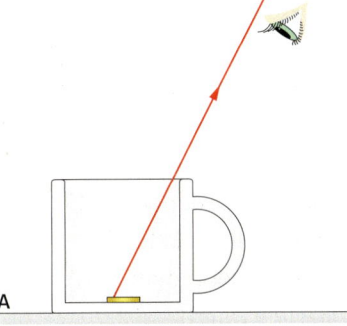

5 | Lichtstrahl: **A** ohne und **B** mit Wasser

Energie unterwegs

1 Eine Eidechse auf einem sonnenbeschienenen Blatt.

Die Eidechse nutzt die Strahlung der Sonne, um ihren Körper zu erwärmen. Wieso erwärmen sich Körper durch Sonnenlicht?

5 **Strahlung wird ausgesendet und aufgefangen** • Die Sonne sendet ständig Licht und Wärmestrahlung aus. Steht ein Auto im prallen Sonnenschein, kann es darin sehr heiß werden. Das 10 Auto wird durch die Strahlung der Sonne erwärmt. Ein dunkles Auto wird im Sonnenschein schneller aufgeheizt als ein helles. Dunkle Gegenstände nehmen viel Strahlung auf. Helle 15 Gegenstände reflektieren dagegen einen großen Teil der Strahlung. Auch ein heißes Bügeleisen sendet Wärmestrahlung aus. Deine Hand wird deutlich erwärmt, wenn du sie 20 nahe an das Bügeleisen hältst. → 2 Alle Gegenstände senden Energie

durch Strahlung aus. Je heißer ein Gegenstand ist, desto mehr Strahlung sendet er aus. Strahlung kann sich in 25 Luft, in Wasser oder in Glas ausbreiten. Sie breitet sich auch im praktisch leeren Weltall zwischen der Sonne und der Erde aus.

Wärme wird mitgeführt • Im Winter 30 sorgt die Heizung dafür, dass es im Haus angenehm warm ist. Dazu wird Brennstoff im Heizkessel verbrannt. Die Flamme erwärmt Wasser, dieses Wasser erhält also Wärmeenergie. Das 35 warme Wasser wird in einem Kreislauf aus Rohren durch das gesamte Haus gepumpt und nimmt die Wärmeenergie zu den Heizkörpern mit. Die Heizkörper erwärmen die Luft in ihrer 40 Nähe, das Wasser gibt Wärmeenergie ab und kühlt ab. Dann strömt es vom Heizkörper zurück in den Kessel.

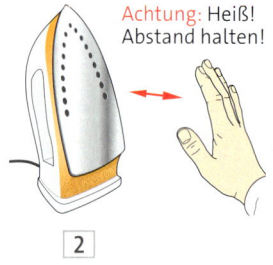

Achtung: Heiß! Abstand halten!

2

Dort nimmt es wieder Wärmeenergie
auf. Die erwärmte Luft steigt nach
45 oben und strömt von den Heizkörpern
weg durch das Zimmer. Dabei gibt sie
die mitgeführte Wärmeenergie an die
Gegenstände im Raum ab, kühlt ab
und sinkt unten. Wenn die Luft wieder
50 am Heizkörper vorbeiströmt, wird sie
erneut erwärmt. → 3
Die Übertragung von Wärme von
einem Ort zum anderen nennt man
Wärmeströmung.

55 **Die Wärmeleitung** • Wenn du einen
Topf mit Suppe auf eine heiße Herdplatte stellst, wird zuerst der Topf
heiß und dann die Suppe. Die Wärmeenergie wird von der Herdplatte über
60 den Topfboden in die Suppe geleitet.
Wir sprechen von Wärmeleitung.

Gute und schlechte Wärmeleiter • Der
Stahlboden des Kochtopfs leitet die
Wärmeenergie schnell weiter, er ist
65 ein guter Wärmeleiter. Die Kunststoff-
griffe des Topfs werden beim Kochen
nicht heiß, sie sind schlechte Wärmeleiter. Metalle sind gute Wärmeleiter.
Wasser, Glas, Beton und Stein sind
70 keine guten Wärmeleiter. Luft, Holz,
Wolle, Jute, Kunststoffe und Gase sind
sehr schlechte Wärmeleiter.

> Wärmestrahlung kann Gegenstände
> erwärmen. Wärmeenergie kann von
> Wasser oder Luft mitgeführt wer-
> den, das nennt man Wärmeströ-
> mung. Breitet sich Wärmeenergie in
> Gegenständen aus, sprechen wir
> von Wärmeleitung.

3 Die strömende Luft verteilt Wärmeenergie im Zimmer.

4 Eine „Zaubertasse": leer – mit frisch eingefülltem heißem
Tee – wenige Sekunden später

Aufgaben

1 ○ Beschreibe, wie die Eidechse erwärmt wird. → 1 Nenne die betei-
ligten Energieformen.

2 ◗ Raumanzüge von Astronauten
sind weiß, Sonnenkollektoren für
warmes Wasser sind schwarz.
Begründe den Unterschied. → 5 6

3 ● Nenne den Vorgang, durch den
die Wärmeenergie bei der „Zaubertasse" von innen nach außen gelangt. → 4

Energie unterwegs

Material A

Energie auffangen

Materialliste: je 1 Rechteck (10 cm × 15 cm) aus schwarzem und weißem Tonkarton

1 Lege die Kartonstücke 15 Minuten in die Sonne. ➔ 1

2 Halte die Kartonstücke danach abwechselnd dicht an deine Wange.

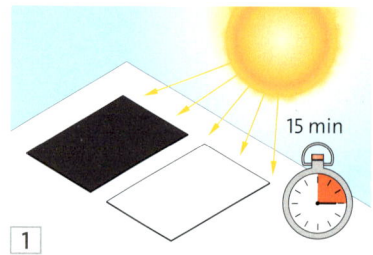

1

a ⃝ Beschreibe, was du fühlst.
b ◨ Begründe deine Beobachtungen.

Material B

Energie umlenken

1 Stelle eine Lampe auf einen Tisch und schalte sie ein. Lege deine Hand 2 Minuten ins Licht. Lenke das Licht mit einem Stück Alufolie um, sodass es auf deinen Unterarm fällt.

2 ⃝ Beschreibe jeweils, was du wahrnimmst.

Material C

Warmer Wasserstrom

Materialliste: Rundkolben, Wasser, farbiges Badesalz, Gasbrenner, Glasrohr, Stativmaterial

1 Die Lehrkraft erhitzt den Rundkolben an einer Seite mit kleiner Flamme. ➔ 2
⃝ Beobachte, was im Wasser geschieht. Schreibe und zeichne es auf.

2 Das Glasrohr wird mit kleiner Flamme an einer Seite erhitzt. ➔ 3
◨ Beobachte, was passiert. Vergleiche mit Versuch 1.

Achtung • Flamme nicht zu lange auf eine Stelle richten!

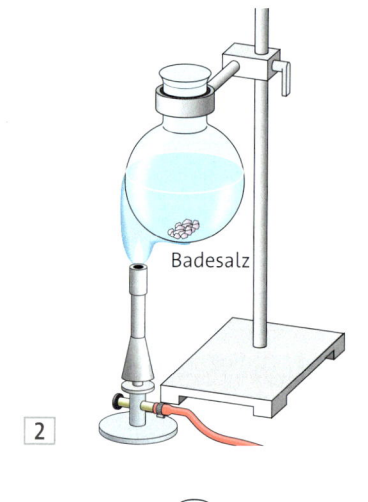

Badesalz

2

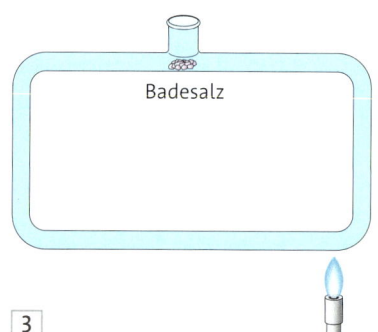

Badesalz

3

Material D

Warmer Luftstrom

Materialliste: Blatt Papier, Stecknadel, Schere

1 Schneide die Papierspirale aus. ➔ 4 Stich die Stecknadel von unten hindurch. Halte die Spirale über eine heiße Kochplatte, einen warmen Heizkörper …
◨ Beschreibe und erkläre, was du beobachtest.

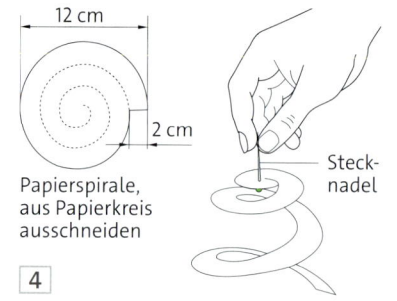

12 cm

2 cm

Papierspirale, aus Papierkreis ausschneiden

Stecknadel

4

Erweitern und Vertiefen

Warmes Wasser und Strom vom Hausdach

5 Auf einem Dach: Sonnenkollektoren (oben) und Solarzellen (unten)

6 Sonnenkollektor

Licht-energie Sonnen-kollektor Wärme-energie

7 Solarzelle

Licht-energie Solarzelle elektrische Energie

Sonnenkollektoren • Sie wandeln Lichtenergie in Wärmeenergie um. → 6 Lichtenergie dringt durch eine Glasscheibe und trifft auf eine schwarze Metallplatte. → 8 Dort wird
5 die Wärmeenergie aufgefangen. Die Temperatur der Platte steigt. Die warme Platte erwärmt die Flüssigkeit in der Rohrleitung.

Die erwärmte Flüssigkeit wird ins Haus geleitet und gibt dort Wärmeenergie an das
10 Wasser zum Heizen, Duschen … ab.

Solarzellen • Sie wandeln Lichtenergie in elektrische Energie um. → 7 Damit können wir viele Geräte im Haushalt betreiben.

Lichtenergie wird von Sonnenkollektoren in Wärmeenergie umgewandelt. Solarzellen wandeln Lichtenergie in elektrische Energie um.

Aufgaben

1 ○ Nenne den Unterschied zwischen Solarzelle und Sonnenkollektor.

2 ◐ Bei uns gibt es keine Sonnenkollektoren auf der Nordseite von Dächern. Erkläre.

Sonnenstrahlung

Gehäuse

erwärmte Flüssigkeit

Glasscheibe

schwarze Platte

Wärmedämmung

kalte Flüssigkeit

8 Aufbau eines Sonnenkollektors

Schutz vor Wärme und Kälte

1 | Eine Hauswand wird gedämmt.

In den letzten Jahren sind bei uns viele Häuser rundherum mit dicken Platten aus Hartschaum beklebt worden. Die Platten haben den gleichen Zweck wie
5 **ein Winterfell.**

Wärmedämmung am Haus • Im Winter heizen wir unsere Häuser, um nicht zu frieren. Um die Wärme im Haus zu halten, werden Hauswände gedämmt.
10 ➔ 1 Dazu werden schlechte Wärmeleiter verwendet, wie zum Beispiel Styropor, Holzwolle oder Glaswolle.

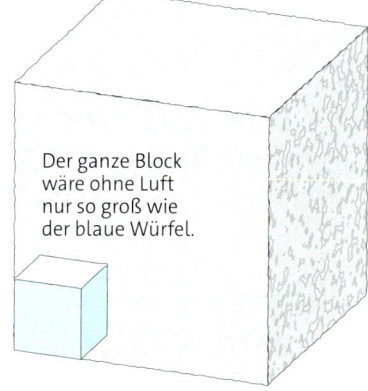

Der ganze Block wäre ohne Luft nur so groß wie der blaue Würfel.

2 | Luft im Styroporblock

Sie sind sehr schlechte Wärmeleiter, weil sie viel Luft enthalten. ➔ 2 Im
15 Sommer wird dadurch wenig Wärmeenergie nach innen geleitet, im Winter gelangt wenig Wärmeenergie ins Freie.

Schutz vor Kälte • Wollpullover oder bauschige Winterjacken enthalten viel
20 Luft und sind sehr schlechte Wärmeleiter. Dadurch gibt unser Körper nur langsam Wärmeenergie an die Umgebung ab und bleibt schön warm. Bei Abkühlung ziehen sich die Blutgefäße
25 zusammen, um die Wärmeabgabe zu verringern. Frieren wir trotzdem, fangen wir an zu zittern. Durch diese schnellen Muskelbewegungen wird Energie aus der Nahrung in Bewegungsenergie und
30 dann in Wärmeenergie umgewandelt.

Schutz vor Hitze • Im Sommer tragen wir dünne Kleidung, die keine Luftpolster enthält. Bei Wärme weiten sich die Blutgefäße in der Haut und geben so
35 die Körperwärme an die Umgebung ab. Reicht das nicht aus, beginnen wir zu schwitzen. Verdunstet der Schweiß auf der Haut, sinkt die Hauttemperatur und dadurch auch die Körpertempe-
40 ratur.

> Der Mensch schützt sich durch Dämmstoffe vor Wärme und Kälte.

Aufgabe

1 🍃 Erläutere, wie durch Dämmung Energie gespart und die Umwelt geschont werden kann.

Material A

Modellhaus mit Wärmedämmung

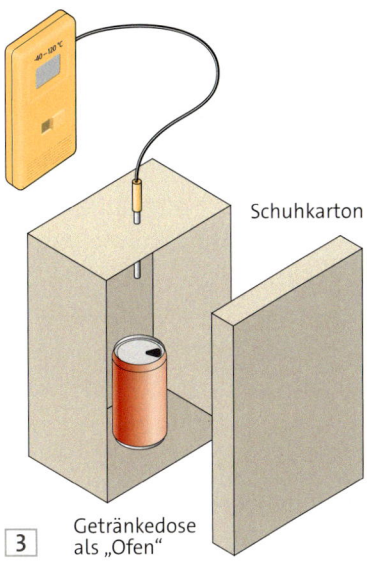

Schuhkarton

3 Getränkedose als „Ofen"

Materialliste: Schuhkarton, Getränkedose, warmes Wasser (50 °C), Schaumstoff, Styropor, Luftpolsterfolie, Thermometer (am besten elektronisch, mit Messfühler)

1 Baut das Modellhaus auf.
→ 3 Der Schuhkarton stellt das Haus dar. Die Getränkedose mit dem warmen Wasser ist der Ofen. Stellt das Haus ohne Ofen in einen kühlen Raum.
○ Messt die Temperatur nach 20 Minuten. Notiert den Messwert.

2 Stellt nun den warmen Ofen ins Haus.
○ Messt die Temperatur wieder nach 20 Minuten.

3 Kleidet jetzt das Haus rundherum mit Schaumstoff, Styropor oder Luftpolsterfolie aus. Stellt wieder einen warmen Ofen ins Haus.
○ Messt nach 20 Minuten die Temperatur.

4 ◗ Vergleicht die verschiedenen Messwerte. Erklärt die Unterschiede.

Material B

Warum tragen wir Daunenjacken?

Materialliste: Daunenfedern, Deckfedern, 2 Bechergläser (250 mL), 2 große Reagenzgläser, 2 Thermometer, 40 °C warmes Wasser

1 Fülle ein Becherglas mit Daunenfedern. Drücke die Federn leicht an. → 4 Fülle beide Reagenzgläser bis knapp unter den Rand mit warmem Wasser. Stelle ein Reagenzglas in die Daunenfedern, das andere in das leere Becherglas.

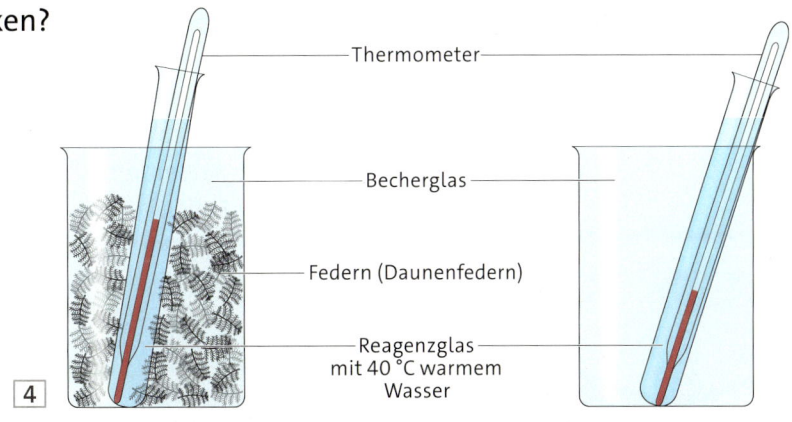

Thermometer

Becherglas

Federn (Daunenfedern)

Reagenzglas mit 40 °C warmem Wasser

4

a ○ Notiere die Wassertemperaturen 10 Minuten lang jede Minute.

b ◗ Stelle die Messwerte in zwei Diagrammen dar.

c ◗ Vergleiche die beiden Diagramme.

d ● Begründe deine Ergebnisse.

Tiere im Winter – Leben auf Sparflamme

1 Rehe bewegen sich im Winter nicht mehr als nötig.

Im Winter wird für viele Tiere die Nahrung knapp und die Kälte setzt ihnen zu. Wie überleben Tiere unter diesen schwierigen Bedingungen?

5 **Sparsam durch den Winter** • Die Rehe bewegen sich im Winter möglichst wenig, um Energie zu sparen. → 1 Sie verbrauchen dadurch weniger von ihren Fettreserven, die sie sich im 10 Herbst angefressen haben. Außerdem wechseln sie im Herbst ihr Fell. Die Haare des Winterfells sind länger und liegen sehr dicht übereinander. Dadurch wird Luft im Fell gehalten und 15 vom Körper angewärmt. Diese Luftpolster schützen die Rehe vor Auskühlung durch Wärmeverlust.

Auch die Amsel schützt sich durch Luftpolster zwischen ihren aufgeplusterten 20 Federn vor Wärmeverlust. → 2 Rehe und Amseln sind das ganze Jahr über auf Nahrungssuche. Ihre Körpertemperatur ist konstant, sie sind gleichwarm und winteraktiv.

25 **Die Kältestarre** • Wird es im Herbst immer kälter, sinkt die Körpertemperatur wechselwarmer Tiere, Herzschlag und Atmung werden langsamer. Der Grasfrosch sucht Schutz in einem frost- 30 freien Winterlager und gräbt sich zum Beispiel am Grund eines Gewässers ein. Sinkt die Temperatur noch weiter, fällt der Grasfrosch in Kältestarre.

2 Die Amsel im Winter und im Sommer

Er verbringt fünf bis sechs Monate in
35 diesem Zustand. Fällt seine Körpertemperatur unter den Gefrierpunkt, bildet sich Eis in seinem Körper und er erfriert. Auch Marienkäfer fallen in Kältestarre. Sie können jedoch bis zu minus 15 °C
40 aushalten, indem sie ihre Körperflüssigkeit verringern und eine Art „Frostschutzmittel" bilden. → 3

3 Marienkäfer
in Kältestarre

Der Winterschlaf • Im Winter regelt der Igel verschiedene Körperfunktionen
45 herunter. Seine Körpertemperatur sinkt, meist beträgt sie nur noch 2 bis 5 °C. Der Igel kann sich dann nicht mehr bewegen. → 4 Diese Bewegungslosigkeit nennt man Torpor. Sie hält nicht
50 über den ganzen Winter an. Ungefähr einmal pro Woche wird der Körper aufgewärmt. Das kostet sehr viel Energie. Der Igel bezieht sie aus dem Fettgewebe, das er sich im Herbst ange-
55 fressen hat.

4 Ein Igel beim
Winterschlaf in
einem Laubhaufen.

Die Winterruhe • Braunbären und andere große Säugetiere legen ebenfalls Fettreserven an und halten Winterruhe. Ihr Herzschlag wird langsamer, ihre
60 Körpertemperatur sinkt jedoch nicht unter 30 °C. Außerdem erwachen sie regelmäßig, um Futter aufzunehmen. → 5

5 Ein Braunbär
erwacht aus der
Winterruhe.

Säugetiere und Vögel sind gleichwarm, viele von ihnen sind winteraktiv. Andere fallen in Kältestarre und verringern ihre Körperfunktionen, um Energie zu sparen. Einige Tiere fallen in Bewegungslosigkeit (Torpor).

Aufgaben

1 ○ Nenne Möglichkeiten, wie Tiere im Winter Energie sparen.

2 ● Stelle Vermutungen an, warum Tiere in Kältestarre bei einer kurzen Wärmeperiode mitten im Winter nicht aufwachen.

Tiere im Winter – Leben auf Sparflamme

Material A

Atmung beim Grasfrosch

Der Grasfrosch ist wechsel-warm. Wenn sich die Umgebungstemperatur ändert, passt sich seine Körpertemperatur an. In der Tabelle sind die Atemzüge eines Grasfroschs in Abhängigkeit von seiner Körpertemperatur dargestellt.
→ 1

Körpertempe-ratur in °C	Atemzüge pro Minute
0	<1
5	<1
10	1
15	5
20	11
25	31
30	88

1 Messwerte beim Grasfrosch

1 ● Stelle die Atemzüge des Grasfroschs in Abhängigkeit von der Körpertemperatur in einem Diagramm dar.

2 ◐ Beschreibe den Zusammenhang zwischen Körpertemperatur und Atemzügen mithilfe des Diagramms. Fasse das Ergebnis in einem Satz zusammen.

Material B

Warum plustern sich Tiere bei Kälte auf?

Viele Tiere stellen bei besonders niedrigen Temperaturen ihre Haare oder das Gefieder auf. Welchen Vorteil hat das?

Materialliste: 2 lange Thermometer (–10 bis 50 °C), 2 hohe Standzylinder (Durchmesser 8 cm, 4 cm), 2 Reagenzgläser und passende Gummistopfen mit Loch (für die Thermometer), 2 kalte Kühlpacks, Paketschnur, 2-mal 10 g Schurwolle in Tüten, 500 mL Wasser von 40 °C (Thermoskanne), Stoppuhr

1 ● Schützt ein aufgeplustertes Fell besser vor Kälte als ein nicht aufgeplustertes? Untersucht es mit dem Versuchsmaterial. → 2
a Plant den Versuch und skizziert den Aufbau. Gebt an, wofür die Wolle beim Tier stehen soll und wofür das warme Wasser.
b Führt den Versuch durch. Beschreibt, was ihr tut und beobachtet. Notiert Messwerte.
c Wertet den Versuch aus. Beantwortet die Versuchsfrage.

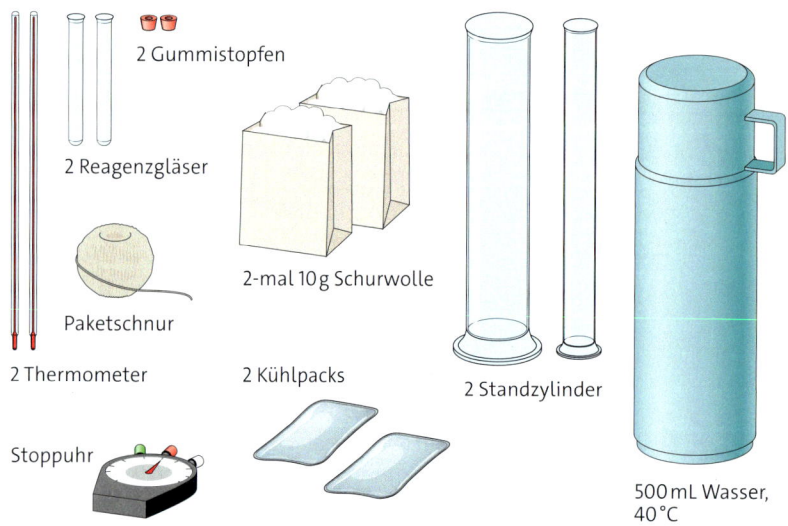

2 Gummistopfen
2 Reagenzgläser
Paketschnur
2 Thermometer
2-mal 10 g Schurwolle
2 Kühlpacks
2 Standzylinder
500 mL Wasser, 40 °C
Stoppuhr

2 Versuchsmaterial

Energiesparen ist angesagt

Überlebenskünstler

Der natürliche Lebensraum des Dsungarischen Zwerghamsters ist Sibirien. Dort ist es im Winter sehr kalt. Dann verlässt der kleine Hamster nur wenige Stunden pro Tag seinen Bau. Er ist nachtaktiv. Außerdem spart er Energie mit diesen drei Maßnahmen:

- Der Hamster polstert sein Nest sehr gut. Dafür braucht er im Winter viermal so viel Material wie im Sommer.
- Das Tier nutzt im Winter seine Fettreserven und nimmt dadurch stark ab.
- Im Winter verringert er seine Körpertemperatur und Atmungsaktivität stark.

3 Dsungarischer Zwerghamster

1 ○ Nenne die drei Maßnahmen des Dsungarischen Zwerghamsters für das Überleben im Winter. → 3

2 ◐ Beschreibe, wie sich das Gewicht des Dsungarischen Zwerghamsters über das Jahr hinweg verändert. → 4 Nenne die Vorteile der Gewichtsabnahme im Winter.

3 Ein Wintertag:
a ◐ Beschreibe, wie sich Körpertemperatur und Atmung ändern. → 5 6
b ◐ Stelle Vermutungen an, wie sich die Veränderungen auf Verhalten und Energiebedarf des Tieres auswirken.

4 ● Begründe, ob der Zwerghamster Winterruhe hält.

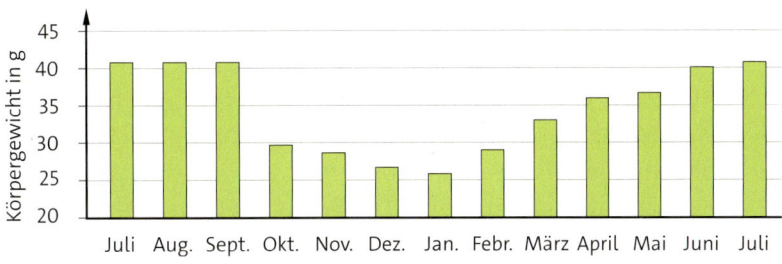

4 Körpergewicht des Hamsters (im natürlichen Lebensraum)

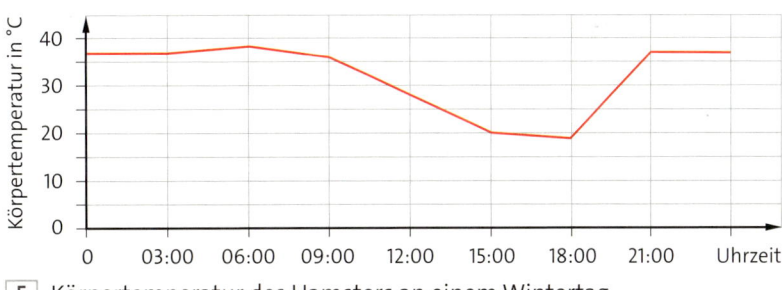

5 Körpertemperatur des Hamsters an einem Wintertag

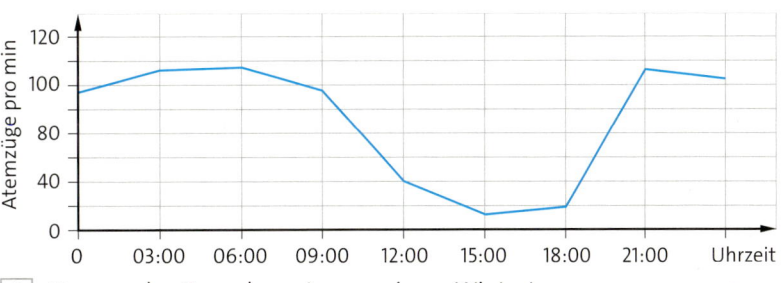

6 Atmung des Zwerghamsters an einem Wintertag

Tiere im Winter – Leben auf Sparflamme

Eisbären – angepasst an das Leben in eisiger Kälte

1 Eisbär auf der Jagd

2 Die Fußsohlen sind schwarz und behaart.

Eisbären sind geschickte Jäger • Eisbären leben hoch im Norden, in der Arktis. → 1 Anfang November friert hier das Meer zu. Jetzt gibt es beste Bedingungen für die Jagd nach Robben.
5 Robben fangen Fische und Krebstiere unter dem Eis. Sie müssen aber zum Luftholen auftauchen. Dafür nutzen sie ein Atemloch im Eis. Der Eisbär wittert mit seinem feinen Geruchssinn das Atemloch. Dort wartet er geduldig
10 auf die Robbe – dann packt er blitzschnell zu. Oft schleicht sich der Eisbär auf dem Eis an seine Beute an. Erst wenn er ganz nah ist, greift er an. Er hat aber nicht immer Erfolg. Bei ihrer Jagd wandern Eisbären weite Stre-
15 cken. Sie schwimmen auch sehr ausdauernd.

Eisbären sind gut angepasst • Der Eisbär muss sich während der Jagdzeit im Winter riesige Fettreserven anfressen. Ausgewachsene Tiere fressen sich so viel Fett an, dass sie vier bis
20 acht Monate und im Notfall auch einmal ein ganzes Jahr lang fasten können.
Mit seinem weißen Fell ist der Eisbär gut getarnt. Er hat ein dichtes Unterfell und lange, ölige Fellhaare. Sie sind innen mit Luft gefüllt.

25 Dadurch halten sie besonders gut warm. Unter der schwarzen Haut hat ein gut genährter Eisbär eine dicke Fettschicht – bis zu 10 Zentimeter! Sie schützt ihn vor Temperaturen von bis zu minus 50 °C.
30 Die hohlen Fellhaare und die Fettschicht sorgen für eine geringe Dichte des Eisbären. Dadurch kann er leichter schwimmen. Die Vordertatzen sind wie Paddel geformt und haben Schwimmhäute zwischen den Zehen. Die
35 dichte Behaarung schützt die Tatzen vor Kälte und verhindert ein Ausrutschen auf Eis. → 2

Aufgaben

1 ○ Gib an, wo Eisbären auf der Erde leben.

2 ◐ Ergänze die Tabelle in deinem Heft. → 3

Angepasstheiten des Eisbären	
gute Nase	Eisbär kann Beute über weite Entfernungen und im Dunkeln aufspüren.
?	?

3 Mustertabelle

Kamele – angepasst an das Leben in trockener Hitze

4 Trampeltier mit Jungtier

5 Trinkende Dromedare

Kamele sind Wüstenschiffe • Sie gehen im Passgang, bewegen also Vorderfuß und Hinterfuß auf einer Seite gleichzeitig. Dann verlagern sie ihr Gewicht auf diese Seite und
5 bewegen die Füße auf der anderen Seite. So entsteht der schaukelnde Gang, der Reiter auf ihrem Rücken schwankt hin und her. Kamele werden daher auch Wüstenschiffe genannt.

Kamele sind genügsam • In trockenen Wüsten-
10 regionen finden Kamele oft nur wenig Nahrung. Deshalb speichern Dromedare und Trampeltiere Fett in ihren Höckern. Kamele sind Wiederkäuer und ernähren sich hauptsächlich von Gräsern, fressen aber auch Dor-
15 nenbüsche. Sie können bis zu 30 Tage ohne Nahrung und zwei Wochen ohne Wasser auskommen. Beim Ausatmen wird über die Nasenschleimhaut Wasser aus der Atemluft zurückgewonnen. Außerdem werden Urin
20 und Kot stark eingedickt. Am Tag kann die Körpertemperatur der Kamele auf bis zu 41 °C ansteigen. Erst dann beginnen sie zu schwitzen. In den kalten Wüstennächten sinkt die Körpertemperatur auf etwa 32 °C ab.

25 An einer Wasserstelle können Kamele bis zu 100 Liter innerhalb weniger Minuten trinken.

Der Kamelkörper ist gut angepasst • Lange Beine halten den Körper vom heißen Wüstenboden fern. Kamele besitzen keine harten
30 Hufe, ihre Fußsohlen sind weich und sehr breit. Das verhindert ein Einsinken im Wüstensand. Hornschwielen an Beinen und Füßen schützen vor dem heißen Boden. Ihr kurzes, dichtes Fell hält sowohl die Hitze des Tages
35 als auch die Kälte der Wüstennächte fern. Ihre Ohrmuscheln sind klein und dicht behaart und dadurch gut vor Sand geschützt. Die Augenlider tragen lange Wimpern, die Nasenlöcher können geschlossen werden.

Aufgaben

1 ○ Nenne Angepasstheiten des Kamels an seinen Lebensraum.

2 ● Erläutere den Vorteil für das Kamel, wenn es erst ab einer Körpertemperatur von über 41 °C zu schwitzen beginnt.

Zugvögel – Weltenbummler der Lüfte

1 Der Weißstorch

Der Weißstorch fliegt im Herbst von Europa bis in den Süden Afrikas. Im Frühjahr fliegt er wieder zurück. Wieso nimmt der Weißstorch die Anstrengun-
5 **gen der langen Reise auf sich?**

Zugvögel und Standvögel • Der Weißstorch ernährt sich von Fröschen, Mäusen, Insekten und Würmern. Diese Nahrung steht im Winter in Europa
10 nicht zur Verfügung. Deshalb nimmt der Weißstorch die lange Reise in den Süden auf sich. Dabei verbraucht er viel Energie. Im Winterquartier versammeln sich sehr viele Störche. Die
15 Nahrung reicht für sie aus, aber nicht für die Aufzucht von Jungtieren. Zugvögel gehen in jedem Frühjahr und Herbst auf die Reise. → 2 3 Sperlinge, Meisen und viele andere Vö-
20 gel bleiben dagegen das ganze Jahr in ihrem Brutgebiet. Sie sind Standvögel.

2 Der Kuckuck – ein Zugvogel

3 Die Rauchschwalbe – ein Zugvogel

Eine anstrengende Reise • Auf der ganzen Welt gehen rund 50 Milliarden Zugvögel auf die Reise. Zum Vergleich:
25 Auf der Erde leben rund 7,2 Milliarden Menschen.
Manche Zugvögel werden von Forschern beringt oder bekommen kleine Sender. Dadurch hat man verschiedene
30 Flugrouten entdeckt. ➝ 4
Vielleicht hast du schon einmal gesehen, wie Enten in einer Reihe hintereinander fliegen. Sie nutzen den Windschatten der vorausfliegenden
35 Vögel. Das spart Energie.
Der Weißstorch und andere große Zugvögel lassen sich von Aufwinden in große Höhen tragen. Dann gleiten sie ohne einen einzigen Flügelschlag über
40 weite Strecken ohne Anstrengung.
Der Kuckuck und viele andere kleine Zugvögel können die Aufwinde nicht nutzen. ➝ 2 Sie fliegen im Schutz der Dunkelheit.

45 **Erstaunliche Leistungen** • Der Weißstorch schafft in nur 40 Tagen den Flug in sein Winterquartier. Bis dort sind es rund 12 000 Kilometer. Küstenseeschwalben legen sogar 40 000 Kilo-
50 meter in einem Jahr zurück!
Streifengänse überqueren das Himalaja-Gebirge in über 9000 Metern Höhe und bei −50 °C. So hoch fliegen sonst nur Verkehrsflugzeuge.
55 Mauersegler fliegen nonstop mit einem Tempo von bis zu 160 Kilometern pro Stunde. Sie schlafen dabei sogar im Flug. Rauchschwalben fliegen mit einer Geschwindigkeit von fast 70 Kilometern
60 pro Stunde. ➝ 3

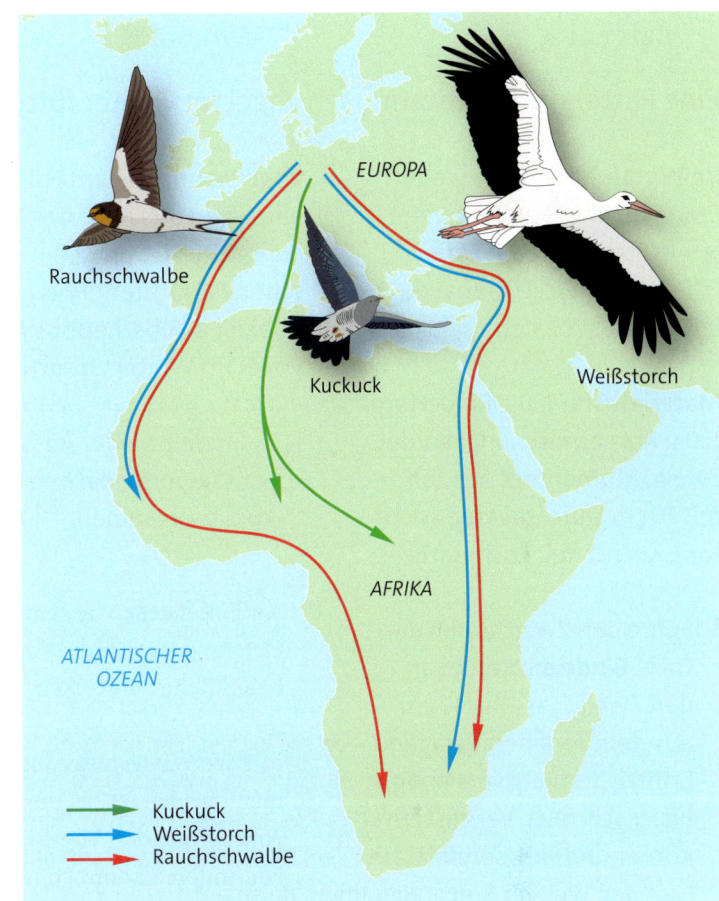

Rauchschwalbe

EUROPA

Kuckuck

Weißstorch

AFRIKA

ATLANTISCHER OZEAN

→ Kuckuck
→ Weißstorch
→ Rauchschwalbe

4 Flugrouten einiger Zugvögel

Zugvögel verlassen ihr Brutgebiet vor dem Winter und ziehen in den Süden. Standvögel bleiben das ganze Jahr über in ihrem Brutgebiet.

Aufgaben

1 ◯ Beschreibe, wie die Zugvögel ihre anstrengende Reise überstehen.

2 ◖ Vergleiche die Flugrouten von Weißstorch, Kuckuck und Rauchschwalbe. ➝ 4

Zugvögel – Weltenbummler der Lüfte

Material A

Eine Futterglocke basteln

Im Winter lassen sich viele Standvögel gut an Futterstellen im Garten beobachten. Eine Futterglocke kannst du leicht selbst basteln. → 1

Materialliste: 150 g Rindertalg, 150 g Körnermischung, Kordel, Zweig, Blumentopf aus Ton mit 10 cm Durchmesser, Kochtopf, Kochlöffel, Kochplatte

1 Führe den Zweig durch das Loch. Binde die Kordel an den Zweig. Lass ihn 10 cm aus dem Topf herausragen. Erhitze den Talg vorsichtig, bis er schmilzt. Vermische Körner und Talg sorgfältig. Lass den weißen Brei etwas abkühlen. Fülle ihn dann in den Blumentopf. Warte, bis alles fest ist – fertig!

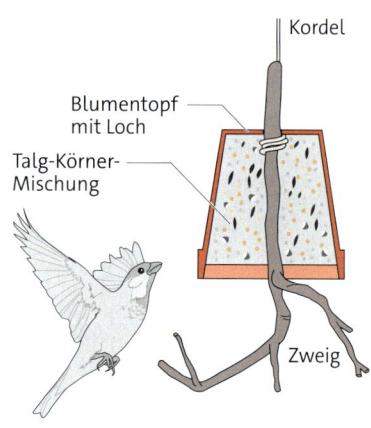

Kordel

Blumentopf mit Loch

Talg-Körner-Mischung

Zweig

1 Die Futterglocke

Material B

Vögel im Winter füttern?

Vögel kannst du am Futterhäuschen aus nächster Nähe beobachten. Das ist ein schönes Naturerlebnis. Aber ist es überhaupt sinnvoll, Vögel im Winter zu füttern?

1 ○ Finde zu jeder Aussage Schlagworte, die den Inhalt kurz beschreiben. → 2

2 ○ Ordne die Schlagworte zur Winterfütterung nach Zustimmung und Ablehnung in einer Tabelle an.

3 ◗ Diskutiere mit einem Partner, ob man Vögel im Winter füttern sollte.

4 ◗ Schreibe deine eigene Meinung zur Winterfütterung auf.

An Futterstellen besteht die Gefahr, dass sich die Vögel mit Krankheiten anstecken.

Mit der Winterfütterung hilft man nur den oft bei uns vorkommenden Vögeln. Die anderen kommen nicht zu den Futterstellen.

Vögel sind recht unempfindlich gegen Ansteckung mit Krankheitserregern.

Man hat beobachtet, dass die Vögel, die eine Futterstelle besuchen, auch noch an anderen Stellen nach Nahrung suchen.

Durch die Fütterung werden die Vögel abhängig von den Menschen.

Der Mensch hat den Lebensraum vieler Vögel zerstört. Durch das Füttern im Winter kann er das zumindest teilweise wieder ausgleichen.

Gartenbesitzer können durch das Anpflanzen heimischer Pflanzen viel für den Vogelschutz tun.

Im Frühjahr werden die Jungvögel mit dem falschen Futter gefüttert und sterben.

Gefährdete Vogelarten, die nur in kleiner Anzahl bei uns leben, werden durch Fütterung unterstützt.

Vögel suchen das richtige Futter für die Aufzucht der Jungtiere.

2 Aussagen zur Winterfütterung von Vögeln

Suchen und Finden im Internet

Heute informieren wir uns ganz selbstver-
ständlich im Internet. Wenn man etwas
wissen will, fragt man das World Wide Web.
Doch wie findet man das Richtige in der fast
unendlichen Informationsfülle?
So kannst du erfolgreich suchen:

1. Frage stellen Notiere eine klare Frage oder
ein Thema für deine Suche.
Beispiel: Wohin ziehen die Weißstörche im
Winter?

2. Suchmaschine auswählen Suchmaschinen
helfen dir beim Finden von Informationen.
Benutze am besten eine Suchmaschine für
Kinder und Jugendliche. Sie liefert meist eine
überschaubare Anzahl von „Treffern" mit
leicht verständlichen Informationen. → 3

3. Suchworte eingeben Gib einen oder zwei
Begriffe zu deiner Frage in eine Suchmaschine
für Kinder und Jugendliche ein.
Beispiel: Weißstorch, Zugvogel

4. Treffer bewerten Überprüfe, ob du die
gefundenen Informationen verstehst und ob
sie die Frage beantworten.
Speichere geeignete Internetseiten bei deinen
Favoriten oder Lesezeichen, damit du sie
immer wieder schnell aufrufen kannst.

5. Frage beantworten Formuliere eine Antwort auf die Frage.
Beispiel: Weißstörche ziehen im Winter bis
nach Südafrika.

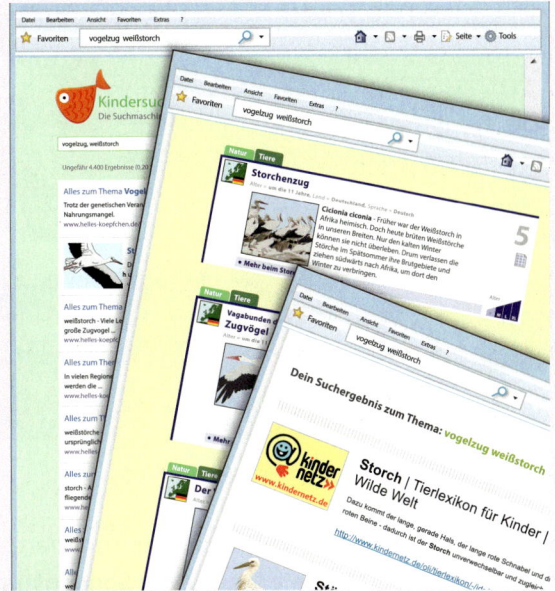

3 Trefferlisten verschiedener Suchmaschinen für
Kinder und Jugendliche

6. Präsentieren Benutze die gefundenen
Informationen und erstelle ein Lernplakat
oder einen Spickzettel für einen Vortrag.
Vergiss nicht, deine Quellen anzugeben.
Beispiel: Lernplakat „Weißstörche – einmal
nach Südafrika und zurück"

Aufgabe

1 Der Kuckuck ist ein Zugvogel. Finde Informationen darüber im Internet.
a ○ Stelle Fragen zur Überwinterung des
Kuckucks, die dich interessieren.
b ◗ Finde heraus, wo der Kuckuck überwintert.
c ● Erstelle mit deinen Informationen ein
Lernplakat.

Die Sonne erwärmt Luft, Wasser und Erde

1 | Alina und Giovanni genießen die Sonne.

An einem schönen Sommertag kannst du die Wärme der Sonnenstrahlen spüren. Was bewirkt die Sonne sonst noch auf unserer Erde?

5 **Licht und Wärme** • Durch das einfallende Sonnenlicht wird es hell auf der Erde. Die Energie der Sonne erwärmt die Erde im Laufe eines Tages, eines Jahres und an verschiedenen Orten 10 unterschiedlich stark. Je höher die Sonne am Himmel steht, desto stärker erwärmt sich die Erdoberfläche. → 2

Atmosphäre • Die Gashülle über der Erdoberfläche nennt man Atmosphäre. 15 Sie reicht bis in eine Höhe von etwa 100 Kilometern. Die Erdatmosphäre besteht aus ungefähr 78 % Stickstoff, 21 % Sauerstoff, 0,04 % Kohlenstoffdioxid und verschiedenen Edelgasen.

20 **Luftdruck** • Die Luftteilchen bewegen sich frei im Raum und prallen dabei auf alle Hindernisse. Dadurch entsteht ein Druck, der Luftdruck. Dieser wird in Hektopascal (hPa) gemessen. Der Luft- 25 druck ist nicht an jedem Ort gleich. In größerer Höhe ist er kleiner.

Erwärmung der Luft • Die Sonne erwärmt die Erde. Dadurch wird auch die Luft darüber erwärmt. Die Luftteilchen 30 bewegen sich schneller und benötigen dafür mehr Platz. Die Luft dehnt sich aus und steigt nach oben.

A Sommer

B Winter

2 | Sonneneinstrahlung: **A** im Sommer und **B** im Winter

Ihre Dichte wird geringer und der Luftdruck nimmt ab. Da die Teilchen in der
35 Atmosphäre also ständig in Bewegung
sind, spricht man auch von einer dyna-
mischen Lufthülle.

Hochdruck und Tiefdruck • Über kalten
Gebieten ballt sich die kalte schwere
40 Luft als Hochdruckgebiet zusammen.
Über heißen Gebieten steigt die warme Luft nach oben. Dadurch verringert
sich der Luftdruck am Boden. Es entsteht ein Tiefdruckgebiet.
45 Landflächen erwärmen sich schneller
als Wasserflächen und kühlen auch
schneller ab.

Wind • Der Druckunterschied zwischen
einem Tiefdruckgebiet und einem
50 Hochdruckgebiet wird durch Teilchenbewegungen ausgeglichen. Dabei
strömt die Luft immer vom Hochdruckgebiet zum Tiefdruckgebiet.
Diese Luftströmung nehmen wir als
55 Wind wahr.
Durch die unterschiedliche Erwärmung
von Landmassen und Meeren strömt
die Luft am Tag vom Meer zum Land.
Nachts ist es umgekehrt. → 3 4

> Die Sonne erwärmt die Erdober-
> fläche. Landmassen werden schnel-
> ler und stärker erwärmt als Wasser.
> Es entstehen Hochdruck- und
> Tiefdruckgebiete. Der Ausgleich
> dieser Druckunterschiede erfolgt
> durch Teilchenbewegungen vom
> Hochdruck- zum Tiefdruckgebiet.
> Diese Luftströmung wird als Wind
> bezeichnet.

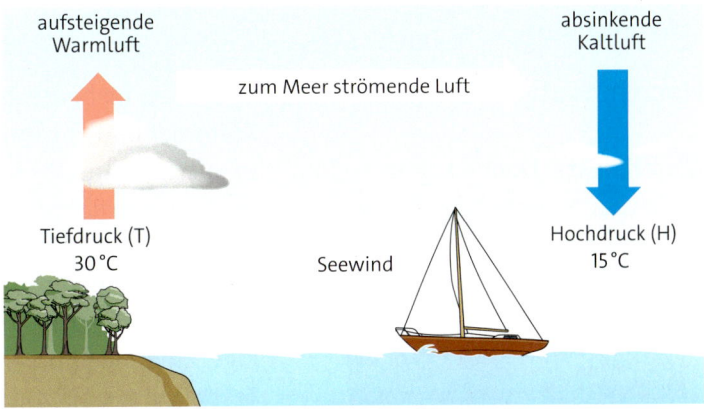

3 Entstehung von Hochdruck, Tiefdruck und Wind am Tag

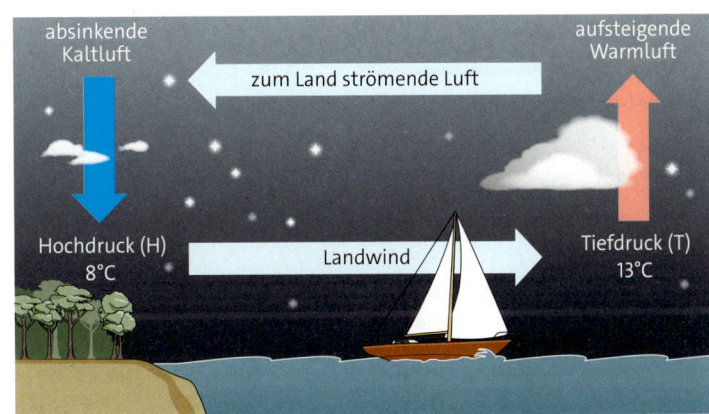

4 Entstehung von Hochdruck, Tiefdruck und Wind in der Nacht

Aufgaben

1 ○ Nenne fünf Berufe oder Freizeit-
beschäftigungen, die stark vom
Wind abhängig sind.

2 ◗ Beschreibe mithilfe von Bild 2,
warum die Sonne die Erde im Sommer stärker erwärmt.

3 ● Erkläre, warum warme Luft nach
oben steigt.

Die Sonne erwärmt Luft, Wasser und Erde

Material A

Hoch hinaus

Materialliste: Doppelkammer-teebeutel, Streichhölzer, feuer-feste Unterlage

1 | Teebeutelrakete

1 Öffne den Teebeutel an der Klammer und entferne den Inhalt. Entfalte den Beutel so, dass eine Röhre entsteht.

2 Stelle die Röhre des Teebeutels auf die feuerfeste Unterlage. Entzünde nun den Teebeutel am oberen Rand. → 1 Achte darauf, dass er nicht umfällt.

3 ◖ Erkläre deine Beobachtungen.

Material B

Teelichtkreis

1 ● Erkläre das Verhalten der Flammen mit den Begriffen Tief- und Hochdruck. → 2

2 | Teelichtkreis

Material C

Wir bauen ein Barometer

Materialliste: 2 leere Gläser, Luftballon, Sand, Schaschlik-spieß, Pappe, Klebeband, Gummi, Holzstab

1 Schneide aus dem Luftballon ein Stück heraus und spanne diese Haut über die Öffnung eines Glases. Befestige sie gut gespannt mit einem Gummiring.

2 Brich den Schaschlikspieß durch und klebe ihn so auf die Luftballonhaut, dass die Spitze übersteht und das abgebrochene Ende in der Mitte der Ballonhaut liegt.

3 Schneide aus der Pappe einen 15 cm langen und 3 cm breiten Streifen. Markiere den Mittelpunkt und zeichne im Zentimeterabstand in beide Richtungen eine Skala.

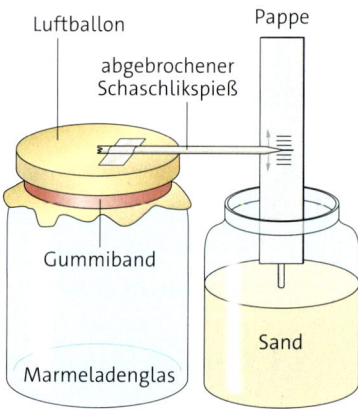

3 | Versuchsaufbau

4 Befestige die Skala an einem Holzstab. Fülle das zweite Glas mit Sand und stecke den Holzstab so tief hinein, dass der Zeiger, also die Spitze des Schaschlikspießes, auf den Mittelstrich deiner Skala zeigt.

5 ◖ Führe ein Beobachtungsprotokoll. Notiere dazu in regelmäßigen Abständen den Stand deines Zeigers und das Wetter in diesem Moment.

6 ● Erläutere den Zusammenhang zwischen der Zeigerstellung deines Barometers und dem Wetter.

Material D

Messwerte erfassen

Für die Untersuchung des Wetters ist die Temperaturerfassung wichtig. Die Temperatur wird im Schatten in etwa 2 Metern Höhe gemessen. Der Temperaturfühler muss dabei trocken sein.

Die Untersuchung ergab folgende Messwerte:

Wochentag	Temperatur in °C
Montag	7
Dienstag	8
Mittwoch	5
Donnerstag	4
Freitag	1
Samstag	–1
Sonntag	2

1 ○ Stelle die Messwerte der Tabelle in einem Koordinatensystem dar.

2 ◑ Ermittle eine Woche lang zur gleichen Uhrzeit deine eigenen Messwerte und stelle diese dar.

3 ● Erkläre, warum der Temperaturfühler bei den Messungen trocken sein muss.

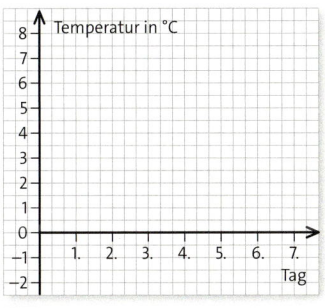

4 Koordinatensystem

Material E

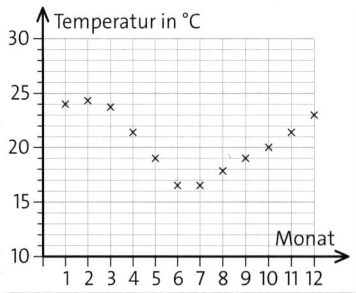

5 Durchschnittstemperaturen

Das Diagramm zeigt die Durchschnittstemperaturen für alle Monate eines Jahres.

1 Ermittle die Durchschnittstemperaturen für die Monate März und August. ➞ 5

2 ● Recherchiere, wo auf der Erde solche Tagestemperaturen gemessen werden könnten.

Material F

Die Kraft des Luftdrucks

Materialliste: Wasserschüssel, Glas, Blatt Papier, Wasser

1 Fülle das Glas bis zum Rand mit Wasser. Lege dann das Papier als Deckel auf das Glas. Bedecke das Papier mit deiner Hand und drücke es etwas an. Spreize dabei deine Finger.

2 Drehe das Glas vorsichtig, aber nicht zu langsam um, sodass die Öffnung nach unten zeigt. Lass deine Hand dabei auf dem Papier und bleibe über der Wasserschüssel. Prüfe, ob das Papier überall haftet. Nimm dann die Hand weg.

3 ● Erkläre deine Beobachtungen.

6 Wasserglastrick

Luft- und Wasserkreislauf

1 Ein Sommerregen

Regen ist für Pflanzen lebensnotwendig. Auch du kannst dich an einem warmen Sommerregen erfreuen. Wie entsteht Regen?

5 **Verdunstung** • Wenn Wasser erwärmt wird, geht es vom flüssigen in den gasförmigen Aggregatzustand über, es entsteht Wasserdampf. Diesen Vorgang nennt man Verdunstung. Der umge-
10 kehrte Vorgang wird Kondensation genannt. → 2

2 Verdunstung und Kondensation

Wolken • Wasserdampf steigt mit erwärmter Luft in die Höhe und kühlt dort ab. Der Wasserdampf kondensiert
15 zu kleinen Tropfen oder gefriert zu Eiskristallen. Es entstehen Wolken, die von den aufsteigenden Luftmassen in der Schwebe gehalten werden.

Regen • Wenn sich in einer Wolke viele
20 Tröpfchen zu großen Tropfen vereinen, werden sie schwerer. Sie fallen aus der Wolke als Regen heraus. Die Niederschlagsmenge wird in Millimetern angegeben. Ein Millimeter Niederschlag
25 bedeutet, dass auf jeden Quadratmeter Boden genau ein Liter Regen gefallen ist.

Wasserkreislauf • Durch die Sonneneinstrahlung verdunstet überall auf
30 der Erde ständig Wasser, z. B. aus Seen, Flüssen und Meeren. Pflanzen nehmen

Wasser aus dem Boden auf und geben
es über die Blätter in die Luft ab. Der
Wasserdampf bildet in höheren Luft-
35 schichten Wolken. Gelangen die Wolken
z. B. an Berge, wo sie nicht höher stei-
gen können, beginnt es hier zu regnen.
Regenwasser gelangt als Oberflächen-
wasser in Seen, Flüsse und Meere. Ein
40 Teil versickert im Boden und fließt als
Grundwasser zusammen. → 3

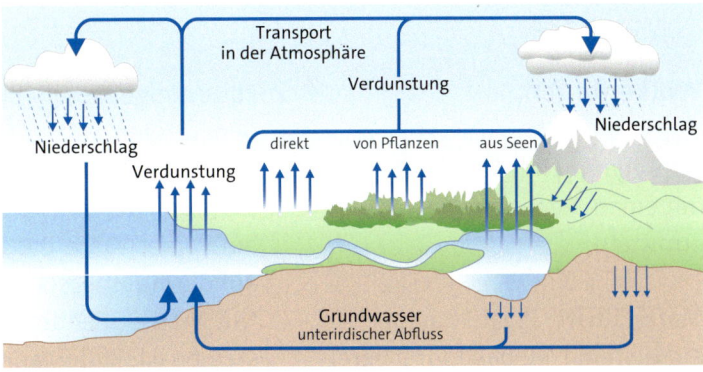

3 Wasserkreislauf

Der natürliche Treibhauseffekt · Die
Sonnenstrahlen erwärmen den Erdboden. Dieser gibt Wärmestrahlung ab.
45 Die Luft in der Atmosphäre wirkt wie
das Glasdach eines Gewächshauses.
Die Wärmestrahlung wird dort zum Teil
durch Staub- und Luftteile reflektiert.
Dadurch erwärmt sich die Erde zusätz-
50 lich. → 4 Erst durch diesen natürlichen Treibhauseffekt ist Leben auf der
Erde überhaupt möglich. Ohne ihn läge
die Temperatur auf der Erde bei −18 °C.

Verstärkung des Treibhauseffekts ·
55 Kohlenstoffdioxid und Wasserdampf
kommen natürlicherweise in der Atmosphäre vor. Sie verursachen den größten
Teil des Treibhauseffekts und werden
deshalb Treibhausgase genannt. Durch
60 vom Menschen zusätzlich freigesetzte
Gase ändert sich die Zusammensetzung der Atmosphäre und der Treibhauseffekt verstärkt sich.

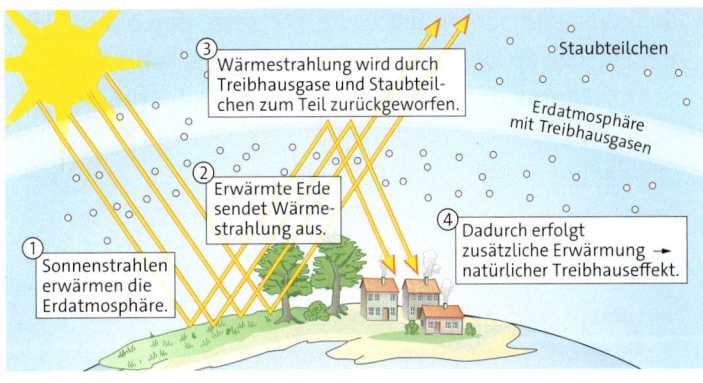

4 Treibhauseffekt

> Verdunstung und Regen halten den
> Wasserkreislauf in Gang. Der natürli-
> che Treibhauseffekt ist für das Leben
> auf der Erde notwendig. Der Mensch
> beeinflusst den Treibhauseffekt.

Aufgaben

1 ○ Beschreibe die Reise eines Wasser-
tropfens, der im Ozean verdunstet,
bis zu seiner Rückkehr in den Ozean.

2 ◗ Vor allem im Winter sieht man
morgens oft Tau auf dem Gras.
Erkläre, warum er nachts entsteht.

3 ● Berechne, um wie viel Millimeter
der Pegel in einem Schwimmbecken
steigt, wenn 20 Liter Regen pro
Quadratmeter gefallen sind.

Luft- und Wasserkreislauf

Wolkenbruch

Die Regenmenge kannst du mit einem Regenmesser selbst ermitteln.

Materialliste: Plastikflasche, Kieselsteine, Klebeband, Schere, Papierstreifen, Folienstift

1 Schneide den oberen Teil der Flasche ab. Beklebe die Schnittkanten mit Klebeband.

2 Fülle einige Kieselsteine in den unteren Teil der Flasche. Übertrage die Zentimeterskala von deinem Lineal auf Papier. Klebe die Skala auf die Flasche, sodass die Nullmarke über den Kieselsteinen ist. Fülle dann bis zur Nullmarke Wasser in deinen Regensammler und setze den oberen Flaschenteil verkehrt herum, wie einen Trichter, auf.

3 Stelle deinen Regensammler windgeschützt im Freien auf. Nach jeder Messung muss der Sammler bis zur Nullmarke gefüllt sein.

4 ⬡ Berechne die Niederschlagsmenge nach einem Regenschauer. Eine Wasserstandsänderung von 1 Millimeter entspricht dabei 1 Liter Regen pro Quadratmeter.

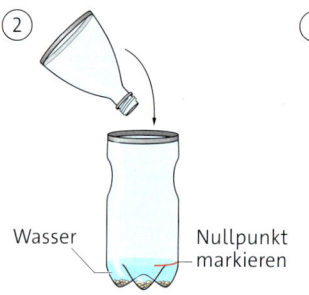

Flasche
eingraben

Schnittkante abkleben

Wasser — Nullpunkt markieren

Skala anbringen

1 So baust du deinen Regenmesser.

Baue dir einen Lebensraum

Materialliste: großes Glas, saubere Kieselsteine, feuchte Erde, kleine Pflanzen, Folie

1 Lege vorsichtig saubere Kieselsteine auf den Glasboden, bis dieser bedeckt ist. Verteile dann feuchte Blumenerde auf den Kieselsteinen.

2 Setze in die Erde kleine Pflanzen oder lege Kressesamen aus.

3 Verschließe nun dein Glas mit einer Klarsichtfolie oder einem Deckel.

4 ⬡ Beobachte deine Mini-Erde über einen Zeitraum von zwei Wochen.

5 ⬡ Erkläre, wieso die Mini-Erde als Modell für den Wasserkreislauf angesehen werden kann.

6 ⬡ Nenne Unterschiede zwischen deinem Modell und der echten Erde.

7 ⬤ Stelle die Vorgänge im Glas schematisch dar.

Der Golfstrom – die „Warmwasserheizung" Europas

Wärmeströmung im großen Stil • Du kannst
dir den Golfstrom als breiten Fluss von warmem Wasser mitten im kalten Atlantik vorstellen. ➡ 2   Seinen Namen hat er vom Golf
5 von Mexiko. Dort ist das Wasser rund 25 °C
warm. Es strömt durch den Atlantik nach
Nordosten und nimmt dabei viel Wärmeenergie mit. Selbst im kühlen Norden ist der
Golfstrom immer noch um 2 bis 3 °C wärmer
10 als das Wasser ringsherum.

Auch die Luft über dem Golfstrom wird durch
ihn erwärmt. Sie gelangt als milder Westwind
an die Küsten im Nordwesten Europas. Dadurch ist an ihnen das Klima milder als in an-
15 deren Gebieten, die genauso weit im Norden
liegen.

Einige Folgen dieser riesigen „Heizung" sind:
• Die Westküste Norwegens bleibt selbst in
  kalten Wintern eisfrei. ➡ 3
20 • Sogar in Norwegen reifen im Sommer Erdbeeren und Kirschen.
• An der Südwestküste Englands gedeihen
  Palmen. ➡ 4

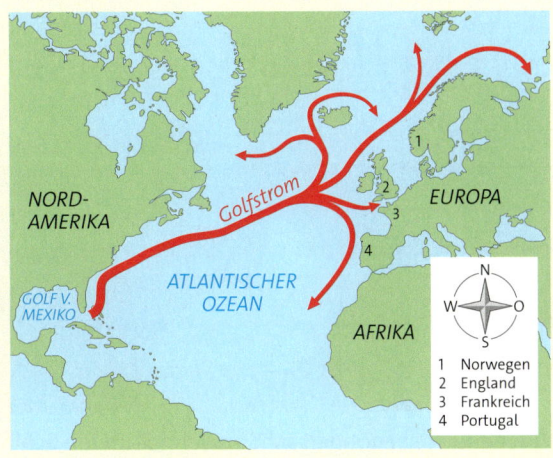

2   Der Golfstrom

Aufgaben

1 ◯ Aus welcher Himmelsrichtung kommt
  der Golfstrom nach Europa? Lies es aus der
  Karte ab. ➡ 2

2 ◗ Der Golfstrom wird oft als „Warmwasser-
  heizung Europas" bezeichnet. Begründe
  diese Bezeichnung.

3   Eisfreier Hafen in Norwegen

4   Palmen in Cornwall (Südwestengland)

Alles folgt einem Rhythmus

1 Jugendliche benötigen acht bis zehn Stunden Schlaf pro Nacht.

Nachts schlafen wir, am Tag sind wir mehr oder weniger aktiv. Auch viele Vorgänge in unserem Körper sind mit dem Wechsel von Tag und Nacht ver-
5 **bunden. Gibt es eine „innere Uhr"?**

„Innere Uhr" • Viele Funktionen unseres Körpers unterliegen einem Tagesrhythmus. Zum Beispiel ist unsere Körpertemperatur abends höher als morgens.
10 Im Durchschnitt liegt die Körpertemperatur bei etwa 37 °C, am niedrigsten ist sie zwischen 2 und 6 Uhr. → **2**

Viele Vorgänge im Körper sind dann herabgesetzt. Die Schwankung der
15 Körpertemperatur nennt man Tagesrhythmik.
Auch andere Körperfunktionen sind durch die Tagesrhythmen aufeinander abgestimmt. Beispiele dafür sind Herz-
20 frequenz, Blutdruck und Konzentrationsfähigkeit. Gesteuert werden die Tagesrhythmen von einer „inneren Uhr", die an den Tag-Nacht-Wechsel angepasst ist.

25 **Schlaf ist wichtig** • Während wir schlafen, wird der Körper auf das jeweils Kommende vorbereitet. Im Schlaf verarbeitet das Gehirn das tagsüber Erlebte. Der Körper regeneriert sich, in-
30 dem Zellen repariert oder neu gebildet werden. Schlafen wir zu kurz, sind diese Vorgänge nicht abgeschlossen. Wir fühlen uns nicht „ausgeschlafen" und sind weniger leistungsfähig.

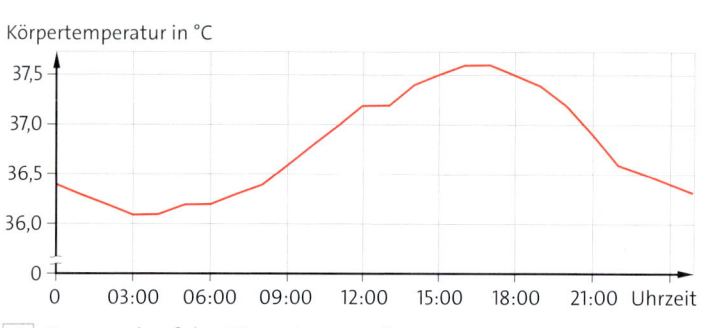

2 Tagesverlauf der Körpertemperatur

35 **Tiere** • Tiere besitzen ebenfalls „innere Uhren". Der Hahn kräht bereits vor Sonnenaufgang, Fledermäuse und Eulen jagen nur in der Nacht und ruhen tagsüber. Bienen besuchen bestimmte
40 Blüten immer zur selben Tageszeit.

Pflanzen • Tagesrhythmen gibt es auch bei Pflanzen. Einige bieten ihren Nektar nur an wenigen Stunden pro Tag an. Das erhöht die Effektivität, denn die
45 Bienen stellen sich darauf ein. Das Öffnen und Schließen der Blüten kann man z. B. bei Gänseblümchen gut beobachten. → 3 4

Tag und Nacht • Dort, wo Sonnenlicht
50 auf die Erde trifft, ist es Tag. Auf der sonnenabgewandten Seite der Erde ist zur gleichen Zeit Nacht. → 5 Da sich die Erde in 24 Stunden einmal um ihre eigene Achse dreht, wiederholen sich
55 Tag und Nacht im 24-Stunden-Rhythmus.

Jahreszeiten • Innerhalb eines Jahres wandert die Erde einmal um die Sonne. Die Erdachse steht schräg, deshalb sind
60 südliche und nördliche Erdhalbkugel der Sonne abwechselnd länger zu- oder abgewandt. Auf der sonnenzugewandten Seite ist die Sonnenscheindauer und damit der Tag länger, es ist
65 Sommer. Auf der gegenüberliegenden Seite herrscht dann Winter. → 5

> Menschen, Tiere und Pflanzen besitzen „innere Uhren". Sie steuern den Tagesrhythmus und richten sich am Tag-Nacht-Wechsel aus.

3 Blüte geöffnet | 4 Blüte geschlossen

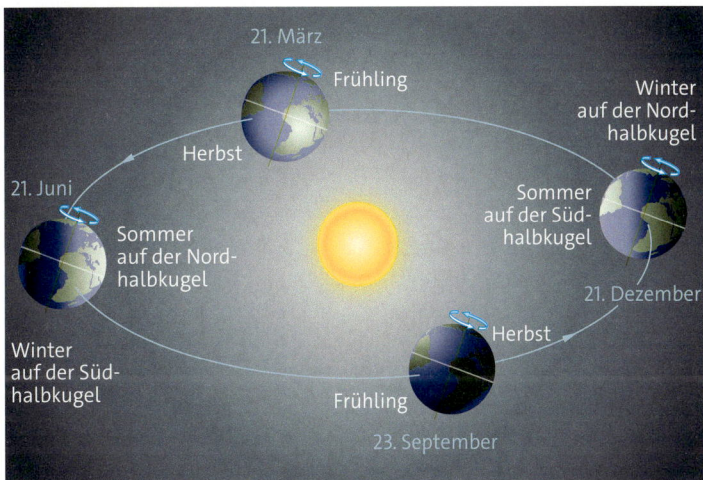

5 Die Jahreszeiten entstehen durch die Wanderung der Erde um die Sonne und die Schrägstellung der Erdachse.

Aufgaben

1 ○ Erläutere den Begriff „Tagesrhythmus".

2 ◑ Beschreibe, weshalb es in Australien zu Weihnachten nie schneit.

3 ● Vermute, warum es für Pflanzen vorteilhaft ist, ihren Nektar nicht ständig, sondern nur an wenigen Stunden des Tages anzubieten.

Alles folgt einem Rhythmus

Material A

Tag und Nacht

Die gedachte Erdachse verläuft vom Nordpol zum Südpol. Sie ist schräg zur Sonne geneigt.

Materialliste: Globus, Lampe

1 ○ Stellt mit Globus und Lampe nach, wie auf der Erde Tag und Nacht entstehen.

2 Sucht auf dem Globus, wo Deutschland liegt.

a ◗ Markiert die Hauptstadt mit einem Klebepunkt.

b ● Stellt mit Lampe und Globus Morgen, Mittag, Mitternacht und Sonnenuntergang nach.

c ◗ Nennt Länder, in denen es Nacht ist, wenn in Deutschland Tag ist.

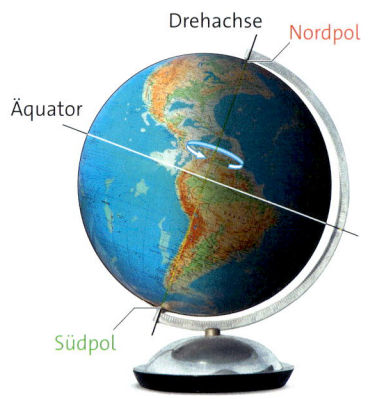

1 Von der Seite beleuchteter Globus

Material B

Wir bauen eine Sonnenuhr

2

Bei Sonnenuhren dient der Schatten eines Stabes als Zeiger, der sich während des Tages über das Zifferblatt bewegt.

Materialliste: Joghurtbecher, Folienstift, Stein

1 Lege den Stein in den Joghurtbecher. Stelle den Becher so auf, dass er von der Sonne beschienen wird. Sein Rand wirft dann einen bogenförmigen Schatten.
→ 3 Markiere zu verschie-denen Uhrzeiten die tiefste Stelle des Schattens auf dem Becher. Bewege ihn dabei nicht. Ergänze die Markierungen zu Stundenringen und notiere die Uhrzeit daran.

2 ○ Überprüfe die Genauigkeit deiner Sonnenuhr am nächsten Tag. Sie muss dazu wieder an der gleichen Stelle stehen.

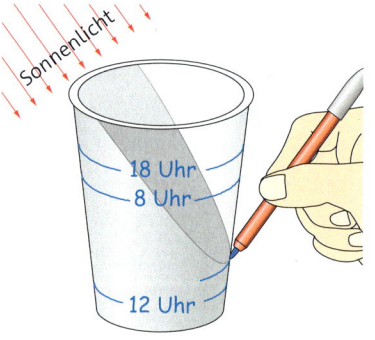

3 Joghurtbecher-Sonnenuhr

Material C

Schattenlänge

„Wir treffen uns am Fluss, wenn dein Schatten 10 Fuß lang ist." So verabredete man sich, als es noch keine Uhren gab. → 4

1 ● Wie hängen Schattenlänge und Uhrzeit zusammen? Plane dazu ein Experiment.

4

Uhrzeiten und Zeitzonen

Wenn die Sonne für Menschen auf der Nordhälfte unserer Erde genau im Süden steht, ist die Ortszeit 12 Uhr mittags. Das kann nicht überall gleichzeitig geschehen. Deshalb wurde die Erde in 24 Zeitzonen eingeteilt.

→ 5 Wenn es bei uns 12 Uhr ist, ist es in Peking schon 19 Uhr. Innerhalb der Zeitzonen ist die Uhrzeit einheitlich. Die Uhren in Frankfurt an der Oder und in Frankfurt am Main zeigen deshalb dieselbe Zeit an – obwohl die Sonne in Frankfurt an der Oder 24 Minuten früher genau im Süden steht als in Frankfurt am Main.

Wenn wir mehrere Zeitzonen überfliegen, muss sich unsere „innere Uhr" erst an die neue Ortszeit anpassen. Dieser „Jetlag" kann Tage dauern.

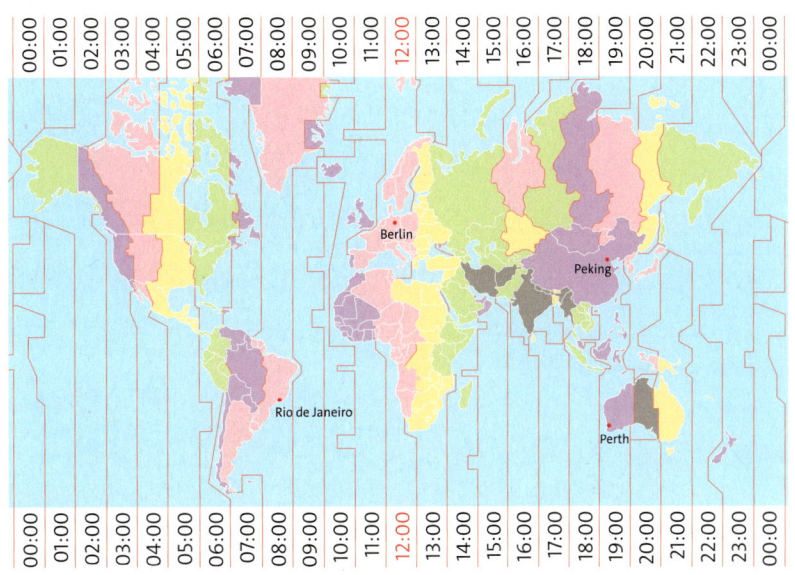

5 Die Erde ist in 24 Zeitzonen eingeteilt.

6 Die Weltzeituhr auf dem Alexanderplatz in Berlin zeigt die Uhrzeit von 148 Städten der Welt in ihren Zeitzonen.

1 ○ Lies aus Bild 5 ab, um wie viele Stunden die Zeit in Perth (Australien) im Vergleich zu Deutschland verschoben ist.

2 Das Finale der Fußball-Weltmeisterschaft 2014 fand in Rio de Janeiro (Brasilien) statt. Mario Götze schoss das Tor zum 1:0-Sieg. Um 23:36 Uhr jubelte ganz Deutschland.
◐ Berechne, wie spät es beim Siegtreffer in Rio de Janeiro war.

3 Ein Direktflug startet um 11:20 Uhr in Frankfurt am Main und kommt um 14:50 Uhr in New York an.
◐ Begründe, dass der Flug nicht $3\frac{1}{2}$ Stunden dauert, sondern $8\frac{1}{2}$ Stunden.

4 ○ Beschreibe, was man unter einem „Jetlag" versteht und wodurch er entsteht.

5 ◐ Erkläre, wieso man die Erde ausgerechnet in 24 Zeitzonen eingeteilt hat (und nicht zum Beispiel nur in 20).

6 Welche Vorteile sind durch die Einführung der Zeitzonen entstanden?
● Formuliere Vermutungen dazu.

Bau der Blütenpflanzen

1 Blütenpracht in einem Park

Rote, blaue, weiße Blüten – in der Natur, in Gärten und Parks kannst du viele verschiedene Pflanzen mit Blüten entdecken. Sie unterscheiden sich nicht nur durch ihre Farben, sondern auch durch ihre Formen. Was kennzeichnet eine Blütenpflanze?

2 Die Löwenzahnwurzel

Blütenpflanzen • Zu den Blütenpflanzen zählen alle Pflanzen, die Blüten bilden. Dies sind nicht nur die blühenden Pflanzen auf einer Wiese, sondern auch der Kirschbaum, die Erdbeere oder die Tomatenpflanze. Alle Blütenpflanzen haben den gleichen Grundbauplan. Sie bestehen aus zwei Teilen: Die Wurzel befindet sich unter der Erde, zum Spross gehören alle Teile über der Erde.

Der Spross wird in die Sprossachse, die Blätter und die Blüten unterteilt. → 3

Die Wurzel • Den nötigen Halt in der Erde erhält die Pflanze durch ihre Wurzel. Sie besteht meist aus einer Hauptwurzel, die sich in viele Seitenwurzeln verzweigt. → 2 Über die Wurzel nimmt die Pflanze Wasser und die darin enthaltenen Mineralstoffe auf. Das Wasser und die Mineralstoffe benötigt die Pflanze zum Leben. An den Wurzelenden befinden sich feine Wurzelhaare. Sie vergrößern die Wurzeloberfläche noch weiter und verbessern damit die Wasseraufnahme. Wurzeln dienen auch als Speicherorgan für Nährstoffe.

Die Sprossachse • Die Blätter und die Blüten werden von der Sprossachse ge-
40 tragen. Sie ist für die Gestalt und die Festigkeit der Pflanze zuständig. Durch die Sprossachse werden Wasser und Mineralstoffe in Leitungsbahnen von den Wurzeln zu den Blättern geleitet. In den Blättern werden Nährstoffe ge-
45 bildet. Sie werden von der Sprossachse nach unten zu den Wurzeln transpor-tiert und dort gespeichert.
Die Sprossachse wird bei Kräutern auch Stängel genannt. Bei Sträuchern heißt
50 sie Zweig und bei Bäumen Zweig, Ast oder Stamm.

Die Blätter • In den Blättern bildet die Pflanze Nährstoffe, die sie zum Wachs-tum benötigt. Vor allem auf der Unter-
55 seite des Blatts befinden sich kleine Öffnungen, die Spaltöffnungen. Durch sie kann die Pflanze das Gas Kohlen-stoffdioxid aus der Luft aufnehmen. Aus Kohlenstoffdioxid und Wasser
60 bildet die Pflanze mithilfe des Sonnen-lichts den Nährstoff Traubenzucker und Sauerstoff. Diesen Vorgang nennt man Fotosynthese.
Der Sauerstoff wird durch die Spalt-
65 öffnungen nach außen abgegeben. Aus dem Traubenzucker kann die Pflanze alle für ihre Lebensvorgänge benötigten Stoffe herstellen.

Die Blüte • Aus der Blüte entwickeln
70 sich Früchte und Samen. Diese dienen der Fortpflanzung der Blütenpflanze. Blüten kommen je nach Art in ver-schiedenen Formen, Größen und Far-ben vor.

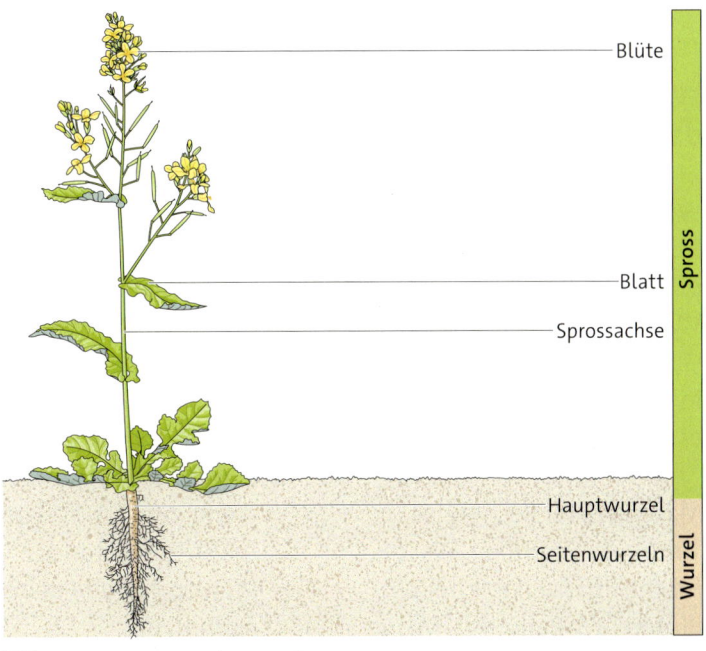

3 Bauplan einer Blütenpflanze

Blütenpflanzen bestehen aus Wur-zel und Spross. Die Wurzel nimmt Stoffe auf und gibt der Pflanze Halt. In den Blättern werden Nährstoffe gebildet, die Blüten dienen der Fortpflanzung.

Aufgaben

1 ○ Decke im Bild 3 die Beschriftun-gen ab. Benenne nun die Einzelteile.

2 ◐ Beschreibe die Bildung von Trau-benzucker in der Pflanze.

3 ◐ Ist ein Apfelbaum, der Früchte trägt, immer noch eine Blüten-pflanze? Begründe deine Antwort.

Bau der Blütenpflanzen

Material A

Wassertransport der Pflanze

Wenn Pflanzen ihre Blätter und Blüten hängen lassen, ist das oft ein Zeichen dafür, dass sie Wasser benötigen. Mit einer Gießkanne kommt das Wasser in den Blumentopf. Wie kommt es in die Blüte?

Materialliste: Becherglas, Tinte zum Einfärben, Wasser, frische Pflanzen mit hellen Blüten (z. B. Ranunkel, Margerite, Stangensellerie), Messer

1 Färbe das Wasser im Becherglas mithilfe der Tinte kräftig ein.

2 Schneide den Stängel mit dem Messer etwas ab, sodass eine frische Anschnittstelle entsteht.

3 Stelle die Blüte mit dem Stängel in das gefärbte Wasser. → 1

4 Warte etwa einen Tag.
a ○ Beobachte in dieser Zeit, wenn möglich in regelmäßigen Abständen, deine Pflanze. Notiere deine Beobachtungen.
b ○ Beschreibe die Veränderung der Pflanze.
c ◕ Erkläre die Veränderung der Pflanze.

5 ◕ Erläutere die Bedeutung des Stängels für die Veränderung der Pflanze.

1 Versuch zum Wassertransport

Material B

Spaltöffnungen

Spaltöffnungen sind kleine Öffnungen im Blatt. Sie sind mit bloßem Auge nicht zu erkennen.

Materialliste: Blatt eines Alpenveilchens, Pipette, Wasser, Pinzette, Lupe, Binokular, Objektträger, Deckgläschen

1 Tropfe mit der Pipette etwas Wasser auf den Objektträger.

Brich das Blatt durch. Ziehe mit der Pinzette vorsichtig die äußerste Schicht der Blattunterseite ab und lege sie auf den Objektträger. Lege ein Deckgläschen auf. Betrachte das Präparat mit der Lupe. Nimm anschließend das Binokular.
a ○ Beschreibe, was du siehst.
b ◕ Zeichne einen Ausschnitt mit Spaltöffnung.
c ◕ Beschreibe die Funktion der Spaltöffnungen.

2 Ein Alpenveilchen

Material C

Kressewurzeln untersuchen

Materialliste: Petrischale, Watte, Kressesamen, Wasser, Pinzette, Lupe oder Binokular

1 Befeuchte die Watte mit Wasser.

2 Lege die feuchte Watte in die Petrischale.

3 Streue die Kressesamen auf die feuchte Watte.

4 Warte ein paar Tage, bis sich kleine Kressepflanzen gebildet haben.

5 Entferne einige Kressepflanzen vorsichtig aus der Watte.

6 Untersuche mit einer Lupe oder einem Binokular die Wurzeln der Kressepflanzen.
a 🖊 Zeichne die Kressewurzel.
b 🖊 Beschreibe die Funktion der Kressewurzel.

3 Kressepflanzen

Material D

Flache und tiefe Wurzeln

Nach sehr starken Stürmen kann man im Wald manchmal entwurzelte Bäume finden.
→ 4

1 🖊 Gib an, ob die Fichte ein Flachwurzler oder ein Tiefwurzler ist. → 4 5 Begründe deine Antwort.

2 🖊 Beschreibe kurz, welche Vorteile und Nachteile Tiefwurzler und Flachwurzler an verschiedenen Standorten hätten. → 5 6

4 Fichte nach einem Sturm

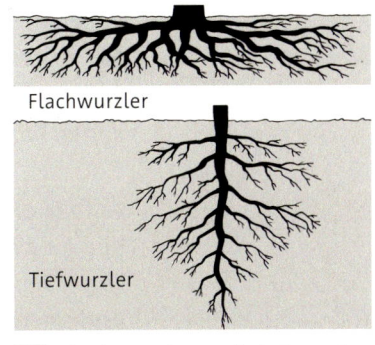

Flachwurzler

Tiefwurzler

5 Flachwurzler und Tiefwurzler

Pflanzen, deren Wurzeln sich wie ein Teller nur in den oberen Bodenschichten ausbreiten, werden Flachwurzler genannt. Sie bevorzugen feuchte Standorte mit hohem Grundwasserstand. Bei Tiefwurzlern dagegen dringt die starke Hauptwurzel tief in den Erdboden ein. Sie verankert die Pflanze im Boden. Die Wurzeln der Tiefwurzler reichen selbst in tief liegendes Grundwasser.

6 Flachwurzler und Tiefwurzler

Aufbau von Blüten

1　Bunte Blütenpracht

In einem Blumenladen findet man viele unterschiedliche Blütenpflanzen. Die Blüten unterscheiden sich in Größe, Farbe und Form. Welche Gemeinsam-
5 keiten haben Blüten?

Aufbau einer Blüte • Blüten haben alle den gleichen Grundbauplan. Lediglich in der Anzahl der einzelnen Blätter und ihrer Anordnung unterscheiden sie sich.

2　Kirschblüte

10 Von außen nach innen sind dies die Kelchblätter, die Kronblätter, die Staub- blätter und der aus verwachsenen Fruchtblättern gebildete Stempel.

Das Kelchblatt • Meist sind die Kelch-
15 blätter grün. Sie dienen der Blüte bis zu ihrem Aufblühen als Schutz.

Das Kronblatt • Die Kronblätter sind der auffälligste Teil der Blüte ➞ 2 . Durch ihre bunte Färbung sollen Insek-
20 ten zur Bestäubung angelockt werden.

Das Staubblatt • Staubblätter sind die männlichen Blütenorgane. Sie enthal- ten den Pollen. Ein Staubblatt besteht aus dem dünnen Staubfaden und einer
25 gelben Verdickung am oberen Ende, dem Staubbeutel mit den Pollen. ➞ 2

3 Kirschblüte (Längsschnitt)

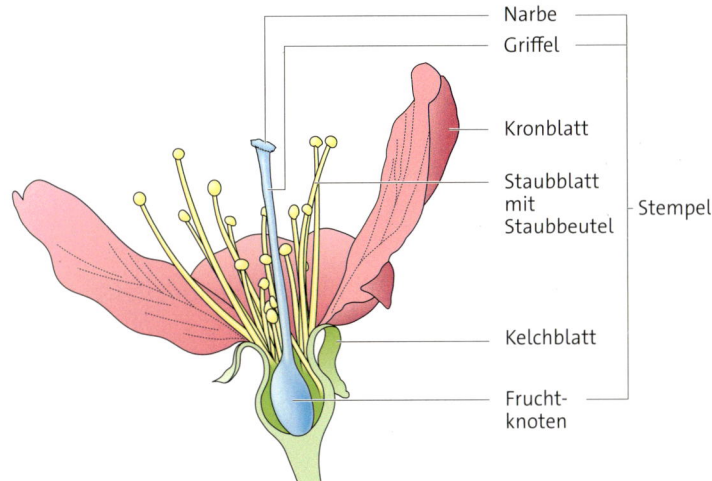

Narbe
Griffel
Kronblatt
Staubblatt mit Staubbeutel
Stempel
Kelchblatt
Frucht- knoten

4 Kirschblüte (Schnittzeichnung)

Der Stempel • Die Fruchtblätter sind die weiblichen Blütenorgane. Sie sind miteinander verwachsen und werden
30 als Stempel bezeichnet. Der dicke untere Teil ist der Fruchtknoten, es folgen der längliche Griffel und am oberen Ende die breite Narbe. → 3 4

Alles in einem? • Die Kirschblüte be-
35 sitzt männliche und weibliche Blütenorgane, deshalb nennt man sie zweigeschlechtig oder zwittrig. Die Blüten von Kiefern und Birken dagegen sind eingeschlechtig, sie besitzen also ent-
40 weder Staubblätter oder Fruchtblätter.

Blütendiagramm und Legebild • Betrachtet man eine Blüte von oben und zeichnet diese Sicht vereinfacht auf, erhält man ein Blütendiagramm. → 2 5
45 Die unterschiedlichen Farben stehen für die jeweiligen Blütenteile. Zerlegt man eine Blüte in ihre Bestandteile und ordnet ihre Teile in vier Kreislinien an, erhält man ein Legebild. → 6

Blüten bestehen aus Kelchblättern, Kronblättern, Staubblättern und Fruchtblättern. Der Stempel besteht aus Fruchtknoten, Griffel und Narbe.

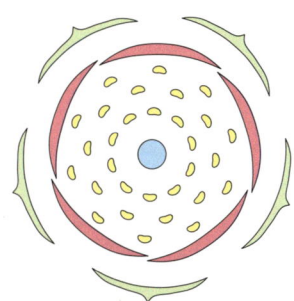

5 Blütendiagramm

6 Legebild

Aufgaben

1 ○ Nenne die Teile einer Blüte und ihre jeweilige Funktion.

2 ◐ Stimmt es, dass eine Blüte nur aus Blättern besteht? Begründe deine Antwort.

Aufbau von Blüten

Bestandteile der Blüte

A Kelchblätter   B Kronblätter   C Staubblätter   D Narbe

E Fruchtblätter   F Griffel   G Fruchtknoten

1 ◐ Ordne die Namen A–G und die Beschreibungen a–g den Blütenbestandteilen 1–7 zu. → 1

a Er bildet den breiten oberen Teil des Fruchtknotens.

b Er bildet den länglichen mittleren Teil des Fruchtknotens.

c Sie sind die weiblichen Blütenorgane. Sie sind miteinander verwachsen und werden als Stempel bezeichnet.

d Sie sind die männlichen Blütenorgane. Sie enthalten den Pollen.

e Sie sind meist grün. Bis zu ihrem Aufblühen dienen sie der Blüte als Schutz.

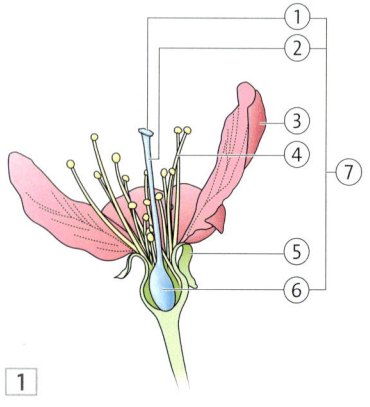

1

f Er bildet den dicken unteren Teil des Fruchtknotens.

g Sie sind der auffälligste Teil der Blüte. Durch ihre bunte Färbung sollen Insekten zur Bestäubung angelockt werden.

Material B

Blütendiagramme

Blüten lassen sich als Blütendiagramme darstellen.

1 ◐ Ordne die Farben den verschiedenen Blütenteilen zu. → 2

2 ◐ Ordne den Blüten 3 und 4 das passende Blütendiagramm zu. → 2
Achtung • Die Kelchblätter und Kronblätter einer der Blüten sehen gleich aus!

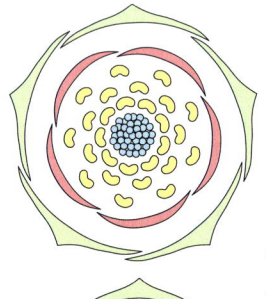

A

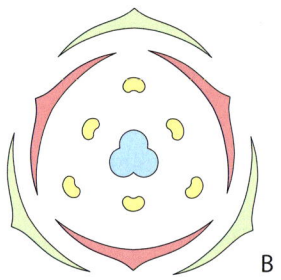

B

2 Blütendiagramme

3 Der Hahnenfuß

4 Der Bärlauch

Legebilder von Blüten

Alle Blüten besitzen einen ähnlichen Aufbau. Sie bestehen aus Kelch-, Kron-, Staub- und Fruchtblättern. Um verschiedene Blüten zu vergleichen, ordnet man die einzelnen Blütenteile in einem Legebild an. Die schematische Zeichnung des Legebilds ist das Blütendiagramm.

Materialliste: Rapsblüte, Pinzette, Messer oder Skalpell, Blatt Papier, Zirkel, Stift, Kleber, Lupe oder Binokular

1 Zeichne als Legehilfe mit dem Zirkel vier Kreise mit demselben Mittelpunkt in die Mitte eines Blatts. → 7

2 Zupfe nun mit der Pinzette vorsichtig die Rapsblüte auseinander. Benutze eventuell ein Skalpell als Hilfe.

a ○ Betrachte die einzelnen Blütenteile unter der Lupe oder dem Binokular. Beschreibe, was du siehst.

b ○ Erstelle ein Legebild für die Rapsblüte. Lege dazu die einzelnen Blütenteile von außen nach innen an die Kreise. Klebe sie anschließend fest.

c ◐ Beschrifte das Legebild. Zähle die einzelnen Blütenteile und notiere die Anzahl in einer Tabelle.

3 ◐ Vergleiche dein Legebild oder das Blütendiagramm der Rapsblüte mit dem der Kirschblüte. Nenne Gemeinsamkeiten und Unterschiede.

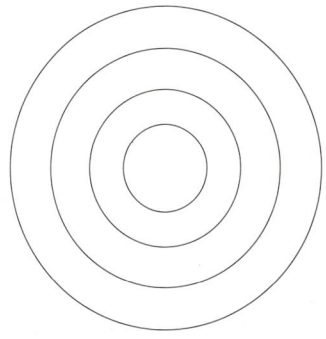

7 Zeichenhilfe für das Legebild

5 Rapsblüte

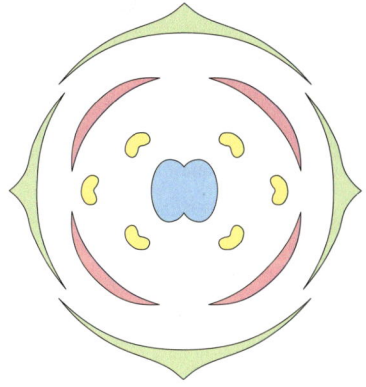

8 Blütendiagramm einer Rapsblüte

6 Legebild einer Kirsche

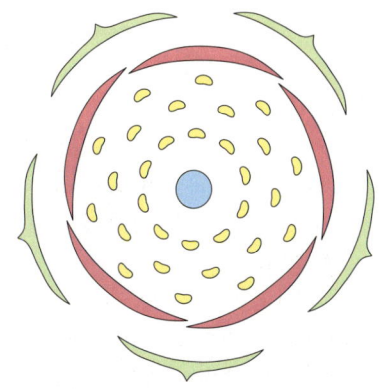

9 Blütendiagramm einer Kirsche

Fortpflanzung von Blütenpflanzen

1 Ein Kirschbaum im Frühling

Kirschbäume blühen im Frühjahr mit auffälligen weißen Blüten. An warmen Frühlingstagen scheint der ganze Baum zu summen. Verantwortlich dafür sind unzählige Bienen, die zielstrebig die duftenden Blüten ansteuern. Weshalb zeigen die Bienen dieses Verhalten?

2 Eine Biene an einer Kirschblüte

Kirschblüten locken Bienen an • Die Blüten duften und haben fünf auffallend große weiße Kronblätter. Dadurch werden die Bienen auf der Suche nach Nahrung angelockt. → 2 In den Blüten finden sie einen süßen Saft, den Nektar, der an der Innenseite der Kronblätter gebildet wird. Bienen nehmen den nährstoffreichen Nektar auf und stellen daraus Honig her.

Bienen bestäuben Kirschblüten • Auch die Staubblätter der Kirschblüten dienen den Bienen als Futterquelle. Die Staubbeutel enthalten Pollen, die so zahlreich und winzig sind, dass man auch vom Blütenstaub spricht. Auf dem Weg in die Blüte bleiben Pollen

am Haarkleid der Biene hängen und
werden an den Sammelbeinen gesammelt. Besuchen die Tiere andere Blüten,
werden einige Pollenkörner vom Körper
30 der Biene an der klebrigen Narbe des
Stempels der neuen Blüte abgestreift.
→ 3
Die Übertragung des Pollens von einer
Blüte auf die andere nennt man Be-
35 stäubung. Nur wenn Blüten bestäubt
werden, können sich Früchte entwickeln. Da die Bestäubung durch
Bienen und andere Insekten erfolgt,
spricht man von Insektenbestäubung.

40 **Bestäubung durch den Wind** • Der
Haselnussstrauch bildet eingeschlech-
tige Blüten aus. Die männlichen Staub-
blüten hängen im Frühjahr von den
Ästen. Beim leichtesten Windhauch
45 lösen sich kleine Wolken aus Millionen von gelben Pollenkörnern. → 4
Die Pollenkörner gelangen auf die
klebrigen Narben der weiblichen
Stempelblüten. Diese sind nicht leicht
50 zu entdecken. Sie liegen innerhalb
kleiner Knospen, aus denen nur die
rötlichen Narben herausragen. → 5
Der Haselstrauch wird durch den Wind
bestäubt. Für viele unserer Bäume,
55 alle Gräser und einige Kräuter gilt
dies ebenfalls. Man spricht von Wind-
bestäubung.

> Die Übertragung von Pollenkörnern
> einer Blüte auf die Narbe einer
> anderen Blüte nennt man Bestäu-
> bung. Man unterscheidet zwischen
> Insektenbestäubung und Windbe-
> stäubung.

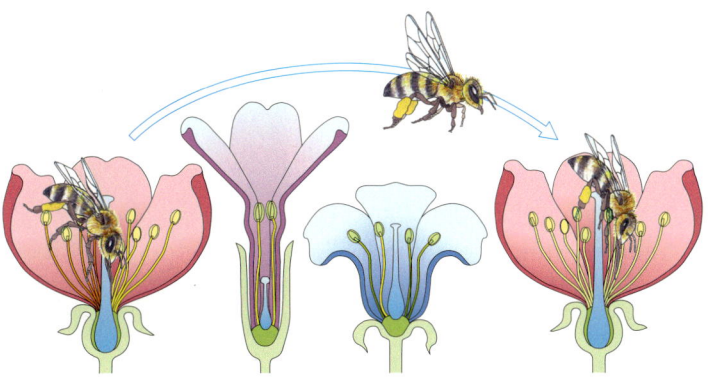

3 Eine Biene überträgt Pollen.

4 Männliche Blüten des
Haselnussstrauchs

5 Weibliche Blüten des
Haselnussstrauchs

Aufgaben

1 ○ Beschreibe den Ablauf der
Bestäubung durch Insekten.

2 ◖ Erkläre den Nutzen der Bestäubung für Bienen und Blütenpflanzen.

3 ● In der Blütezeit trägt der Hasel-
nussstrauch noch keine Blätter.
Erkläre, welchen Vorteil das für die
Pflanze hat.

Fortpflanzung von Blütenpflanzen

Material A

Bestäubung durch Wind oder Insekten

1 🔹 Gib an, welche der abgebildeten Blüten vom Wind und welche von Insekten bestäubt werden. Begründe deine Antwort.

2 🔹 Hummeln sind schwere Insekten mit langen Rüsseln. Vermute, welche der dargestellten Blüten vor allem von Hummeln bestäubt werden.

Material B

Die Technik des Wiesensalbeis

Der Wiesensalbei ist mit seiner ganz besonderen Bestäubungstechnik ein gutes Beispiel für die besondere Beziehung zwischen Lebewesen. → 5 – 7

1 ⚪ Beschreibe den Bau der Blüte des Wiesensalbeis. → 5

2 🔹 Beschreibe, wie der Pollen auf den Körper der Hummel gelangt. → 6

3 🔹 Beschreibe, wie die Bestäubung bei der Wiesensalbeiblüte erfolgt. → 7

4 🔵 Erkläre die Besonderheit der Beziehung zwischen Hummel und Wiesensalbei.

geschlossene Narbe

Staub-
beutel

Griffel

Staub-
blatt

Gelenk

Platte

offene
Narbe

vertrocknetes
Staubblatt

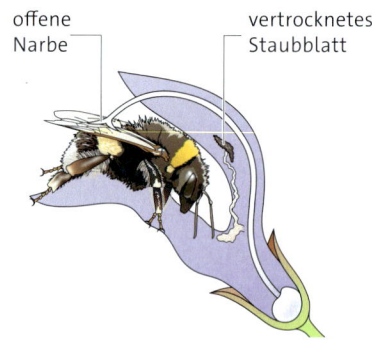

5 Die Wiesensalbeiblüte

6 Hummel besucht junge Blüte.

7 Hummel besucht alte Blüte.

Die Bedeutung des Wetters bei der Bestäubung

Bienen brauchen zur Bestäubung von Blüten ganz bestimmte Wetterbedingungen. In der Tabelle sind die Kirscherträge angegeben, die in zwei aufeinanderfolgenden Jahren an einen Großmarkt geliefert wurden.
Die Wetterangaben in der Tabelle beziehen sich auf die Blütezeit.

1 ◐ Beschreibe die Daten in der Tabelle. → 8

2 ● Gib Gründe für die verschiedenen Ernteerträge an.

	Temperatur am Tag	Temperatur in der Nacht	Regen	Wind	Ernte
1. Jahr	bis 24 °C	bis −7 °C	260 mm	stark	80 000 kg
2. Jahr	bis 29 °C	bis −2 °C	170 mm	schwach	400 000 kg

8 Kirscherträge in zwei aufeinanderfolgenden Jahren

In kurzer Gefangenschaft

1 ◐ Beschreibe den Blütenaufbau des Aronstabs. → 9

2 ● Beschreibe die Bestäubung der weiblichen Blüten. → 9

3 ● Im Aronstab sind Insekten nur kurz gefangen. Erläutere diese Aussage.

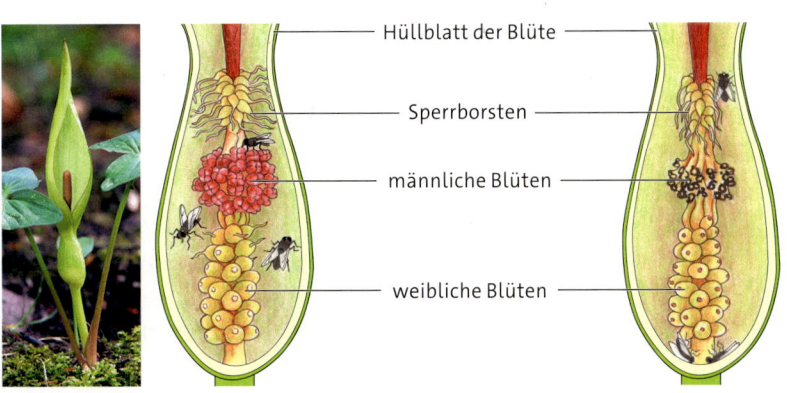

Hüllblatt der Blüte

Sperrborsten

männliche Blüten

weibliche Blüten

9 Der Aronstab – vor der Bestäubung und nach der Bestäubung

Der Aronstab wächst in feuchten Laubwäldern. Seine Blüten werden von Insekten bestäubt. Der obere Teil der Blüte ist innen von einem rutschigen Ölfilm überzogen und verströmt einen besonderen Aasgeruch, der aasfressende Insekten anlockt. Im Blütenhüllblatt liegen nach unten gebogenen Sperrborsten. Durch diese können Insekten in die Blüte eindringen. Sie gelangen jedoch nicht mehr heraus. Darunter sitzen die männlichen und die weiblichen Blüten. Gefangene Insekten bestäuben beim Fluchtversuch die weiblichen Blüten. Nach der Bestäubung senken sich die Borsten ab. Die Insekten können entkommen.

Von der Blüte zur Frucht

1 Reife Kirschen

Ein Kirschbaum blüht nur kurze Zeit. Nach der Bestäubung verändern sich die Kirschblüten. Bald darauf trägt der Baum saftige rote Früchte. Wie ent-
5 steht eine reife Kirsche?

Pollen bilden Schläuche • Mithilfe der Bienen gelangen Pollenkörner einer Kirschblüte auf die Narbe einer anderen Kirschblüte. Kurz nach dieser
10 Bestäubung beginnt jedes Pollenkorn einen dünnen Schlauch zu bilden. Dieser wächst durch die Narbe in den Griffel. ⟶ 2
Das Ziel der Pollenschläuche ist die
15 weibliche Geschlechtszelle der Kirschblüte, die Eizelle in der Samenanlage. Während des Wachstums bilden sich in den Pollenschläuchen die männli-

chen Geschlechtszellen. Diese nennt
20 man auch Spermienzellen. Der Pollenschlauch, der am schnellsten wächst, dringt in die Samenanlage ein.

Die Befruchtung • In der Samenanlage öffnet sich der Pollenschlauch und
25 setzt eine Spermienzelle frei, die daraufhin mit der Eizelle verschmilzt. Diesen Vorgang nennt man Befruchtung. ⟶ 3 Nur wenn in der Blüte eine Befruchtung erfolgt, kann sich
30 eine Kirsche entwickeln.

Die Fruchtbildung • Nach der Befruchtung welken die Kelch-, Kron- und Staubblätter und fallen ab. Man sagt, die Blüte verblüht. Der Fruchtknoten
35 hingegen wird immer dicker und all-

mählich kann man die Kirsche erkennen. → 4

Die Wand des Fruchtknotens entwickelt sich zur Fruchtwand der reifen
40 Kirsche. Diese besteht aus drei Schichten: der glatten äußeren Fruchtschale,
dem saftigen Fruchtfleisch und der
sehr harten inneren Fruchtschale. Eine
derartige Fruchtform bezeichnet man
45 als Steinfrucht.

Aus der Samenanlage des Fruchtknotens entwickelt sich im Innern des
Kirschkerns der Samen. → 4 Fällt
eine reife Kirsche zu Boden, kann der
50 darin enthaltene Samen im nächsten
Jahr auskeimen und ein neuer Kirschbaum heranwachsen.

> Bei der Befruchtung verschmilzt
> eine weibliche Eizelle mit einer
> männlichen Spermienzelle. Aus
> dem Fruchtknoten entwickelt sich
> eine Frucht, in der ein oder mehrere
> Samen liegen.

Aufgaben

1 ◐ Beschreibe die Vorgänge bei
Bestäubung und Befruchtung.

2 ◐ Beschreibe die Entwicklung von
der Kirschblüte zur Kirsche.
→ 2 – 4

3 ● Ein gerade erblühender Kirsch-
zweig wird mit einem feinen Netz
umhüllt, das nur Licht und Luft
durchlässt. Erläutere, wie sich die
Blüten weiterentwickeln.

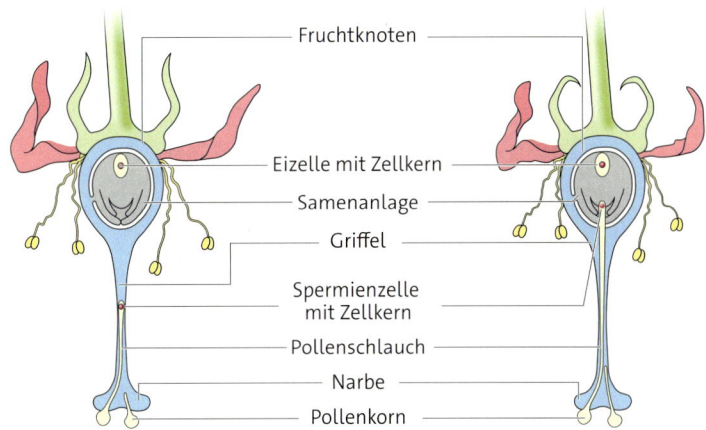

2 Auswachsen des Pollenschlauchs

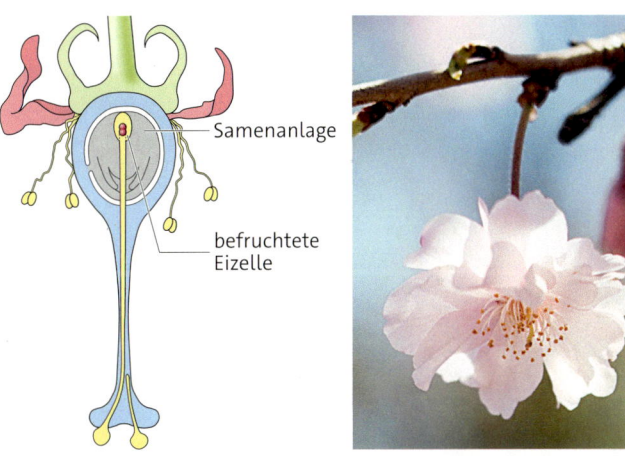

3 Die Befruchtung

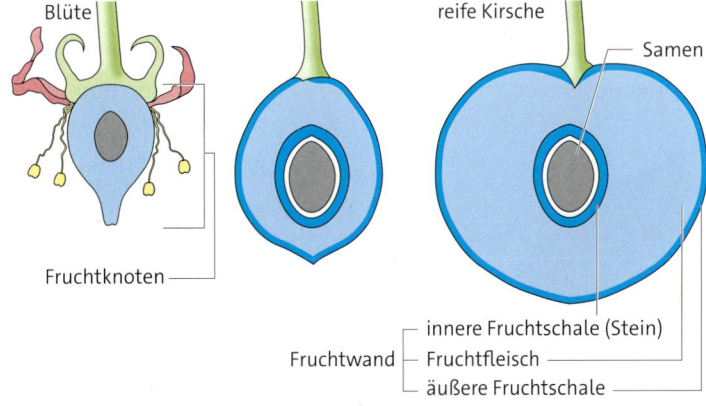

4 Die Fruchtbildung

Von der Blüte zur Frucht

Material A

1 Die Brombeere

Die äußere Frucht-
wand ist weich und
saftig. Die innere
Fruchtwand ist hart
wie Stein.

A Die Steinfrucht

2 Die Pflaume

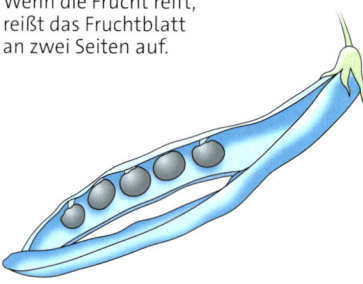

Wenn die Frucht reift,
reißt das Fruchtblatt
an zwei Seiten auf.

B Die Hülsenfrucht

3 Die Haselnuss

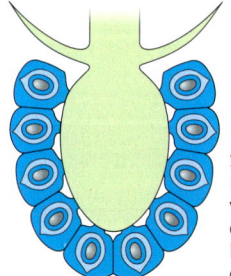

Sammelfrüchte
bestehen aus
vielen kleinen
einsamigen
Einzelfrücht-
chen.

C Die Sammelnussfrucht

4 Die Erbse

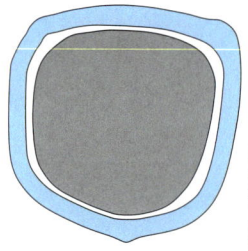

In der harten,
trockenen
Schale liegt
ein einzelner
Samen.

D Die Nussfrucht

Frucht ist nicht gleich Frucht

Früchte gibt es in unterschiedlichen Größen und Formen,
z. B. als Beeren oder Nüsse.
Diese große Vielfalt lässt sich
auf einige wenige Grundfor-
men zurückführen.
Auf den Bildern siehst du
verschiedene Früchte.
→ 1 – 4 Daneben sind un-
terschiedliche Fruchtformen
dargestellt. → A – D

1 Welche Frucht gehört zu
welcher Fruchtform?
a ○ Ordne jede abgebildete
Frucht ihrer jeweils passenden Fruchtform zu.
b ◐ Begründe deine Zuord-
nung.

2 ● Vergleiche die verschiedenen Fruchtformen.
→ A – D

3 ◐ Ordne die folgenden
Früchte der passenden
Fruchtform zu: Bohne,
Eichel, Kirsche, Himbeere.
→ A – D

4 ● Stelle Vermutungen an,
ob die abgebildeten Früchte
an Bäumen, Sträuchern
oder krautigen Pflanzen
wachsen.

Erweitern und Vertiefen

Bedeutung der Insekten

5 | Insekten auf einer Distel

6 | Bienenstöcke am Rapsfeld

7 | Milben auf Bienenlarven

Insekten bestäuben Blüten • Bienen, Schmetterlinge, Fliegen, Käfer und Hummeln bestäuben beim Sammeln von Nektar und Pollen Blütenpflanzen. ➔ 5 Sie sorgen auf diese
5 Weise dafür, dass die Pflanzen bestäubt werden und Früchte und Samen bilden können. Insekten garantieren damit die Vermehrung und Verbreitung vieler Blütenpflanzen.

Nutzwert der Bienen • An den Rändern von
10 Rapsfeldern oder in Obstgärten fallen dir im Sommer mitunter ganze Reihen von farbigen Kästen auf. ➔ 6 Es sind Bienenstöcke, die von einem Imker zur Bienenzucht und zur Honiggewinnung aufgestellt werden. Jeder
15 Bienenstock beherbergt ein Bienenvolk aus bis zu 50 000 Tieren. Die Landwirtschaft ist besonders bei der Bestäubung von Nutzpflanzen wie Raps, Äpfeln oder Erdbeeren auf die Bienen angewiesen. Können diese aufgrund
20 anhaltend schlechten Wetters nicht ausfliegen, geht der Ernteertrag sofort stark zurück. In Deutschland schätzt man den jährlichen Nutzwert der Bienen daher auf etwa 4 Milliarden Euro. Nach Rindern und Schweinen sind
25 Bienen damit unser drittwichtigstes Nutztier.

Gefährdung der Bienen • Der deutliche Rückgang der Bienenvölker in den letzten Jahren ist sehr besorgniserregend. Geschwächt durch den vermehrten Einsatz von Schädlings-
30 bekämpfungsmitteln sterben viele Bienen oder werden von Milben befallen. Diese nur 1,5 Millimeter großen Spinnentiere ernähren sich von den Bienenlarven. ➔ 7

Insekten sind wichtige Nutztiere. Sie sind bei der Bestäubung von Nutzpflanzen für die Landwirtschaft unverzichtbar.

Aufgaben

1 🔾 Obstbauern bezahlen Imker dafür, dass sie ihre Bienenstöcke in der Nähe der Obstbäume aufstellen. Begründe, dass sich diese Ausgabe für den Obstbauern lohnt.

2 ● „Keine Bienen mehr, keine Bestäubung mehr, keine Pflanzen mehr, keine Tiere mehr, kein Mensch mehr ..."
Diese Aussage stammt von Albert Einstein. Nimm Stellung dazu.

Verbreitung von Früchten und Samen

1 Wie kommt die Birke auf das Dach?

Pflanzen kannst du an den ungewöhnlichsten Orten finden. Der Löwenzahn wächst auch in Mauerritzen, Birken wachsen manchmal sogar in Dachrinnen. Sie wurden dort sicher nicht ange5 pflanzt. Aber wie gelangten sie dorthin?

Verbreitung durch den Wind • Wenn du eine „Pusteblume" in die Hand nimmst und darauf pustet, wirbeln 10 viele Schirmchen davon. Die „Pusteblume" des Löwenzahns besteht aus über 150 Einzelfrüchten. → 3
Die kleinen aus Haaren gebildeten „Fallschirme" sorgen dafür, dass die 15 Früchte nur sehr langsam zu Boden fallen. So kann sie der Wind über weite Strecken mitnehmen. Solche Flugfrüchte finden sich auch bei einigen Bäumen wie Ahorn, Birke oder 20 Erle.

Tiere verbreiten Samen und Früchte • Mit farbigen und schmackhaften Früchten werden Tiere angelockt. Manchmal verlieren die Tiere Früchte 25 beim Transport. Werden die Früchte

2 Der Löwenzahn   3 Die Früchte des Löwenzahns

gefressen, gelangen die unverdauli-
chen Samen über den ausgeschiede-
nen Kot an einen anderen Ort.
Manche Früchte bleiben auch am Fell
30 von Tieren haften. Die Samenschale
kann klebrig oder mit kleinen Haken
besetzt sein, wie bei der Klette. → 4
Trockenfrüchte wie Nüsse, Sonnen-
blumenkerne oder Bucheckern werden
35 von Eichhörnchen und Hamstern als
Vorrat für den Winter versteckt. → 5
Nicht alle Verstecke finden sie später
wieder. Dann keimen die Samen aus.

Verbreitung durch das Wasser • Viele
40 Wasserpflanzen wie die Seerose
bilden mit Luft gefüllte Schwimm-
früchte. → 6
Auch Kokosnüsse gelangen so über
Tausende Kilometer zu neuen Strän-
45 den. Auf diese Weise können auch
Inseln, die durch Vulkanausbrüche
neu entstanden sind, von Pflanzen
besiedelt werden.

Selbstverbreitung • Manche Pflanzen
50 sorgen selbst dafür, dass ihre Samen
verbreitet werden. Die reifen Schleu-
derfrüchte des Springkrauts platzen
bei Berührung oder Erschütterung
auf und schleudern die Samen bis zu
55 zwei Meter weit weg. → 7
Der Klatschmohn hingegen verstreut
seine Samen, wenn sich die reifen
Samenkapseln im Wind neigen.

> Die Verbreitung von Samen und
> Früchten erfolgt durch Wind,
> Wasser, Tiere oder durch Selbst-
> verbreitung.

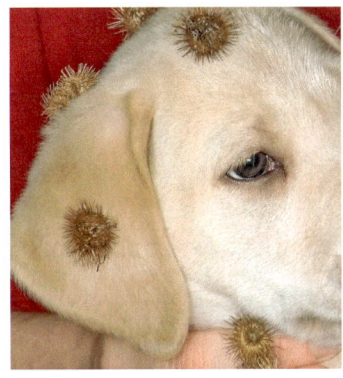

4 Hund mit Klettfrüchten

5 Eichhörnchen mit Walnuss

6 Schwimmfrucht der
Seerose

7 Springkraut mit
Schleuderfrucht

Aufgaben

1 ◐ Nenne verschiedene Verbreitungs-
formen von Früchten und Samen.
Nenne jeweils auch ein Beispiel.

2 ◐ Beschreibe, wie auch der Mensch
unbeabsichtigt Früchte und Samen
verbreiten kann.

3 ◐ Erkläre, wie die Birke in die Dach-
rinne kommt. → 1

Verbreitung von Früchten und Samen

Material A

Wir bauen eine „Ahornfrucht"

Die Früchte des Ahorns verfügen über besondere Flugvorrichtungen. Sie haben eigene Tragflügel. → 1

Materialliste: DIN-A4-Blatt, Bastelschere, Stift, Lineal, 2 Büroklammern, Stoppuhr

1 Zeichne die Linien wie in Bild 2 auf dein Papier und schneide das Papier an der durchgezogenen Linie ein.

2 Die zwei Seitenteile werden an der gestrichelten Linie gefaltet. Beschwere dein Modell mit einer Büroklammer, die den Samen darstellen soll.

3 Lass dein Modell und eine Büroklammer aus 2 Meter Höhe zu Boden fallen. Miss die Zeiten, die sie dafür brauchen.
a ○ Beschreibe den Fall der Büroklammer und deiner „Ahornfrucht".
b ◗ Erläutere den Vorteil der besonderen Bauweise der Ahornfrucht.

1 Die Ahornfrucht

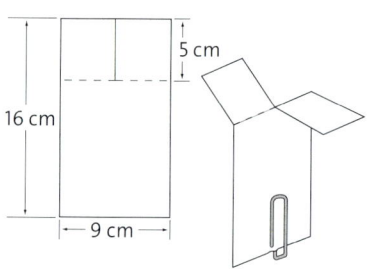

2 Modell der Ahornfrucht

Material B

Flugfrüchte im Test

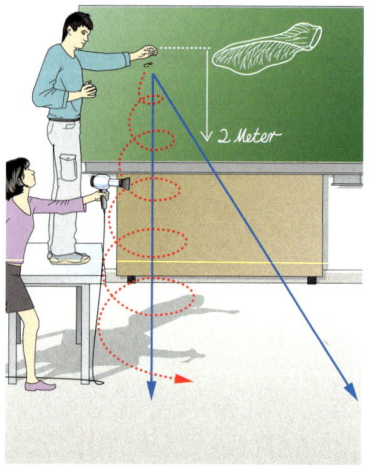

3 Versuchsaufbau zum Flugtest

Pflanzen finden sich an den ungewöhnlichsten Orten. Flugfrüchte machen dies möglich.

Materialliste: Flugfrüchte von Ahorn, Linde, Birke oder Löwenzahn, Maßband, Föhn, Stoppuhr, Schere

1 Lass die Flugfrüchte aus 2 Meter Höhe fallen und miss mit der Stoppuhr die Zeit, in der die Flugfrucht zu Boden fällt.

2 Erzeuge seitlich mit dem Föhn einen Luftstrom und wiederhole dieselben Versuche.

◗ Begründe die unterschiedlichen Flugzeiten bei den Schritten 1 und 2.

3 Entferne die Flugvorrichtungen mit einer Schere. Wiederhole die beiden vorangegangenen Schritte.
◗ Begründe die unterschiedlichen Flugzeiten der Früchte im Vergleich zu den Schritten 1 und 2.

4 ◗ Stelle Vermutungen über die Vorteile der Flugvorrichtungen bei der Verbreitung der Samen an.

Material C

Die Natur als Vorbild

Bei einigen Pflanzen haben sich sehr spezielle Samen entwickelt. Forscher und Techniker versuchen, diese Erfindungen der Natur nachzumachen. So entstand die Bionik. Dieser Begriff setzt sich aus den Worten Biologie und Technik zusammen.

1 ○ Erkläre den Begriff Bionik.

2 ○ Ordne den Samen 4–6 die entsprechende technische Erfindung A–C zu.

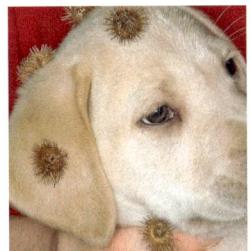
4 Hund mit Kletten

5 Zanonia-Samen

6 Löwenzahnsamen

A Gleitschirm

B Klettverschluss

C Drachenflieger

Material D

Vulkaninsel Surtsey

1 ◐ Stelle Vermutungen darüber an, was die Forscher mit dem Experiment vor Island beweisen wollten. Begründe sie. → 7

2 ◐ Erläutere, wie Vögel bei der Ansiedlung von Pflanzen auf Surtsey beteiligt sein können.

3 ● Forscher bezeichnen Surtsey als das „Labor des Lebens". Erkläre diese Bezeichnung.

Im Jahr 1963 entstand durch einen Vulkanausbruch nahe Island die neue Insel Surtsey. → 8 Nur wenige Forscher dürfen diese Insel betreten. Seit über 50 Jahren erforschen sie dort, wie sich Pflanzen auf einer neuen Insel ansiedeln. → 9 Im Rahmen eines Experiments wurden dazu 10 Millionen Plastikperlen vor der 20 km entfernten bewohnten Nachbarinsel Heimaey ins Meer geschüttet.

7 Eine besondere Insel

8 Die Insel Surtsey 1963

9 Die Insel Surtsey heute

Quellung und Keimung

1 Keimende Bohnenpflanzen

Diese seltsamen kleinen Pflänzchen haben sich aus Bohnensamen entwickelt. Bohnensamen lassen sich trocken sehr lange lagern. Was ist
5 nötig, damit sich aus einem Samen eine Pflanze entwickelt?

Bau des Samens • Am Beispiel der Feuerbohne kann man den Aufbau eines Samens sehr gut erkennen. → 2 Legt
10 man ihn über Nacht ins Wasser, lässt sich die äußere harte Samenschale leicht ablösen. Der Bohnensamen ist gut in zwei Hälften teilbar. Im Innern sieht man ein kleines Pflänzchen: den
15 Keimling mit winzigen Laubblättern, der Keimwurzel und dem Keimstängel. → 2 Die beiden weißen Hälften sind die Keimblätter.

Samenruhe • Manche reife Samen
20 beginnen noch im selben Jahr zu keimen. Andere überwintern oder keimen erst nach mehreren Jahren aus. Diese Zeit der Untätigkeit der Samen nennt man Samenruhe. Sie ist von Art zu Art
25 verschieden lang.

Quellung • Bohnensamen legt man vor dem Pflanzen einen Tag in Wasser. Die Samen nehmen dann Wasser auf. Diesen Vorgang nennt man Quellung.
30 Nach der Quellung haben die Samen sich deutlich vergrößert und sind fast doppelt so schwer. Da die Samenhülle bald zu eng ist, platzt sie auf und die Keimung beginnt.

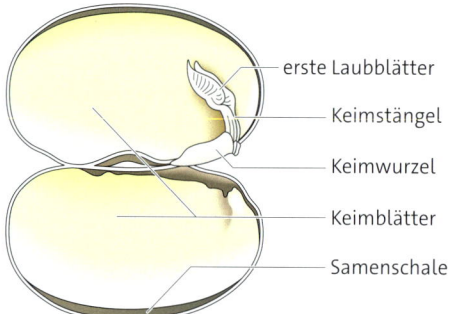

erste Laubblätter

Keimstängel

Keimwurzel

Keimblätter

Samenschale

2 Aufgeklappter Samen einer Feuerbohne

35 **Keimung** • Erhalten die Samen ausreichend Wärme, Luft und Wasser, läuft der Keimungsvorgang bei der Feuerbohne innerhalb weniger Tage ab. Zuerst durchbricht die Keimwurzel die
40 Samenschale und dringt als Hauptwurzel in den Boden ein. Bald bilden sich viele Nebenwurzeln mit feinen Wurzelhärchen, die die Feuchtigkeit aufsaugen. Nach einigen Tagen wächst
45 der Keimstängel nach oben und zieht dabei die beiden Keimblätter aus der Samenschale. → 3 Sobald sich die ersten Laubblätter entfaltet haben, verkümmern die Keimblätter und
50 fallen ab.

Versorgung mit Nährstoffen • Bohnensamen enthalten sehr viel Nährstoffe. Dieser Nährstoffvorrat ist in den dicken Keimblättern gespeichert. Der Bohnen-
55 keimling benötigt diese Nährstoffe für sein Wachstum. Sobald die Pflanze Laubblätter gebildet hat, kann sie mit der Fotosynthese beginnen und sich selbst ernähren. Die Keimblätter ver-
60 welken, die Keimung ist beendet. Die junge Feuerbohne wächst zu einer buschigen Kletterpflanze heran. Nach der Bestäubung und der Befruchtung bilden sich lange Hülsenfrüchte
65 mit neuen Bohnensamen.

Pflanzensamen enthalten den Keimling der neuen Pflanze. Die Quellung ist die Voraussetzung für die Keimung des Samens. Keimblätter versorgen den Keimling mit Nährstoffen. Zur Quellung und Keimung benötigen die Pflanzen Wasser, Wärme und Luft.

Aufgaben

1 ○ Beschreibe in Stichpunkten den Ablauf der Keimung. → 3

2 ◐ Bei Frost quellen und keimen Samen nicht. Begründe.

3 ● Erkläre, welche Folgen es für den Keimling hätte, wenn man die Keimblätter entfernen würde, noch bevor die Blätter grün werden.

Laubblatt

Keimblatt

Stängel

Wurzel

3 Entwicklung einer Feuerbohne

Quellung und Keimung

Material A

Aufbau eines Samens

Materialliste: Samen der Garten- oder Feuerbohne, Becherglas, Lupe, Waage, Lineal, Wasser

1 Nimm die trockenen Bohnensamen und betrachte sie von außen.
a ○ Beschreibe die Form.
b ◐ Miss die Länge und das Gewicht der trockenen Samen.

2 Lege die Samen in ein Glas mit Wasser. Wiederhole die Messungen nach einem Tag.
○ Beschreibe deine Beobachtungen.

1 Samen der Feuerbohne

3 Entferne die Samenschale von den gequollenen Samen vorsichtig mit dem Fingernagel.
○ Beschreibe die Schale.

4 Klappe die Bohnenhälften auseinander und betrachte sie mit der Lupe.

5 ◐ Zeichne einen aufgeklappten Bohnensamen und beschrifte deine Skizze mithilfe von Bild 2, S. 254.

Material B

Die Bedeutung der Keimblätter

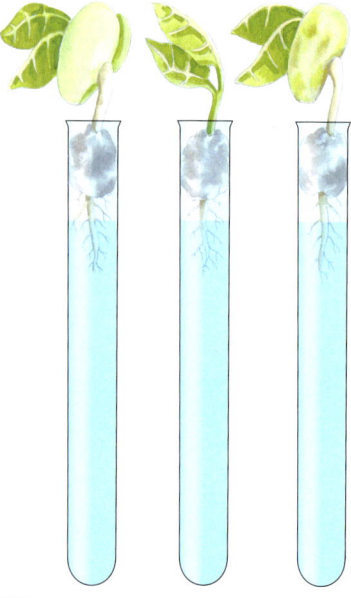

2 Keimblätterversuch

Materialliste: Blumentopf, Blumenerde, 3 Bohnensamen, 3 Reagenzgläser, Watte, Reagenzglasständer

Fülle den Blumentopf mit Erde, drücke drei Bohnensamen etwas hinein und gib Wasser dazu. Lass deine drei Bohnensamen keimen, bis die Laubblätter gerade aus den Keimblättern herausragen.
Danach nimmst du die Pflanzen vorsichtig aus der Erde heraus und entfernst von einem Keimling beide Keimblätter.
Bei einem Keimling nimmst du nur ein Keimblatt weg. Setze dann alle drei Keimlinge jeweils in ein Reagenzglas mit Wasser.

Mit der Watte kannst du die Keimlinge vorsichtig etwas fixieren, damit sie nicht ins Glas rutschen.

1 Erstelle ein Versuchsprotokoll.
a ○ Vergleiche und beschreibe das Wachstum der drei Bohnenpflanzen.
b ◐ Erkläre das unterschiedliche Aussehen der Versuchspflanzen.
c ◐ Beschreibe, wie sich die Keimblätter bei dem Versuch verändern, wenn sich die Wurzeln und Laubblätter kräftig entwickelt haben.
d ● Begründe diese Veränderung.

Material C

Keimungsbedingungen

Was benötigen Kressesamen, um zu keimen?

In 6 verschiedene Petrischalen werden je 20 Kressesamen ausgesät:

- Schale 1 (ohne Wasser): Die Samen werden auf trockene Erde gelegt.
- Schale 2 (ohne Erde): Die Samen werden auf feuchte Watte gelegt.
- Schale 3 (ohne Luft): Die Samen werden auf feuchte Erde gelegt und die Schale in einen Tiefkühlbeutel gestellt. Mit einem Trinkhalm wird die Luft herausgesaugt und anschließend der Beutel luftdicht mit einem Klebeband verschlossen.
- Schale 4 (ohne Licht): Die auf feuchter Erde liegenden Samen werden in einen lichtundurchlässigen Karton gestellt.
- Schale 5 (ohne Wärme und ohne Licht): Die auf feuchter Erde liegenden Samen werden in den Kühlschrank gestellt.
- Schale 6: Dies ist der Kontrollversuch, die Samen liegen bei Zimmertemperatur auf feuchter Erde.

1 Bild 3 zeigt die Ergebnisse des Experiments.
a ⬭ Beschreibe die Ergebnisse.
b ◼ Erkläre, welche Bedingungen erfüllt sein müssen, damit Samen keimen.

2 ⬤ Begründe, warum die Versuche jeweils mit mehreren Samen durchgeführt werden.

3 ⬤ Die meisten Samen werden in unseren Gärten im Frühjahr und nicht im Herbst ausgesät. Begründe diese Vorgehensweise.

1. Versuch mit Erde, Wärme, Licht und Luft

2. Versuch mit Wasser, Wärme, Licht und Luft

3. Versuch mit Erde, Wasser, Wärme, Licht

4. Versuch mit Erde, Wasser, Wärme und Luft

5. Versuch mit Erde, Wasser und Luft

6. Kontrollversuch mit Erde, Wasser, Wärme, Licht und Luft

nach 3 Tagen

3 Keimung von Kresse unter verschiedenen Bedingungen

Pflanzen im Jahresverlauf

1 Die Rotbuche im Jahresverlauf

Die Rotbuche verändert ihr Aussehen im Lauf eines Jahrs deutlich. Im Frühjahr wachsen Blüten und Blätter. Ihre Früchte, die Bucheckern, findet man 5 **nur im Herbst. Im Winter trägt die Rotbuche keine Blätter. Welche Ursachen sind für diese Veränderungen verantwortlich?**

Frühjahr • Eine Rotbuche bildet im 10 Frühjahr die ersten Blätter und Seitenzweige. Dazu transportiert der Baum Wasser und die in den Wurzeln gespeicherten Nährstoffe in die Zweige. Rotbuchen können bis zu 45 Meter hoch 15 werden und lieben Wärme. Der Austrieb der Blätter erfolgt daher erst spät im Jahr. Zum gleichen Zeitpunkt werden auch Blüten gebildet. Nach der Befruchtung wachsen daraus die 20 Früchte.

Sommer • Während der warmen Jahreszeiten tranportieren Bäume Wasser durch die Wurzeln und den Stamm bis zu den Blättern. Die Rotbuche betreibt 25 in ihren Blättern mithilfe des Sonnenlichts Fotosynthese. Der gewonnene Traubenzucker wird für das Wachstum der Bucheckern verwendet. Über die Blätter wird Wasserdampf nach außen 30 abgegeben. → 2

2 Buchecker im Sommer und im Herbst

Herbst und Winter • Im Herbst wird die Fotosynthese eingestellt. Die Blätter verfärben sich. Die Bucheckern werden abgeworfen, später auch die Blätter.

35 → 2 Im Winter kann das Wasser im Boden gefrieren. Der Baum kann kein Wasser mehr aufnehmen. Dies ist vorteilhaft, weil das Wasser gefrieren und dabei den Stamm zerstören könnte.

40 Bei steigenden Temperaturen im Frühjahr beginnt der Kreislauf erneut.

Buchen im Wald • Im Buchenwald stehen die Bäume dicht nebeneinander. Sie bilden im Sommer ein geschlosse-
45 nes Kronendach, durch das nur wenig Licht bis zum Boden dringt. Hohe Buchen haben wegen des Lichtmangels im unteren Stammbereich keine Seitenzweige. Der Lichtmangel sorgt
50 auch dafür, dass im Sommer in einem Buchenwald kaum Bodenbewuchs zu sehen ist.
Im Frühjahr zeigt sich dagegen ein anderes Bild. → 3 Viele Pflanzen
55 wie Schneeglöckchen und Schlüssel-blumen wachsen am Boden. → 4 5 Sie blühen und bilden in kurzer Zeit Früchte. Sie können im Frühjahr schnell wachsen, weil sie mit Zwiebeln
60 oder Knollen überwintern, die viele Nährstoffe enthalten. Weil diese Pflanzen früh im Jahr blühen, werden sie auch Frühblüher genannt. Im Sommer sind nur noch Reste von ihnen zu fin-
65 den. Die Buchen haben im Frühjahr ihre Blätter noch nicht vollständig ausgebildet. Deshalb fällt im Gegensatz zum Sommer genug Licht für die Früh-blüher auf den Boden.

3 Frühblüher im Buchenwald

4 Das Schneeglöckchen

5 Die Schlüsselblume

Laubbäume werfen im Herbst ihre Blätter ab. Die Buche bildet erst spät im Frühjahr neue Blätter. Deshalb können im Frühjahr im Buchenwald Frühblüher wachsen. Im Sommer betreibt die Buche Fotosynthese.

Aufgaben

1 🖉 Beschreibe und erkläre das Aussehen der Rotbuche im Jahres-verlauf. → 1

2 🖉 Erläutere, weshalb Frühblüher im Buchenwald nur im Frühjahr wachsen können.

Pflanzen im Jahresverlauf

Material A

Wie Pflanzen überwintern

Bei Pflanzen lassen sich verschiedene Überwinterungsformen unterscheiden. Bäume und Sträucher (Gehölze) tragen ihre Knospen meist höher als 50 Zentimeter über dem Erdboden.
Andere Pflanzen besitzen Speicherorgane. Das Maiglöckchen überwintert mit unterirdisch verlaufenden Erdsprossen, der Krokus mit Knollen.
Beim Klatschmohn stirbt die Pflanze ab. Nur die Samen im Boden überstehen den Winter.

1 ⬭ Beschreibe, wie die abgebildeten Pflanzen überwintern. → 1 2

2 ⬤ Erläutere die Vorteile, die die Überwinterungsformen B und C jeweils für die Pflanzen haben.

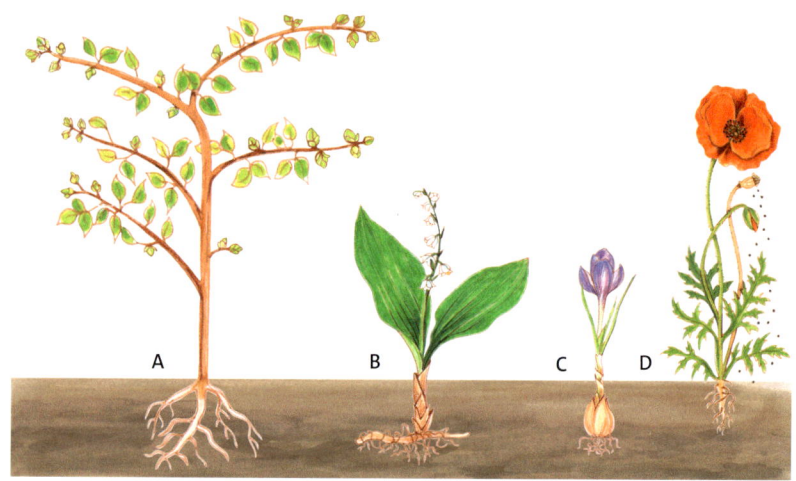

1 Überwinterungsformen

2 **A** Gehölz, **B** Maiglöckchen, **C** Krokus und **D** Mohn

Material B

Überwinterung und Standort

1 ⬭ Beschreibe, wie Pflanzen den Winter überstehen. → 3

2 ◐ Märzenbecher und Schlüsselblume sind Frühblüher. Erkläre die Angepasstheit an diese Lebensweise.

3 ⬤ Erläutere, weshalb der Ackersenf im Buchenwald nicht wachsen kann.

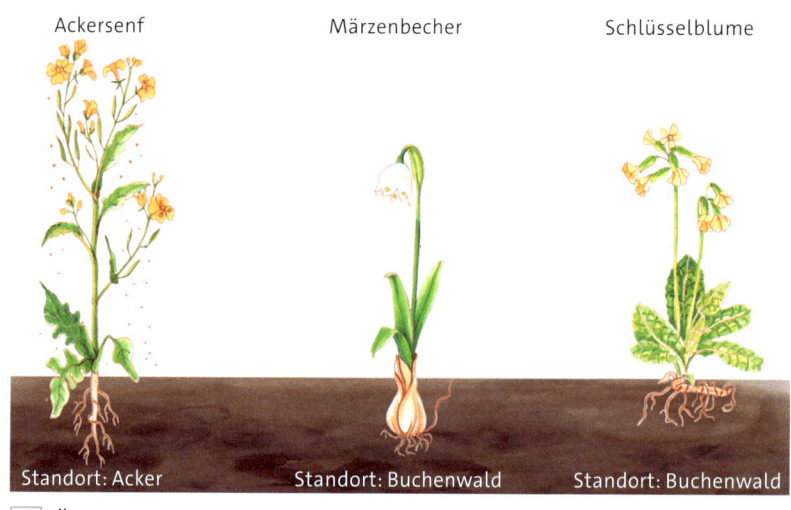

3 Überwinterung verschiedener Pflanzen

Material C

Frühblüher im Buchenwald

1 ○ Beschreibe den Lichteinfall am Boden eines Laubwalds im Jahresverlauf mithilfe der roten Kurve. → 4

2 ◗ Erkläre die Veränderung des Lichteinfalls am Waldboden.

3 ● Beschreibe den Jahreslauf und die Blütezeit des Scharbockskrauts, des Buschwindröschens und der Rotbuche.

4 ◗ Begründe, dass das Scharbockskraut und das Buschwindröschen zu den Frühblühern gezählt werden.

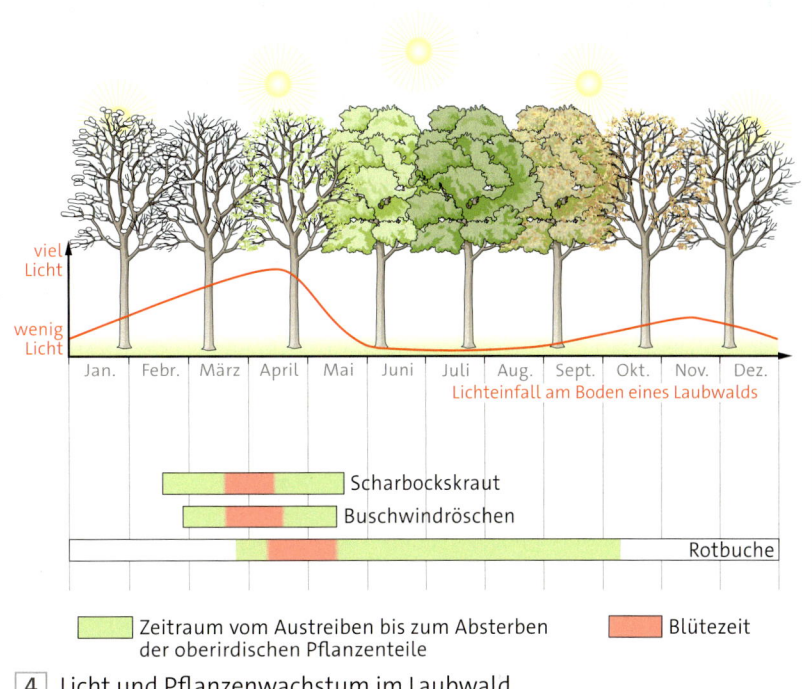

4 Licht und Pflanzenwachstum im Laubwald

Material D

Wasser in der Pflanze

Pflanzen nehmen Wasser aus dem Boden auf. Was passiert mit dem aufgenommenen Wasser?

1 ◗ Beschreibe den Versuch und sein Ergebnis. → 5

2 ● Begründe das Ergebnis.

3 ◗ Erläutere, weshalb Laubbäume in unseren Wäldern im Winter keine Blätter haben.

5 Was passiert mit dem Wasser in der Pflanze?

Zusammenfassung

Sonnenenergie • Die Sonne liefert uns Licht und Wärme. Sie ermöglicht das Leben auf der Erde. Tiere, Pflanzen und der Mensch nutzen die Energie der Sonne. → 1 Sonnenkollektoren wandeln Lichtenergie in Wärmeenergie um. Solarzellen wandeln Lichtenergie in elektrische Energie um.

Licht und Wärme • Lichtquellen senden Licht aus. Es breitet sich geradlinig aus und kann gebrochen oder reflektiert werden. Hinter einem lichtundurchlässigen Körper entstehen Schatten. Die Wärmestrahlung der Sonne kann Gegenstände erwärmen. Die aufgenommene Wärmeenergie wird durch Wasser oder Luft transportiert. Das ist die Wärmeströmung. Die Ausbreitung von Wärmeenergie in Gegenständen wird als Wärmeleitung bezeichnet.

Schutz vor Hitze und Kälte • Der Mensch schützt sich mit Kleidung sowie seine Häuser mit Dämmstoffen vor Hitze und Kälte. Kältestarre, Winterschlaf und Winterruhe gehören zu den Überwinterungsstrategien der Tiere. Eine Fettschicht und ein dickes Fell schützen zusätzlich. Zugvögel verlassen ihr Brutgebiet vor dem Winter und ziehen in den Süden. Standvögel bleiben das ganze Jahr über in ihrem Brutgebiet.

Alles folgt einem Rhythmus • Die Erde dreht sich in 24 Stunden einmal um ihre Achse. Dadurch entstehen Tag und Nacht. Alle Lebewesen sind mit ihren „inneren Uhren" daran angepasst. Die Schrägstellung der Erdachse ist die Ursache für die verschiedenen Jahreszeiten.

Hochdruck und Tiefdruck • Die Sonne erwärmt Erde und Luft. Warme Luft dehnt sich aus und steigt nach oben, dadurch entsteht ein Tiefdruckgebiet. Über kalten Gebieten entstehen Hochdruckgebiete. Den Druckausgleich vom Hoch- zum Tiefdruckgebiet spüren wir als Wind.

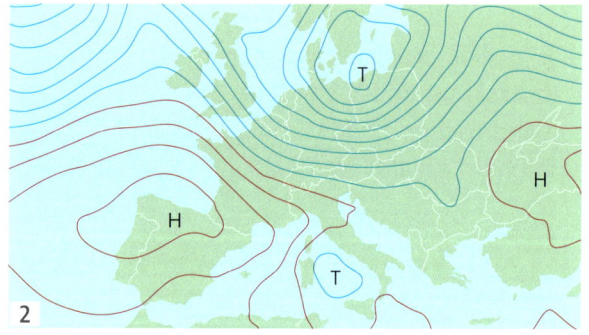

Wasserkreislauf • Durch Sonneneinstrahlung wird Wasser erwärmt und verdunstet. Kühlt feuchte Luft ab, entsteht durch Kondensation flüssiges Wasser, das als Regen zur Erde zurückkehrt. So entsteht das Wetter.

Treibhauseffekt • Die Luft der Atmosphäre wirkt wie ein Glasdach, sie reflektiert die Wärmestrahlung von der Erdoberfläche. Dadurch erwärmt sich die Erde stärker als durch die Sonneneinstrahlung allein.

Bau der Blütenpflanzen • Blütenpflanzen haben alle den gleichen Grundbauplan aus Wurzel, Sprossachse, Blättern und Blüten. Die Wurzel verankert die Pflanze im Boden und nimmt Wasser und Mineralstoffe auf. Diese werden in der Sprossachse durch die Pflanze geleitet. Die Blätter stellen durch Fotosynthese Nährstoffe her. Mithilfe der Blüte vermehrt sich die Pflanze.

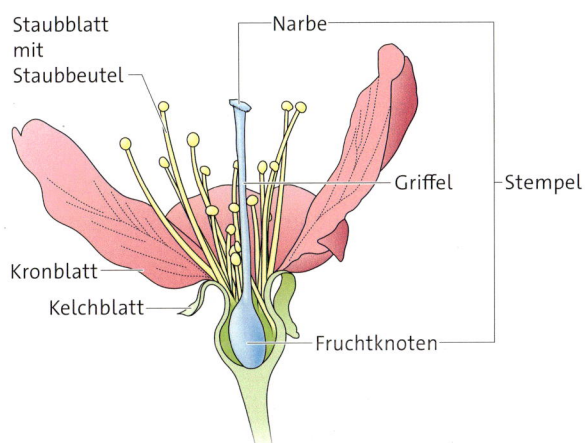

Staubblatt mit Staubbeutel
Narbe
Griffel
Stempel
Kronblatt
Kelchblatt
Fruchtknoten

3 Längsschnitt durch eine Blüte

Aufbau von Blüten • Eine Blüte besteht aus Kelchblättern, Kronblättern, Staubblättern und Fruchtblättern.→ 3
Die Fruchtblätter sind meist zu einem Stempel verwachsen. Der Stempel ist das weibliche Geschlechtsorgan der Pflanze. Er besteht aus Fruchtknoten, Griffel und Narbe. Das Staubblatt ist das männliche Geschlechtsorgan. Im Staubbeutel liegt der Pollen.

Bestäubung von Blüten • Die Übertragung von Pollenkörnern auf die Narbe eines Stempels bezeichnet man als Bestäubung. Sie kann durch Insekten oder den Wind erfolgen.

Befruchtung von Blüten • Nach der Bestäubung bildet das Pollenkorn einen Pollenschlauch aus, in dem die männliche Geschlechtszelle zur Samenanlage transportiert wird. Bei der Befruchtung verschmilzt die männliche Geschlechtszelle mit der Eizelle. Nach der Befruchtung bildet sich eine Frucht mit Samen.

Verbreitung von Früchten und Samen • Die Verbreitung von Früchten und Samen kann durch Wind, Wasser, Tiere, den Menschen oder durch Selbstverbreitung erfolgen. Früchte und Samen sind der Verbreitungsart angepasst.

Quellung und Keimung • Der Samen enthält den Keimling der neuen Pflanze. Voraussetzung für die Keimung ist die Quellung. Zur Quellung und Keimung brauchen die Pflanzen Wasser, Wärme und Luft. Keimblätter versorgen den Keimling mit Nährstoffen.

4

Pflanzen im Jahresverlauf • Im Herbst werfen viele Pflanzen ihre Blätter ab, überdauern als Samen oder in Überwinterungsformen wie Erdsprossen oder Knollen. Im Frühjahr treiben sie früh und schnell aus, daher werden sie Frühblüher genannt. → 4

Sonne – Wetter – Jahreszeiten

Teste dich! (Lösungen auf Seite 392)

Sonne und Wärme

1 Die Sonne ist unsere wichtigste Energiequelle.
a ◐ Erläutere diese Aussage.
b ◐ Mit Solarzellen kann Energie umgewandelt werden. Bringe die Begriffe in die richtige Reihenfolge: elektrische Energie, Lichtenergie, Sonne, Solarzelle.

2 ○ Ordne die Begriffe winteraktiv, Winterschlaf, Winterruhe und Winterstarre den Tieren in den Bilder 1–4 zu.

1 – 4   Biber, Erdkröte, Amsel, Igel

3 ◐ Beschreibe den Unterschied zwischen Standvögeln und Zugvögeln.

4 ○ Wärmeleitung, Wärmeströmung oder Wärmestrahlung? Ergänze die richtigen Begriffe:
a Auf der Herdplatte wird Wärme durch … auf den Topf übertragen.
b Die Sonne erwärmt die Erde durch …
c Die Wärmeenergie aus dem Heizkessel gelangt durch … zum Heizkörper.

Licht und Schatten

5 Wenn du im Dunkeln an Straßenlaternen vorbeigehst, ändert sich dein Schattenbild. Es ist kurz, wird dann länger, zeitweise hast du sogar zwei Schatten.
a ○ Beschreibe, wie Schatten entstehen.
b ◐ Erkläre die unterschiedliche Länge der Schatten.
c ● Erläutere, unter welchen Umständen du zwei Schattenbilder hast.

6 ◐ Formuliere das Reflexionsgesetz.

7 ◐ Beschreibe, was mit einem Lichtstrahl an der Grenzfläche zweier lichtdurchlässiger Körper geschieht.

Wetter

8 ◐ Beschreibe den Zusammenhang zwischen Sonneneinstrahlung und Wetter. Verwende dazu die Begriffe: Hochdruck, Tiefdruck, Teilchenbewegung, Wind.

9 ● Wann kann ein Segelboot am besten aus dem Hafen auslaufen? Verwende in deiner Begründung die Begriffe: Sonne, Erwärmung, Hochdruckgebiet, Tiefdruckgebiet.

5

Bau der Blütenpflanzen und Blüten

10 ○ Fertige eine Schemazeichnung einer Blütenpflanze an. Beschrifte die Bestandteile und nenne deren Aufgaben.

11 ◐ Ordne den nummerierten Bestandteilen der Blüte die folgenden Begriffe zu: Fruchtknoten, Griffel, Kelchblatt, Kronblatt, Narbe, Staubblatt mit Staubbeutel, Stempel. → 6

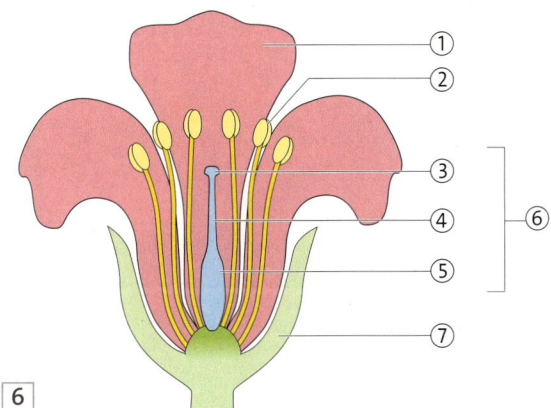

6

Bestäubung und Befruchtung von Blüten

12 ◐ Beschreibe die Bestäubung einer Blüte.

13 ◐ Notiere in deinem Heft die richtigen und korrigiere die falschen Aussagen:
a Nach der Bestäubung bildet die Frucht einen Pollenschlauch aus.
b Bei der Befruchtung verschmelzen die männliche Spermienzelle und die weibliche Eizelle miteinander.
c Nach der Befruchtung entwickelt sich aus dem Fruchtknoten eine Frucht mit Samen.
d Eine Frucht kann nie mehr als einen Samen enthalten.

Verbreitung von Früchten und Samen

14 Pflanzen verbreiten sich auf viele Arten.
a ○ Nenne vier Verbreitungsarten von Früchten und Samen.
b ◐ Das Eichhörnchen wird manchmal auch „Gärtner des Waldes" genannt. Erkläre diese Bezeichnung.

Quellung und Keimung

15 ○ Nenne alle Voraussetzungen, die für die Keimung einer Pflanze erfüllt sein müssen.

16 ○ Ordne den nummerierten Bestandteilen der Gartenbohne folgende Begriffe zu: Keimblätter, Keimstängel, Keimwurzel, Laubblätter, Samenschale. → 7

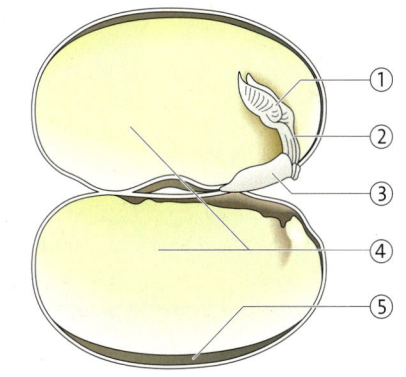

7

Pflanzen im Jahresverlauf

17 ◐ Beschreibe den Wassertransport, der in einem Baum im Sommer und im Winter abläuft.

18 Begründe, weshalb Laubbäume ihre Blätter im Herbst abwerfen.

Geräte und Maschinen im Alltag

Eine Fahrradtour mit Freunden oder der Familie ist immer ein Erlebnis. Wie sind Geräte und Maschinen aufgebaut und wie verändern sie unseren Alltag?

Strom kommt aus der Steckdose und bringt Lampen zum Leuchten. Aber wieso ist das so?

Einen Haartrockner benutzen wir mehrmals in der Woche. Aber wie funktioniert er eigentlich? Und kann man ihn selbst nachbauen?

Geräte verändern unser Leben

1 So lebte man um 1900 ohne Elektrizität.

Geräte sind schon seit Langem „Diener" des Menschen. Was hat sich durch die technische Entwicklung verändert?

Das Leben heute • Du drückst auf den
5 Lichtschalter – und schon ist es hell.
Der Wasserkocher wird mit Wasser gefüllt und nach wenigen Minuten kocht das Wasser. Ein Mixer stellt Schlagsahne in kurzer Zeit her. Schmutzige
10 Wäsche legt man in die Waschmaschine – und nach einer Stunde ist sie sauber. Das war nicht immer so.

Das Leben früher • Um das Jahr 1900 wurde abends beim Schein einer Petro-
15 leumlampe gelesen oder Hausmusik gemacht. Radios und Fernseher waren noch nicht erfunden. Zum Bügeln wurde glühende Holzkohle in Bügeleisen gefüllt oder eine Eisenplatte mit
20 Handgriff erhitzt. Heißes Wasser musste auf einem Kohlenherd erwärmt werden. Sahne wurde mühsam mit einem Schneebesen geschlagen.

Maschinen und Geräte erleichtern unseren Alltag. Heute werden viele dieser Geräte mit elektrischer Energie betrieben.

Aufgabe

1 ○ Lege in deinem Heft eine Tabelle an. → 2 Stelle in ihr Tätigkeiten von 1900 und Tätigkeiten von heute zusammen.

Tätigkeit	1900	heute

2 Mustertabelle

Material A

Sahne schlagen wie früher

Materialliste: pro Gruppe 1 Becher Sahne, 1 große Schüssel, 1 Stoppuhr; Schneebesen, mechanischer Handmixer, elektrischer Handmixer

3

1 Bildet mehrere Gruppen. Jede Gruppe füllt flüssige Sahne in eine Schüssel. Stellt durch schnelles Rühren Schlagsahne her. Messt die Zeit, die ihr dafür benötigt, und notiert sie in euer Heft.

Je eine Gruppe benutzt:
- den Schneebesen → 3
- den mechanischen Mixer → 4
- den elektrischen Mixer

2 ○ Nennt Vor- und Nachteile der drei Methoden zur Herstellung von Schlagsahne.

4

3 ◐ Beschreibt Situationen, in denen ihr den Schneebesen benutzen würdet.

Material B

Ein Leben ohne elektrische Energie

Stell dir vor, du müsstest einen Tag ohne elektrische Energie verbringen.

1 ○ Betrachte das Bild. → 5
a Nenne alle elektrischen Geräte.
b Gib an, welche elektrischen Geräte sich durch nicht elektrische Geräte ersetzen lassen.

Lege dazu eine Tabelle in deinem Heft an. → 6

Elektrisches Gerät	ersetzbar durch
Staubsauger	?

6 Mustertabelle

2 ◐ Schreibe eine Geschichte für die Schülerzeitung. Beschreibe deinen Tagesablauf ohne Smartphone, Stereoanlage, PC, elektrische Beleuchtung ... Welche Schwierigkeiten erwartest du? Könnte es auch Vorteile geben?

5

Wie sind Maschinen aufgebaut?

1 Verschiedene Maschinen: Kran, Fahrrad

Es gibt verschiedene Maschinen für verschiedene Zwecke. Für alle gilt: Die Energie ihres Antriebs soll möglichst gut genutzt werden.

5 **Maschinen übertragen Energie** • Ein Kran hebt schwere Lasten. Ein Spielzeugauto wird von einem Motor angetrieben. Dein Fahrrad bewegt sich,

weil du in die Pedale trittst. All diese
10 Maschinen übertragen Energie. Dabei werden auch Kräfte verstärkt oder verkleinert.

Aufbau von Maschinen • Alle Maschinen sind aus Teilen aufgebaut, die un-
15 terschiedliche Aufgaben haben. Man unterscheidet fünf Elemente: → 2

① Der Fahrer treibt das Fahrrad an. Er ist das Antriebselement. Das Antriebselement überträgt Energie auf die Maschine.

② Die Energie wird vom Antriebselement mit einer Kette und Zahnrädern auf das Arbeitselement übertragen. Wir bezeichnen diese Teile als Übertragungselement.

③ Die Funktion der Maschine „Fahrrad" ist die Bewegung auf der Straße. Das Fahrrad setzt sie mit den Reifen um. Diesen Teil bezeichnet man als Arbeitselement.

④ Der Fahrradrahmen hält alle Teile zusammen. Er ist das Trägerelement der Maschine.

⑤ Am Fahrrad kann mit einer Gangschaltung das Treten erleichtert werden. Der Dynamo wird ein- und ausgeschaltet. Der Schalthebel und der Schalter an der Lampe sind Steuerelemente der Maschine.

① Antriebselement Person, Motor	② Übertragungselement Kette, Zahnräder	③ Arbeitselement Reifen

2 Das Fahrrad – eine Maschine aus fünf Elementen

Getriebe • Eine Fahrradgangschaltung
erleichtert dir das Fahrradfahren.
Wenn du bergauf fährst, schaltest du
20 in einen anderen Gang als beim Berg-
abfahren. Beim Schalten wird die
Bewegung verändert. Das Treten wird
dadurch leichter. → 3
Die Veränderung der Bewegung
25 geschieht bei der Kettenschaltung
dadurch, dass die Kette auf andere
Zahnräder gelegt wird. → 4
Das Übertragungselement besteht
aus den Zahnrädern und der Kette.
30 Man spricht auch von einem Getriebe.
Es verändert Drehgeschwindigkeiten:
• Wenn du einen schweren Gang ein-
legst, trittst du langsam und das Hin-
terrad wird sehr schnell angetrieben.
35 • Wenn du einen leichten Gang ein-
legst, musst du viel schneller treten,
um genauso flott zu fahren.

EVA-Prinzip • Geräte, die Informationen verarbeiten, sind elektronische
40 Systeme. Sie bestehen aus mindestens drei Bauteilen für die Eingabe,
die Verarbeitung und die Ausgabe von
Informationen. Man spricht daher
vom EVA-Prinzip. Bei einem Computer
45 beispielsweise dienen Tastatur und
Maus zur Dateneingabe, der Prozessor
verarbeitet die Daten und Bildschirm
oder Drucker geben sie aus.

> Maschinen bestehen aus Antriebs-,
> Übertragungs-, Arbeits-, Steuer- und
> Trägerelement. Getriebe gehören
> zu den Übertragungselementen.
> Elektronische Systeme sind nach
> dem EVA-Prinzip aufgebaut.

3 Im Berggang geht's leichter!

4 Kettenschaltung

Aufgaben

1 ○ Beschreibe, aus welchen Elementen eine Maschine besteht.

2 ◐ Fertige eine Mindmap zu den
Elementen einer Maschine an.

3 ◐ Merve behauptet: „Ich schalte
bergauf immer in einen schweren
Gang, dann bin ich schneller oben!"
a Würdest du das auch so machen?
Bewerte Merves Aussage.
b Beschreibe den Vorteil und den
Nachteil eines schweren Gangs.

Wie sind Maschinen aufgebaut?

Material A

Eine Maschine untersuchen

Materialliste: Milchschäumer oder Modellauto von einer Rennbahn, Schraubendreher

1 Zerlege vorsichtig mit dem Schraubendreher das Modellauto (den Milchschäumer). → 1 2

2 ◗ Fertige eine Skizze der zerlegten Maschine an. Beschrifte die Bauteile.

3 ◗ Lege eine Tabelle in deinem Heft an.
Ordne den Bauteilen die entsprechenden Elemente einer Maschine zu. → 3

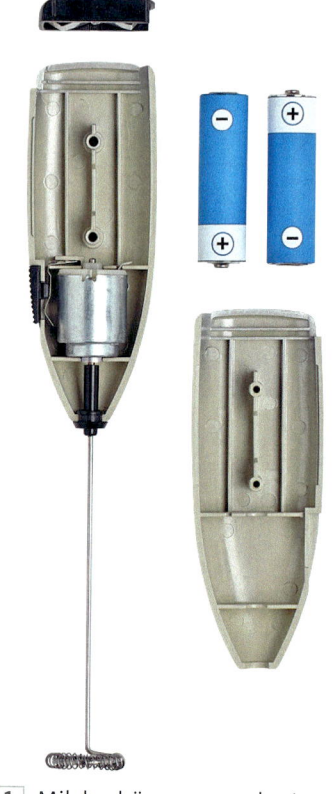

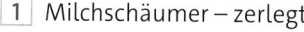

1 Milchschäumer – zerlegt

2 Modellrennauto

Bauteile	Element einer Maschine
Motor	?
Schalter	?
Gehäuse	?
Zahnräder, Riemen, Wellen	?
Räder, Rührstäbe	?

3 Beispieltabelle

Material B

Profimaschinen

1 ◯ Schreibe zu jeder Nummer das Element der Maschine auf. → 4 5

2 Verschiedene Maschinen
a ◯ Nenne eigene Beispiele für Maschinen.
b ◗ Beschreibe die verschiedenen Elemente dieser Maschinen.

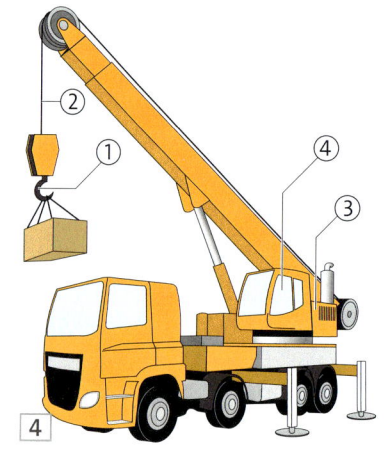

4

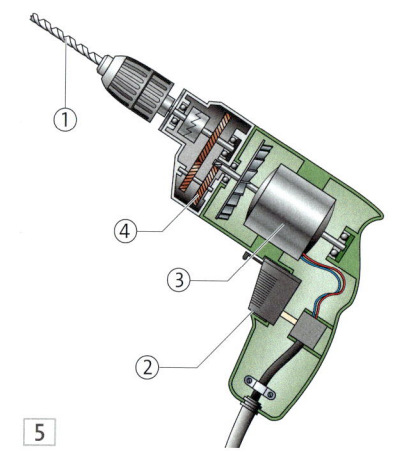

5

Material C

Verschiedene Zahnräder

Materialliste: mehrere Zahnräder in verschiedenen Größen,
mehrere Achsen, Kurbel,
Schraubendreher, Grundplatte
aus einem Technikbaukasten

1 🖾 Baue die Getriebe a, b und
  c nach. ➝ 6 Beschreibe jeweils deine Beobachtungen.
a Verwende gleich große
  Zahnräder.
b Das zweite Zahnrad soll sich
  jetzt schneller drehen als in
  Versuchsteil a.
c Die Kurbel soll sich leichter
  bewegen lassen als in Versuchsteil b.

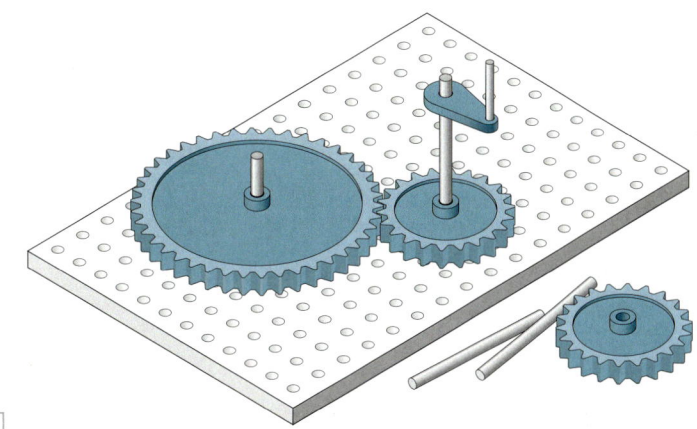

6

2 ◯ Vervollständige den folgenden Satz in deinem
  Heft: „Damit das Getriebe
  die Bewegung schneller
  macht, muss das 1. Zahnrad
  ... sein als das 2. Zahnrad."

3 🖾 Baue ein Getriebe, bei
  dem sich die Drehrichtung
  nicht ändert.

Material D

Ein Sahneschlaggerät
bauen

Materialliste: 2 Zahnräder,
1 Schneckenrad, 1 Kurbel,
3 Achsen, 6 Kunststoffstreifen
aus Schnellheftern, Platten
und Verbindungsteile aus
einem Technikbaukasten,
Schraubendreher

1 Baue ein Sahneschlaggerät
  mit einem Antrieb und
  einem Getriebe. Ein Beispiel
  siehst du hier. ➝ 7
  Teste beim Bauen, wie leicht
  sich deine Rührstäbe ohne
  Zahnräder drehen lassen.

2 ◯ Untersuche, wie sich das
  Getriebe auf die Bewegung
  der Rührstäbe auswirkt.
  Beschreibe die Änderungen
  mit den Worten „schneller",
  „langsamer", „schwerer"
  und „leichter".

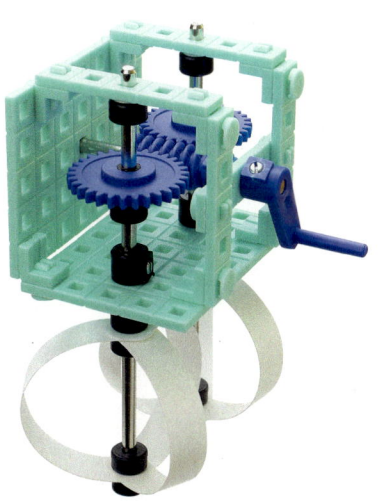

7 Sahneschlaggerät, selbst
gebaut

Der elektrische Stromkreis

1 Mikrowellengerät

Unterbrochener Stromkreis • Wenn eine der Verbindungen im Stromkreis
15 eine Lücke hat oder fehlt, leuchtet die Lampe nicht. → 3 Der Stromkreis ist unterbrochen. Manchmal leuchtet die Lampe nicht, obwohl der Stromkreis geschlossen aussieht. Dann ist oft der
20 Glühdraht in der Lampe unterbrochen.

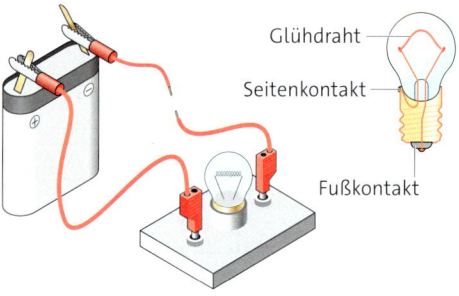

3 Unterbrochener Stromkreis

Die Mikrowelle ist betriebsbereit. Sie läuft aber nicht – etwas fehlt noch …

Geschlossener Stromkreis • Der Motor dreht sich. → 2 Er ist an eine Batterie
5 angeschlossen. Wenn du mit dem Finger vom Minuspol der Batterie entlang des Kabels zum Motor und weiter entlang des anderen Kabel fährst, kommst du wieder zur Batterie zurück.
10 Wir sprechen von einem geschlossenen Stromkreis – auch wenn die Schaltung nicht wie ein Kreis aussieht.

> Elektrische Geräte wie Glühlampen oder Motoren funktionieren nur, wenn sie einen geschlossenen Stromkreis mit der elektrischen Energiequelle bilden.
> Jeder Kontakt des Geräts muss mit einem Pol der elektrischen Energiequelle verbunden sein.

Schaltzeichen und Schaltpläne • Um
30 einen Stromkreis einfach und übersichtlich zu zeichnen, verwenden wir Schaltzeichen. Man erhält dann einen Schaltplan. → 4 7

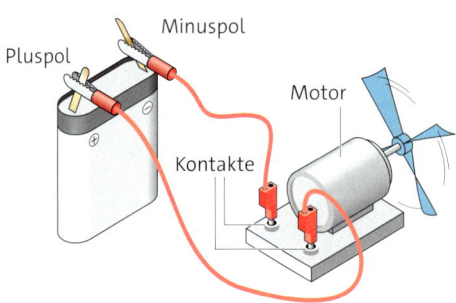

2 Geschlossener Stromkreis

4 Geschlossener Stromkreis: Schaltplan

Reihenschaltung • Bei der Mikrowelle

35 sind ein Schalter und ein Taster in Reihe geschaltet. → 5 Der Motor für den Drehteller läuft nur, wenn der Schalter S1 am Gerät *und* der Taster T1 in der Tür gedrückt werden.

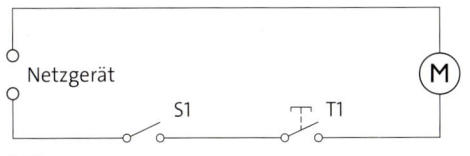

5 Reihenschaltung (unterbrochen)

40 **Parallelschaltung** • In Mehrfamilienhäusern hat jede Wohnung zwei Klingelknöpfe: einen an der Haustür und einen an der Wohnungstür. Jeder Klingelknopf ist ein Taster. Die Taster sind

45 parallel nebeneinandergeschaltet. → 6 Die Klingel läutet, wenn der Taster T1 *oder* der Taster T2 gedrückt ist.

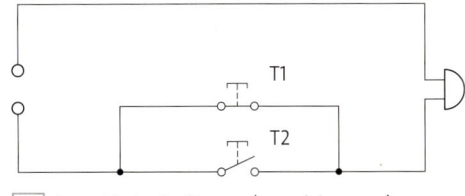

6 Parallelschaltung (geschlossen)

Aufgaben

1 ○ Zeichne den Schaltplan für einen Stromkreis aus Batterie, Motor, Schalter und Kabeln.

2 ◖ Zwei Lampen sind gleichzeitig an eine Batterie angeschlossen. Dafür gibt es zwei Möglichkeiten. Zeichne die Schaltpläne. *Tipp:* → 5 6

Bauteil	Zeichnung	Schaltzeichen
Batterie		
Netzgerät (elektrische Energiequelle)		
Kabel (Leitung)		
Schalter (geöffnet)		
Taster (EIN)		
Glühlampe		
Elektromotor		
Klingel		

7 Schaltzeichen (weitere siehe Anhang)

Der elektrische Stromkreis

Achtung • Die folgenden Versuche sind mit Batterien oder Netzgeräten für Schülerversuche ungefährlich. Sonst besteht Lebensgefahr:
• Führe keine Versuche direkt mit der Steckdose als elektrischer Energiequelle durch!
• Bastle nie an Elektrogeräten herum!

Einfacher Stromkreis

Materialliste: Batterie (4,5 V) oder Netzgerät (6 V), mehrere Kabel, Krokodilklemmen, Lampe (6 V; 2,4 W), Schalter, Taster

1 Baue mit Lampe, Batterie und Schalter einen geschlossenen Stromkreis auf. → 1
Ersetze dann den Schalter durch den Taster.

◗ Beschreibe, worin sich die Funktion der beiden Schaltungen unterscheidet.

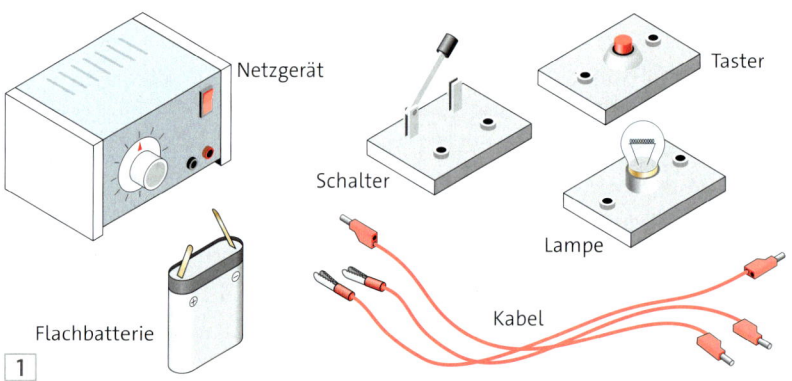

Netzgerät

Schalter

Taster

Lampe

Flachbatterie

Kabel

1

Mikrowellenschaltung

Eine Mikrowelle läuft nur, wenn ihr Schalter auf EIN gestellt ist und der Taster von der Tür hereingedrückt wird.

Materialliste: Batterie, Schalter, Taster, Motor (oder Lampe), Kabel

1 ○ Überlege, unter welchen Bedingungen die Mikrowelle in Betrieb sein soll. Übertrage die Beispieltabelle ins Heft und ergänze sie. → 2

2 ◗ Baue die Schaltung auf. Statt des Motors kannst du auch eine Lampe verwenden. Überprüfe, ob die Schaltung so funktioniert, wie es in der Tabelle steht.

3 ◗ Zeichne einen Schaltplan für die Schaltung.

Schalter am Gerät	Taster an der Tür	Motor
aus (offen)	nicht gedrückt	aus
aus (offen)	gedrückt	?
ein (geschlossen)	nicht gedrückt	?
ein (geschlossen)	gedrückt	?

2 Beispieltabelle

Material C

3 Eine Wohnung – zwei Klingelknöpfe

Türklingelschaltung

Die Klingel läutet, wenn der Taster an der Haustür oder an der Wohnungstür gedrückt wird. → 3

Materialliste: 2 Taster, Batterie (4,5 V) oder Netzgerät (6 V), Lampe (6 V; 2,4 W), Kabel

1 ○ Überlege, wann die Klingel läuten soll. Übertrage die Beispieltabelle ins Heft und ergänze sie. → 4

2 ◐ Baue die Schaltung mit einer Lampe statt der Klingel auf. *Tipp:* Jeder Taster bildet mit der Lampe und der Batterie einen eigenen elektrischen Stromkreis. Überprüfe, ob sie so funktioniert wie in der Tabelle.

3 ◐ Zeichne einen Schaltplan.

Taster T_1 (Haustür)	Taster T_2 (Wohnungstür)	Klingel
nicht gedrückt	nicht gedrückt	?
nicht gedrückt	gedrückt	?
gedrückt	nicht gedrückt	?
gedrückt	gedrückt	?

4 Beispieltabelle

Material D

Die Fahrradbeleuchtung

Am Fahrrad sind Scheinwerfer und Rücklicht gemeinsam am Dynamo angeschlossen. → 5

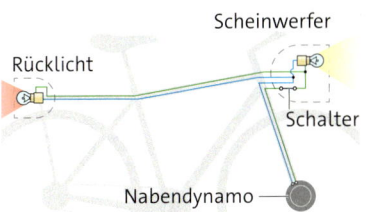

5 Fahrradbeleuchtung

Materialliste: Batterie (4,5 V) oder Netzgerät (6 V), 2 Scheinwerferlampen (6 V; 2,4 W), 1 Lampe (6 V, 0,6 W) als Rücklicht, Schalter, mehrere Kabel

1 ◐ Baue die Fahrradbeleuchtung nach. Anstelle des Dynamos nutzt du die Batterie oder ein Netzgerät. Deine „Fahrradbeleuchtung" soll bequem ein- und ausgeschaltet werden können.
a Baue die Schaltung auf und teste sie. Beide Lampen müssen hell leuchten.
b Beschreibe, was passiert, wenn eine Lampe aus der Fassung gedreht wird.
c Zeichne zu der Schaltung einen Schaltplan.
d Ergänze deine Schaltung um einen weiteren Scheinwerfer. Beschreibe, wie du vorgehst.

Nicht alles leitet

1 Eine Schnur als Leitung?

Draht aus Kupfer: elektrischer Leiter

Mantel aus Kunststoff: Nichtleiter (Isolator)

2 Leiter und Nichtleiter im Kabel

Der Leitungsdraht ist alle – was nun? Ist es egal, was man als Leiter verwendet?

Leiter • Viele Kabel haben innen einen Draht aus Kupfer. ▸ **2** Kupfer und alle
5 anderen Metalle leiten elektrischen Strom gut.

Nichtleiter • Der Mantel des Kabels schützt uns vor elektrischem Strom. Kunststoffe leiten nämlich den elektri-
10 schen Strom nicht. Auch Glas, Holz,

Gummi oder Kork leiten den elektrischen Strom praktisch nicht.

Achtung • Fasse kein Kabel ohne Isolierung an, das an eine Steckdose ange-
15 schlossen ist. Es besteht Lebensgefahr!

Leiten Flüssigkeiten? • Öl und destilliertes Wasser leiten den elektrischen Strom nicht. Sie sind Isolatoren. Manche Flüssigkeiten sind Leiter. Dazu
20 gehören Limonade, Essig und Salzwasser.

Der Mensch – ein Leiter • Unser Körper besteht zu zwei Dritteln aus salzhaltigem Wasser. Deshalb leitet er den
25 elektrischen Strom.

> Alle Metalle sind elektrische Leiter. Kupfer und Silber gehören zu den besten Leitern.
> Kunststoffe, Glas, Holz, Gummi oder Kork sind Nichtleiter (Isolatoren).
> Unser Körper leitet den elektrischen Strom. Bei Stromunfällen mit der Steckdose besteht Lebensgefahr.

Maßnahmen beim Stromunfall

- Unterbrich als Erstes den Stromkreis. Drücke dazu den Not-AUS-Schalter oder schalte die Sicherung aus. Fasse den Verunglückten auf keinen Fall vorher an – sonst fließt der Strom auch durch dich!
- Rufe den Notarzt bzw. den Rettungswagen (112).
- Bei Atemstillstand sind Maßnahmen zur Wiederbelebung erforderlich: Atemspende, Herzdruckmassage (Defibrillator).

Aufgaben

1 ○ Nenne jeweils drei Stoffe, die
a den elektrischen Strom leiten,
b den elektrischen Strom nicht leiten.

2 ◐ Unser Körper ist ein elektrischer Leiter. Begründe.

3 ◐ Erkläre, warum Kabel aus Draht und Kunststoffmantel bestehen.

Material A

Leitungstester für feste Stoffe

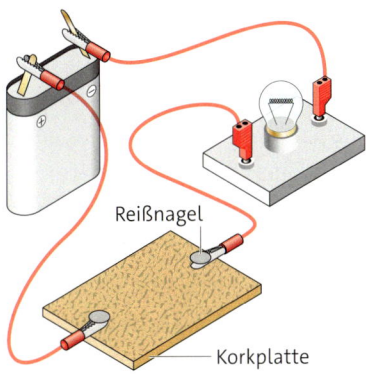

Reißnagel

Korkplatte

3 Leitungstester

Materialliste: 3 Kabel, Korkplatte, 2 Reißnägel ohne Kunststoffüberzug, Batterie (4,5 V), Lampe (6 V; 2,4 W), Testgegenstände

1 Baue zunächst den Leitungstester auf. → 3 Überbrücke dann die „Leitungslücke" nacheinander mit Gegenständen. Drücke sie jeweils fest auf die beiden Reißnägel. Wenn die Lampe aufleuchtet, leitet ein Gegenstand den Strom gut.

a ○ Notiere die Ergebnisse in einer Tabelle. → 4
b ○ Schreibe jeweils in einer Liste auf, welche Stoffe den elektrischen Strom gut leiten und welche nicht.

Gegenstand	Leitet? (ja/nein)	Stoff
Schere	?	Stahl

4 Beispieltabelle

Material B

Leitungstester für Flüssigkeiten

Materialliste: biegsamer Kupferdraht, starrer Draht (oder Metallstricknadeln), Batterie (9 V oder 4,5 V), LED (5 mm; 20 mA), Widerstand (470 Ω), Lüsterklemmen, Becherglas, Speiseöl, Saft, Salzwasser, Essig, Seifenwasser ...

1 Baue den Tester auf. → 5
Alle Drahtenden müssen abisoliert sein.
Gieße die Testflüssigkeit ins Becherglas. Wenn die LED leuchtet, leitet die Flüssigkeit den Strom gut.
○ Ergänze die Tabelle. → 6

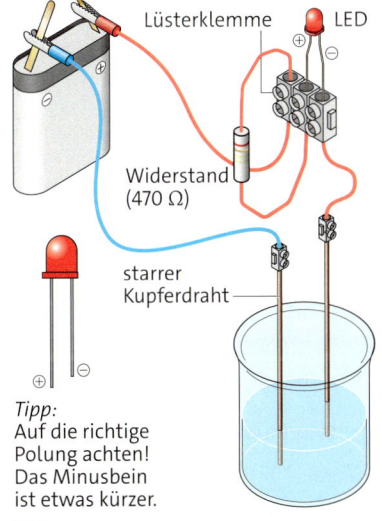

Lüsterklemme LED

Widerstand (470 Ω)

starrer Kupferdraht

Tipp:
Auf die richtige Polung achten! Das Minusbein ist etwas kürzer.

5 Leitungstester

Gegenstand	Leitet? (ja/nein)
Speiseöl	?

6 Beispieltabelle

Material C

Ein ungewöhnlicher Stromkreis

1 Warum leuchtet die Lampe? → 7 Zwischen den Kabeln ist doch eine Lücke!
◐ Erkläre, wie der Stromkreis geschlossen wird.

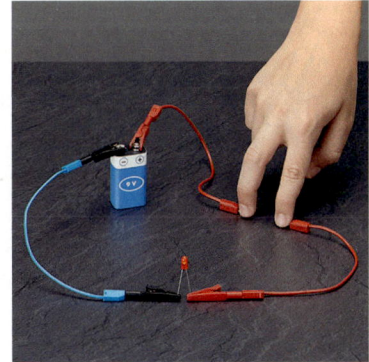

7 Ein geschlossener Stromkreis

Wir bauen einen Haartrockner nach

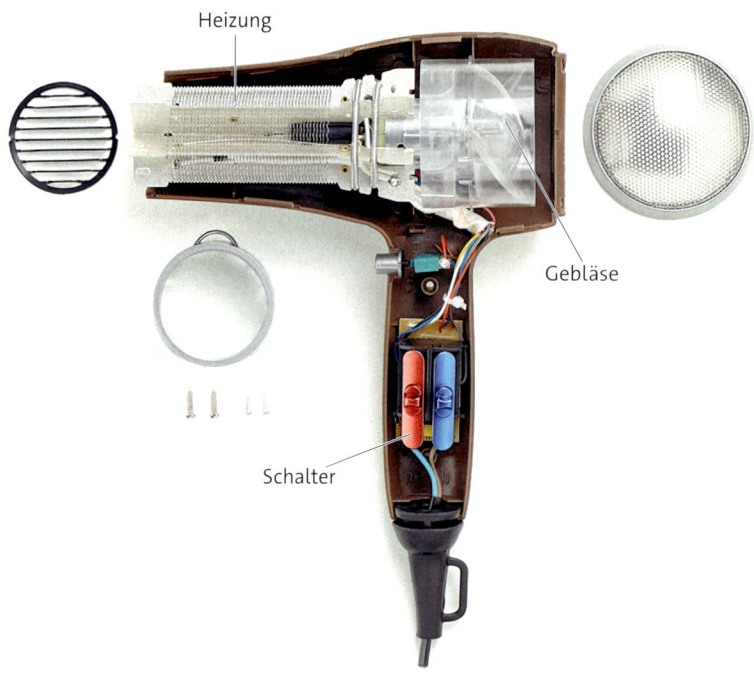

Heizung

Gebläse

Schalter

1 Zerlegter Haartrockner

Viele von euch benutzen einen Haartrockner. Wer hat schon einmal genau untersucht, wie er funktioniert?

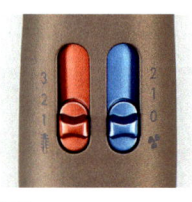

2 Schalter

Achtung • Das Basteln an Elektrogeräten kann lebensgefährlich sein. Darum
dürfen Elektrogeräte nur von Fachleu-
ten aufgeschraubt werden.
Du darfst Elektrogeräte nur bei unge-
öffnetem Gehäuse untersuchen.

10 **Untersuchen und Nachbauen** • Du
kannst die Funktionen eines Geräts
genau untersuchen und sie dann nachbauen – auch ohne das Gerät zu öffnen.
Beim Haartrockner können folgende
15 Funktionen festgestellt werden:
• Wenn der blaue Schalter betätigt
wird, bläst der Haartrockner kalte
Luft. → **2**
• Wenn zusätzlich der rote Schalter
20 betätigt wird, strömt warme Luft aus
dem Gerät.
• Wenn die zweite Stufe am Schalter
gewählt wird, bläst die Luft stärker
heraus.

25 **Funktionstabelle** • Die Funktionen
eines untersuchten Geräts kann man in
einer Tabelle übersichtlich darstellen.
Sie dient dann als Testtabelle für die
Modellschaltung. → **3**
30 Um eine Schaltung zu bauen, die so
funktioniert wie das untersuchte Gerät,
müssen die Bauteile bestimmt werden:
Motor als Ventilator, Heizspirale für
warme Luft, Schalter ...

Aufgaben

1 ○ Nenne wichtige Bauteile, die zum
Nachbau des Haartrockners benötigt werden.

2 ◗ Beschreibe, wozu eine Funktionstabelle beim Nachbau nützlich ist.

3 ○ Nenne Unterschiede zwischen
einer Modellschaltung und dem
realen Gerät.

Was wird gemacht?		Was passiert?	
Schalter Gebläse (blau)	Schalter Heizung (rot)	Gebläse (Motor)	Heizung (Lampe)
aus	aus	aus	aus
aus	ein	aus	?
ein	aus	?	?
ein	ein	?	?

3 Funktionstabelle

Material A

Luft blasen

Materialliste: Batterie (4,5 V) oder Netzteil (6 V), Motor (6 V), Propeller, Schalter, Kabel

1 Baue die erste Funktion des Haartrockners mit einem Schalter nach.
a ○ Teste deine Schaltung und beschreibe deine Beobachtungen.
b ◕ Zeichne einen Schaltplan.

Material B

Wärme erzeugen

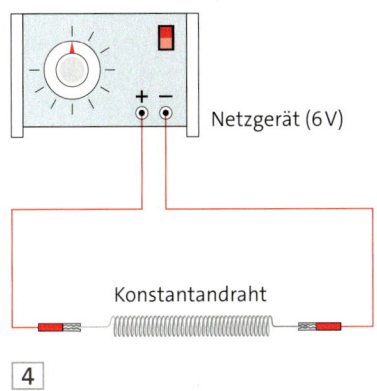

Netzgerät (6 V)

Konstantandraht

4

Materialliste: 50 cm Konstantandraht (0,2 mm dick), Netzgerät (6 V), Krokodilklemmen, mehrere Kabel

1 ○ Wickle den Draht eng um eine Stricknadel. Ziehe dann die Nadel heraus: Fertig ist die Heizspirale.
Schließe die Heizspirale mit den Klemmen an das Netzgerät an. → 4 Fühle, ob der Draht warm wird.

Material C

Warme oder kalte Luft

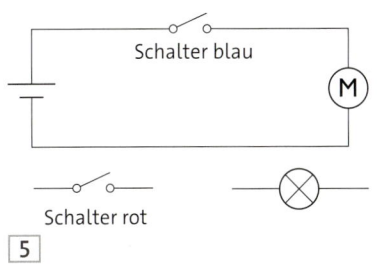

Schalter blau

M

Schalter rot

5

In der Modellschaltung benutzen wir als Heizspirale eine Lampe. In jeder Glühlampe ist eine Spirale, die neben dem Licht viel Wärme erzeugt.

Materialliste: Batterie (4,5 V), 2 Schalter, Motor (6 V), Lampe (6 V; 2,4 W), Kabel

1 ◕ Baue die Schaltung nach dem Schaltplan auf. → 5
a Ergänze die Schaltung so, dass die Lampe nur heizt, wenn der Motor läuft und der zweite Schalter (rot) geschlossen ist.
b Teste die Schaltung. Nutze die Funktionstabelle. → 3

Material D

Viel und wenig Luft

Materialliste: Motor (6 V), 2 Batterien (4,5 V), Umschalter

6

Umschalter

1 Am Haartrockner kannst du mit einem Stufenschalter regeln, ob viel oder wenig Luft ausströmt.
a ○ Probiere, den Motor mit einer oder zwei Batterien langsam oder schnell laufen zu lassen.

b ◕ Zeichne einen Schaltplan für die „schnelle" Schaltung.
c ● Baue eine Schaltung mit dem Umschalter. → 6
Er schaltet eine oder zwei Batterien an den Motor und ermöglicht damit zwei Motorgeschwindigkeiten.

Was elektrische Energie alles kann

1 Viele Elektrogeräte für vielfältige Aufgaben

Die Energie aus Batterien, Akkus, Dynamos, Netzgeräten, Steckdosen oder
Solarzellen wird zu den Elektrogeräten
übertragen. Wasserkocher, Mixer, Haartrockner und Lampe sind Energiewandler. Sie wandeln elektrische Energie in
Energieformen um, die wir nutzen.

> Elektrogeräte nehmen elektrische
> Energie auf und wandeln sie in die
> Energieformen um, die wir zum
> Erwärmen, Beleuchten, Bewegen …
> nutzen.

**Elektrogeräte machen uns das Leben
leichter.**

Elektrische Energie nutzen • Mit elektrischer Energie können wir Wasser kochen, Kuchenteig rühren, unsere Haare
trocknen oder ein Zimmer beleuchten.
Dazu benötigen wir immer eine elektrische Energiequelle. → **2**

Aufgaben

1 Elektrische Energie kann fast alles.

a ○ Nenne 10 Geräte oder Maschinen,
die mit elektrischer Energie betrieben werden.

b ◗ Nenne jeweils die Energieform,
die das Elektrogerät liefert. Stelle
die Ergebnisse in einer Tabelle zusammen.

c ◗ Zeichne für drei deiner Beispiele
eine Energiekette. → **2**

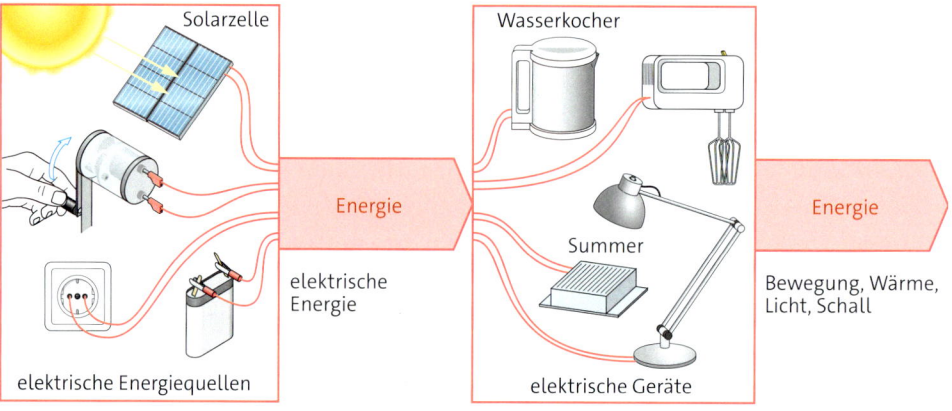

2 Viele Elektrogeräte für vielfältige Aufgaben

Material A

Ein einfacher Toaster

Materialliste: Konstantandraht (50 cm lang, 0,2 mm dick), 2 Kabel, 2 Krokodilklemmen, Netzgerät (regelbar bis 12 V), Toastscheibe, Brettchen

1 Baue das Modell eines Toasters nach. → 3

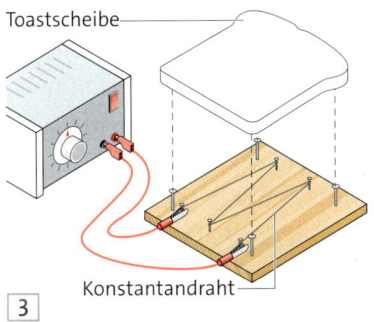

Der Draht wird einmal um jeden Nagel gewickelt. Schließe die Drahtenden mit Krokodilklemmen und Kabeln an ein Netzgerät an. Regle es langsam hoch, bis der Draht zu glühen beginnt.
Lege einen Toast auf und warte 2 Minuten.
○ Beschreibe deine Beobachtungen.

2 ○ Nenne Unterschiede zu einem Toaster im Haushalt.

Material B

Modell einer Glühlampe

Materialliste: Glühlampe, regelbares Netzgerät (bis 12 V), Lupe, Konstantandraht (50 cm lang, 0,2 mm dick), Stricknadel, Isolatoren, Tonnenfüße, Kabel

1 ○ Sieh dir die Glühwendel der Glühlampe unter der Lupe an. Beschreibe sie.

2 ○ Modell einer Glühlampe
a Wickle den Draht eng um die Stricknadel. → 4 Ziehe dann die Nadel heraus. Fertig ist die Glühwendel.

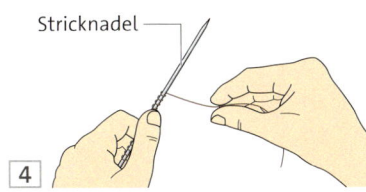

b Schließe die Wendel an das Netzgerät an. → 5 Schalte es ein. Drehe den Regler, bis die Glühwendel leuchtet.
Achtung • Nicht anfassen! Die Glühwendel wird heiß.

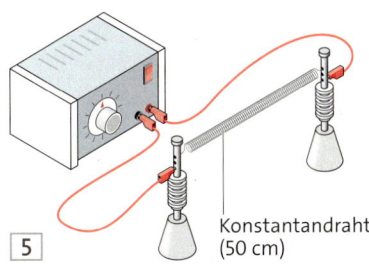

Material C

Ein selbst gebauter Magnet

In jedem Elektromotor kommen Magnete zum Einsatz, um die Drehbewegung zu erzeugen. Einer dieser Magnete ist ein Elektromagnet, den du selbst nachbauen kannst.

Materialliste: Batterie (4,5 V), dünner lackierter Kupferdraht (1 m), Eisennagel

1 ○ Baue das Gerät zusammen. Der Lack muss an beiden Enden des Kupferdrahts abgekratzt werden. → 6

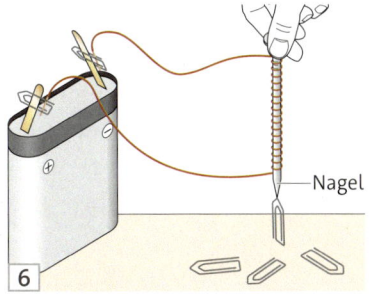

a Untersuche mit diesem Elektromagneten, welche Stoffe er anzieht.
b Probiere aus, wie dein Elektromagnet auf einen Kompass wirkt.
c In welchen Haushaltsgeräten könnten Elektromagnete verborgen sein? Stelle Vermutungen auf.

Elektrische Geräte benötigen Energie

1 Elektrische Energiequellen

Elektrische Energiequellen • Von allein
leuchtet keine Lampe:
- Der Dynamo in der Radnabe deines
  Fahrrads muss sich drehen, damit
  der Scheinwerfer leuchtet. → 2
- Für die Taschenlampe brauchst du
  eine „volle" Batterie.
- Die Experimentierlampe ist an ein
  Netzgerät angeschlossen. Eine Steck-
  dose versorgt es mit elektrischer
  Energie. Die Steckdose wiederum ist
  mit einem Kraftwerk verbunden.

Energiewandler • Damit ein Dynamo
Energie liefert, muss sie ihm durch
Bewegung zugeführt werden. Beim
Radfahren kommt die Energie aus
deinen Muskeln. → 2
Der Dynamo wandelt die zugeführte
Energie in elektrische Energie um. Er
ist ein Energiewandler. Auch die Solar-
zelle ist ein Energiewandler. Sie wan-
delt Licht in elektrische Energie um.

> Elektrische Energiequellen sind
> Energiewandler.

**Alle elektrischen Geräte benötigen
Energie. Es gibt vielfältige Möglichkeiten, einen Stromkreis mit Energie
zu versorgen.**

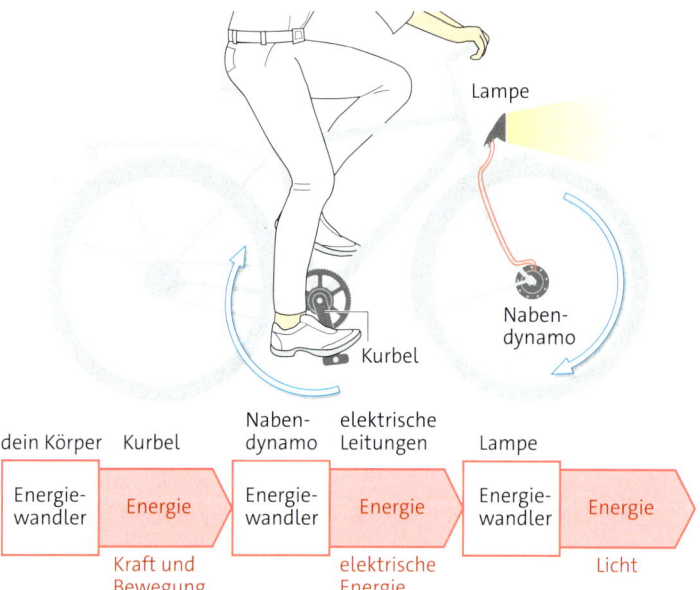

2 Der Nabendynamo ist ein Energiewandler.

Aufgaben

1 ○ Nenne vier verschiedene elektrische Energiequellen.

2 ◐ Erkläre, warum eine Solarzelle
ein Energiewandler ist.

3 ● Leon sagt: „Die Steckdose ist
eigentlich keine Energiequelle."
Hat Leon recht? Begründe deine
Meinung.

Material A

Elektrische Geräte – von Hand betrieben

Materialliste: Handgenerator, 3 Lampen (6 V; 2,4 W), Kabel, Lampe eines Autoscheinwerfers (12 V; 60 W)

1 Mit einem Handgenerator kannst du wie mit einem Fahrraddynamo elektrische Geräte betreiben. → 3

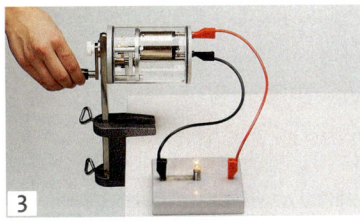

3

a Drehe die Kurbel erst ohne angeschlossene Lampe.
b Schließe nun ein Lämpchen an. Drehe unterschiedlich schnell und achte auf die Helligkeit.
○ Vergleiche und beschreibe deine Erfahrung.
c Schließe nun nacheinander eine, zwei und drei Lampen parallel an.
○ Vergleiche den Unterschied beim Drehen.
d Schließe den Autoscheinwerfer an und bringe ihn hell zum Leuchten.
○ Vergleiche den Unterschied beim Drehen.

Material B

Elektrische Energie aus Licht

Unser Solarmodul ist aus mehreren einzelnen Solarzellen aufgebaut.

Materialliste: 2 Solarmodule, Taschenlampe, Solarmotor (6 V; 20 mA), Pappe, Kabel

1 Schließe den Motor an das Solarmodul an. Bestrahle das Solarmodul mit Licht. → 4
○ Beschreibe, wann der Motor besonders schnell läuft.

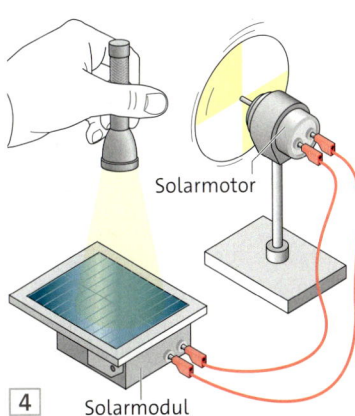

Solarmotor

4 Solarmodul

2 Decke nun das Solarmodul halb ab.
○ Beschreibe, wie sich das auf den Motor auswirkt.

3 ◗ Untersuche, ob zwei zusammengeschaltete Solarmodule mehr Energie liefern.

Material C

Die Saftbatterie

Wenn eine Batterie elektrische Energie liefert, werden in ihr Stoffe umgewandelt.

Materialliste: Kupferplatte, Zinkplatte, Filterpapier, Zitronensaft, Solarmotor (6 V; 20 mA), Lampe (6 V; 0,6 W)

1 Baue die „Batterie" nach Plan auf. → 5

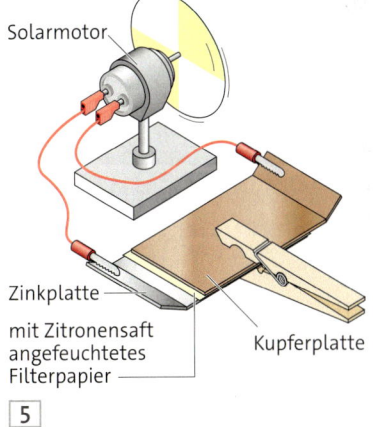

Solarmotor

Zinkplatte

mit Zitronensaft angefeuchtetes Filterpapier

Kupferplatte

5

2 ○ Probiere zunächst die „Batterie" mit einem kleinen Motor aus. Bringst du stattdessen auch die Lampe zum Leuchten?

3 ○ Verbinde die beiden Pole der Batterie für wenige Minuten. Beschreibe, wie die Metallplatten sich verändert haben.

285

Elektrische Geräte benötigen Energie

Woher kommt die elektrische Energie?

Kohlekraftwerke • Ob du zu Hause Musik hörst, deine Mutter mit der Straßenbahn zur Arbeit fährt oder dein Vater im Betrieb eine Maschine bedient – überall und ständig nut-
5 zen wir elektrische Energie. Einen großen Teil davon erzeugt man in Kohlekraftwerken. Im Kohlekraftwerk verbrennt Kohle. Dabei entsteht viel Wärme, die das Wasser im Kessel erwärmt und verdampft. ⇥ 1 Der erhitzte
10 Dampf prallt so auf eine Turbine, dass sie sich dreht. Mit der Turbine ist ein Generator verbunden. Er dreht sich mit. Wie der Dynamo an deinem Fahrrad erzeugt der Generator durch Drehen elektrische Energie, die über Leitun-
15 gen an den Verbraucher geschickt wird. Bei der Verbrennung der Kohle entstehen schädliche Gase. Sie entweichen in die Umwelt und schädigen unser Klima. Darum sollen Kohlekraftwerke immer weniger genutzt
20 werden.

Erneuerbare Energie aus Wind, Wasser und Sonne • Um das Klima zu schützen, produziert man immer mehr elektrische Energie in Windenergieanlagen, Wasserkraftwerken
25 und Fotovoltaikanlagen. ⇥ 2 – 4
• In einem Windrad gibt es auch einen Generator. Er wird vom Propeller angetrieben.
• Im Wasserkraftwerk wird der Generator durch fließendes Wasser gedreht.
30 • Eine Fotovoltaikanlage wandelt die Sonnenstrahlung direkt in elektrische Energie um. In all diesen Anlagen entstehen kaum Schadstoffe. Wind, Wasser und Sonne stehen unbegrenzt zur Verfügung.

1 Modell eines Kraftwerks

2 – 4 Windrad, Wasserkraftwerk, Fotovoltaik

Aufgaben

1 ○ Beschreibe, wie aus Kohle elektrische Energie wird.

2 ◗ Begründe, warum erneuerbare Energie der Kohle vorzuziehen ist.

Kreisläufe übertragen Energie

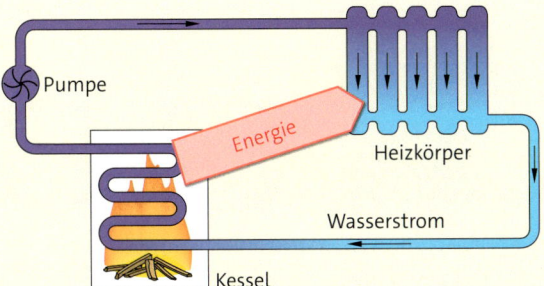

5 Energieübertragung in der Heizung

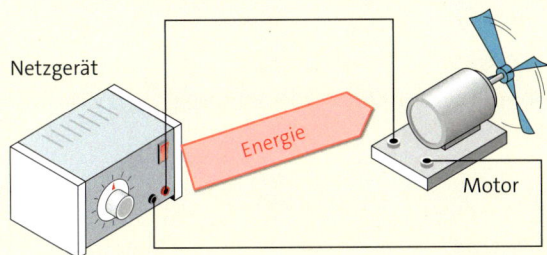

6 Energieübertragung im Stromkreis

Energieübertragung in der Heizung • Damit
dein Zimmer im Winter warm ist, muss dem
Heizkörper ständig Wärme zugeführt werden.
Dazu wird in einem Brenner Gas oder Öl ver-
5 brannt und Wasser erhitzt. Durch Rohre wird
das warme Wasser zum Heizkörper transportiert. Der Heizkörper erwärmt sich und gibt
die Wärme an die Umgebung ab. So gelangt
die Energie vom Brenner in den Heizkörper
10 und damit in dein Zimmer. Die Energie wird
in einem Kreislauf übertragen.
Die Heizungsanlage ist eine Anlage zur
Energieübertragung. Dieses System besteht
aus einer Energiequelle (Brenner), dem Über-
15 tragungsteil (Rohre) und dem Energienutzer
(Heizkörper). → 5

Energieübertragung im Stromkreis • Auch
ein elektrischer Stromkreis ist eine Anlage
zur Übertragung von Energie. Er besteht
20 immer aus einer elektrischen Energiequelle
(Batterie, Dynamo), einem Übertragungsteil
(Leitungen) und dem elektrischen Gerät,
das die elektrische Energie umwandelt und
nutzbar macht. → 6

25 **Heizung und Stromkreis im Vergleich •** Den
Dynamo kannst du mit dem Brenner der
Heizungsanlage vergleichen. Die Leitungen
haben die Aufgabe der Rohre. Der Motor ist
ein Energiewandler wie der Heizkörper in
30 deinem Zimmer. Aber was passiert in den
Leitungen? Dort fließt kein Wasser wie in
der Heizung.
Wir können nicht sehen, was im Stromkreis
vorgeht. Um es dennoch zu verstehen, ver-
35 gleichen wir den Stromkreis mit einem
Kreislauf aus der sichtbaren Welt. So stellen
wir uns vor, dass die Elektrizität wie das
Heizungswasser von der Energiequelle in
Bewegung gesetzt wird und durch die Lei-
40 tungen zum Motor und wieder zurück zur
Quelle fließt.

Aufgaben

1 ○ Beschreibe, wie in einer Heizungsanlage
Energie übertragen wird.

2 ◐ Nenne die Teile, die in jeder Anlage
zur Energieübertragung vorhanden sind.
Gib jeweils Beispiele an.

Geräte und Maschinen im Alltag

Zusammenfassung

Maschinenelemente • Maschinen übertragen Energie. Alle Maschinen bestehen aus Elementen mit unterschiedlichen Aufgaben: Antriebselement, Übertragungselement, Arbeitselement, Steuerelement und Trägerelement. → 1

Getriebe • Sie sind Übertragungselemente. Getriebe verändern die Geschwindigkeit von Bewegungen oder lenken Bewegungen um.

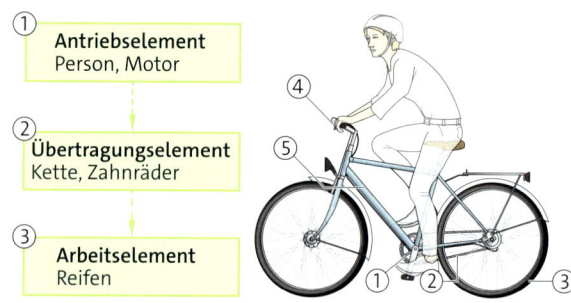

1 Maschinenelemente eines Fahrrads

Elektrische Stromkreise • Der Motor läuft, wenn:
• seine Kontakte mit den Polen einer Batterie oder eines Netzteils verbunden sind
• der Stromkreis geschlossen ist

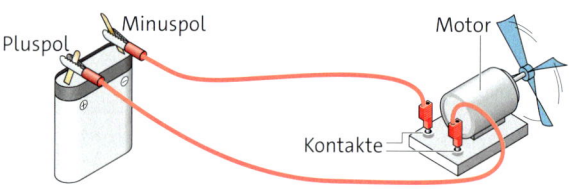

2 Geschlossener Stromkreis

Elektrische Leiter • Alle Gegenstände aus Metall sind elektrische Leiter. Salzige und saure Flüssigkeiten leiten ebenfalls den elektrischen Strom.
→ 5 Auch unser Körper leitet. Bei Kontakt mit der Steckdose besteht Lebensgefahr!

Elektrische Energie • Ein Dynamo liefert elektrische Energie. Dazu muss ihm durch Drehen Energie zugeführt werden. → 6
Eine Solarzelle liefert elektrische Energie, wenn sie mit Licht bestrahlt wird.
Batterien sind Energiespeicher, die elektrische Energie abgeben.
Elektrogeräte wandeln elektrische Energie in Licht, Wärme, Bewegung und Schall um.

Reihen- und Parallelschaltung • Schalter und Taster können Stromkreise schließen oder unterbrechen. Mehrere Schalter und Taster schaltet man in einer Reihe oder parallel. → 3 4

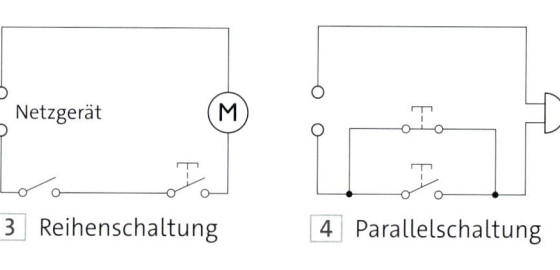

3 Reihenschaltung   4 Parallelschaltung

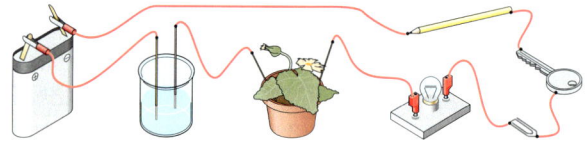

5 Elektrische Leiter

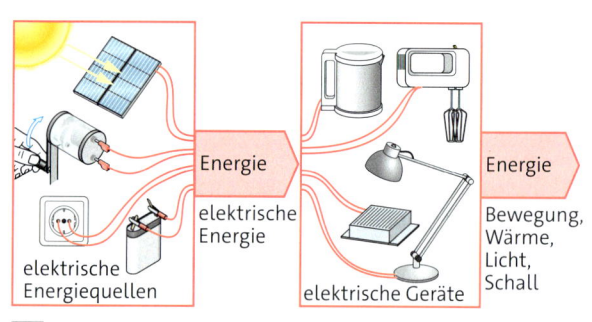

6 Energieumwandlungen

1 Schokokusswurfmaschine
a ○ Beschreibe, wie die Maschine funktioniert.
b ◐ Ordne die Teile der Schokokusswurfmaschine den fünf Maschinenelementen zu. → 7

2 ◐ Aus einer schnellen Drehung soll mit einem Getriebe eine langsame Drehung gemacht werden.
Zeichne dafür ein Getriebe aus Zahnrädern.

3 ○ Die Lampe leuchtet nicht. Beschreibe, was hier falsch gemacht wurde. → 8

4 ◐ Ein Motor läuft nur, wenn zwei Taster gleichzeitig gedrückt werden. Zeichne dazu einen Schaltplan.

5 Du findest einen Teil eines Protokolls mit einer Funktionstabelle. → 9
a ○ Nenne den Namen der Schaltungsart.
b ◐ Zeichne den dazugehörigen Schaltplan.
c ◐ Nenne ein Einsatzgebiet für solch eine Schaltung.

6 ○ Nenne drei feste und zwei flüssige Stoffe, die den elektrischen Strom leiten.

7 Elektrische Geräte sind Energiewandler. Ein Motor wandelt elektrische Energie in Bewegung um.
a ○ Nenne zwei weitere Beispiele.
b ◐ Zeichne zu jedem Beispiel eine Energiekette.

8 ◐ „Elektrische Energiequellen liefern nichts umsonst."
a Erkläre, was mit der Aussage gemeint ist.
b Nenne Beispiele und zeichne dazu Energieketten.

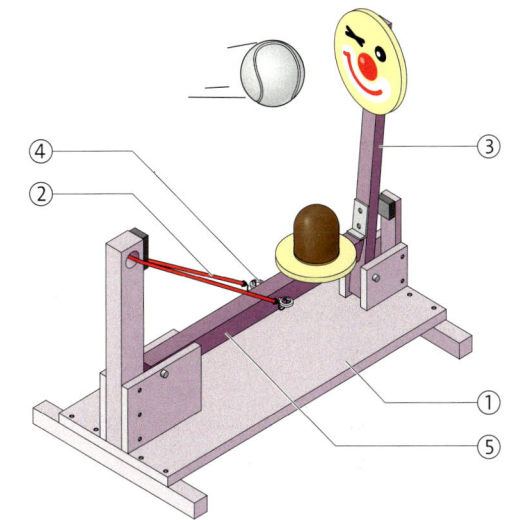

7 Schokokusswurfmaschine

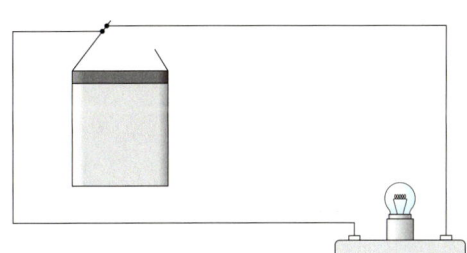

8 Die Lampe leuchtet nicht.

Schalter 1	Schalter 2	Lampe
aus	aus	aus
aus	ein	ein
ein	aus	ein
ein	ein	ein

9 Funktionstabelle

Stoffe im Alltag

Beim Frühstück begegnen dir verschiedene Dinge aus ganz unterschiedlichen Stoffen: Besteck aus Metall, Teller und Tassen aus Porzellan, Eierbecher aus Kunststoff. Doch was sind Stoffe eigentlich?

Wasser gibt es überall auf der Erde. Wir verwenden es jeden Tag, um zu duschen oder zu kochen, und natürlich trinken wir es. Doch welche besonderen Eigenschaften hat Wasser?

Holz kann brennen, wenn man es entzündet. Was entsteht, wenn Stoffe verbrennen?

Nicht verwechseln: Stoff und Gegenstand

1 Ein Steg aus Holz, ein Boot aus Holz, ein Haus aus Holz ...

Der Steg, das Boot oder auch die Bäume auf dem Bild haben eine Gemeinsamkeit. Alle bestehen aus dem gleichen Material: Holz.

⁵ **Stoffe** • Forscher haben einen eigenen Begriff für Materialien: Materialien werden Stoffe genannt.
Aus einem Stoff können verschiedene Gegenstände hergestellt werden.
¹⁰ Diese unterscheiden sich in ihrem Verwendungszweck. Der Steg und das Boot sind Beispiele dafür.

Gegenstände • Gegenstände bestehen immer aus Stoffen. Es muss aber nicht ¹⁵ immer der gleiche Stoff sein, aus dem ein Gegenstand besteht. So kann man beispielsweise einen Trinkbecher aus Porzellan, aus Kunststoff oder aus Glas herstellen. → **2**

> Forscher bezeichnen Materialien mit dem Begriff Stoff.

2 Verschiedene Trinkbecher

Aufgaben

1 ○ Übernimm die Tabelle in dein Heft. Trage die im Text genannten Stoffe und Gegenstände ein.

Stoff	Gegenstand

2 ◐ Nenne jeweils drei weitere Beispiele für einen Stoff und einen Gegenstand.

Material A

Baum   Sand   Wasser   Auto   Gold   Holz

Tisch   Tasse   Kette   Silber   Regal

Luft   Buch   Schere   Papier

3

Stoff oder Gegenstand

1 ○ Sortiere die Begriffe in Bild 3 nach Stoff und Gegenstand. Trage das Ergebnis in eine Liste oder Tabelle ein.

2 ◐ Erstelle eine eigene Liste mit zehn Begriffen, die entweder Stoffe oder Gegenstände bezeichnen. Tausche die Liste mit einem Mitschüler aus und sortiere die Begriffe anschließend.

3 ◐ Suche fünf Gegenstände, die in dem Raum sind, in dem du dich gerade befindest. Gib an, aus welchem Stoff oder aus welchen Stoffen der jeweilige Gegenstand besteht.

Material B

Gemeinsamkeiten

4 Mehrere Teller

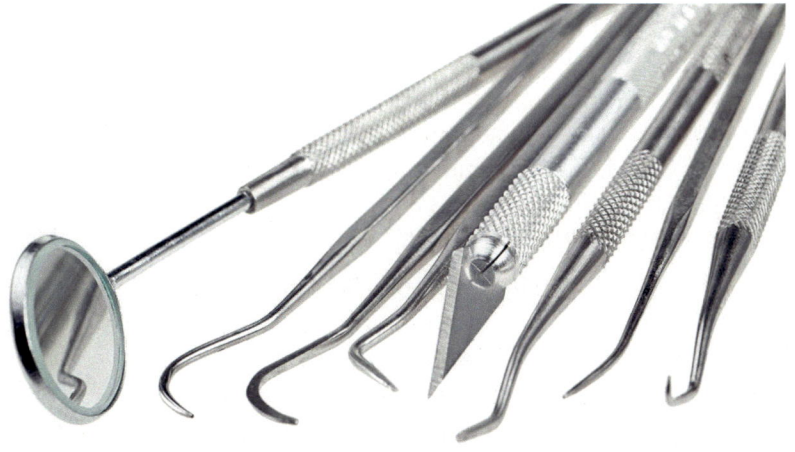

5 Unterschiedliche Gegenstände beim Zahnarzt

1 ◐ Nenne Gemeinsamkeiten der Gegenstände auf den Bildern 4 und 5.

2 ● „Ein Glas ist ein Gegenstand, Glas ein Stoff." Erläutere diese Aussage.

Sicheres Experimentieren

Forscher gewinnen ihre Erkenntnisse oft mithilfe von Experimenten. Dabei werden nicht selten auch Chemikalien und der Gasbrenner verwendet. Damit dir, deinen Mitschülern und deinem Lehrer bei diesen Experimenten nichts passiert, musst du einige Regeln beachten. Mit dem Laborführerschein weist du nach, dass du dich mit dem sicheren Arbeiten im Nawi-Raum auskennst.

1. Verhalten im Nawi-Raum

- Renne nicht umher.
- Essen und Trinken sind im Nawi-Raum verboten!
- Schau dir an, wo sich Not-Aus-Schalter, Augendusche, Erste-Hilfe-Box, Feuerlöscher und Löschdecke befinden.

2. Vor dem Experiment

- Räume den Tisch auf, sodass nur noch die Dinge darauf liegen, die du für den Versuch brauchst. → 1
- Stelle deine Tasche unter den Tisch, damit niemand darüber stolpern kann und der Gang frei bleibt.
- Lies Anleitungen für Versuche immer genau durch und besprich Fragen mit deinem Lehrer.
- Setze immer eine Schutzbrille auf! → 2
- Binde lange Haare immer zum Zopf zusammen, damit du sie nicht versehentlich am Gasbrenner anzündest! → 3
- Lass den Versuchsaufbau gegebenenfalls von deinem Lehrer kontrollieren.

1 Versuch gut vorbereiten!

2 Schutzbrille aufsetzen!

3 Lange Haare zusammenbinden!

3. Beim Experimentieren

- Teste nie den Geschmack von Chemikalien!
- Erhitze Flüssigkeiten sehr vorsichtig. Halte das Reagenzglas schräg von Körper weg und richte die Öffnung nicht auf Personen. → 4
- Halte für eine Geruchsprobe die Nase nicht direkt über das Gefäß. Fächle dir stattdessen die Dämpfe immer nur mit der Hand zu. → 5
- Fasse Chemikalien nicht mit den Fingern an. Benutze immer einen sauberen Spatel.
- Arbeite immer mit kleinsten Mengen. Schütte Reste nie in die Gefäße zurück. → 6
- Melde jede „Panne" sofort deinem Lehrer.

4. Nach dem Experimentieren

- Entsorge Reste nur nach Aufforderung durch den Lehrer in dafür vorgesehene Behälter. → 7
- Räume den Arbeitsplatz auf, wische den Tisch ab und wasche dir die Hände.

Aufgaben

1 ○ Begründe die Regel: „Immer eine Schutzbrille aufsetzen."

2 ● Diskutiert in der Gruppe mögliche Folgen einer Geruchsprobe direkt aus dem Gefäß.

4 Reagenzglas schräg vom Körper weg halten!

6 Nur mit kleinen Mengen arbeiten!

5 Dämpfe nur zufächeln!

7 Unfälle vermeiden! Abfälle richtig entsorgen!

Aggregatzustände von Stoffen

1 Ein Vulkanausbruch: Flüssiges Gestein fließt die Berghänge herunter.

Steine sind fest, Wasser ist flüssig und Luft ist ein Gas. Aber das ist nicht immer so: In einem Vulkan können Steine flüssig sein, Wasser gefriert im
5 **Winter zu Eis und Feuerzeuggas ist im Feuerzeug flüssig.**

Aggregatzustände • Stoffe können fest, flüssig oder gasförmig sein. Diese drei Zustandsarten nennen wir die
10 Aggregatzustände der Stoffe. Welchen Aggregatzustand ein Stoff einnimmt, hängt vor allem von der Temperatur ab. Eis schmilzt bei 0 °C zu Wasser. Wasser siedet bei 100 °C, es entsteht
15 Wasserdampf. Dieser Wasserdampf kann wieder zu flüssigem Wasser werden, wenn er an einer kalten Glasscheibe kondensiert.

Schmelz- und Siedetemperatur • Die
20 Temperatur beim Übergang vom festen in den flüssigen Aggregatzustand heißt Schmelztemperatur. Die Temperatur beim Übergang vom flüssigen in den gasförmigen Zustand heißt Siede-
25 temperatur. Schmelztemperatur und Siedetemperatur hängen von der Art des Stoffs ab: Sauerstoff geht schon bei −183 °C in den gasförmigen Aggregatzustand über. Daher ist Sauerstoff
30 auch im Winter immer gasförmig. Eisen bleibt dagegen bis +1536 °C im festen Aggregatzustand. Daher wird ein Gegenstand aus Eisen auch bei größter Hitze im Sommer nie flüssig.

35 **Teilchenmodell** • Forscher entwickeln Modelle, um sich Nichtsichtbares vorstellen zu können. Das Teilchenmodell ist eine Vorstellung zum Aufbau von Stoffen. Wir stellen uns vor, dass alle
40 Stoffe aus einzelnen kleinsten Teilchen bestehen. Diese sind so winzig, dass man sie nicht sehen kann. Mithilfe des Teilchenmodells kann man die Aggregatzustände von Stoffen beschreiben
45 und erklären.

Im Feststoff • Im festen Aggregatzustand halten die kleinsten Teilchen eines Stoffs stark zusammen. Sie sind daher nahe beieinander und bewegen
50 sich kaum. → 2

In der Flüssigkeit • Wird ein Stoff erwärmt, bewegen sich die kleinsten Teilchen stärker. Dabei wird ihr Zusammenhalt schwächer, die Teilchen
55 haben nun keine festen Plätze mehr. Bei Erreichen der Schmelztemperatur wird der Stoff flüssig.

Im Gas • Bei noch höherer Temperatur bewegen sich die kleinsten Teilchen
60 noch schneller. Bei Erreichen der Siedetemperatur wird der flüssige Stoff gasförmig. Die Teilchen besitzen keinen Zusammenhalt mehr und verteilen sich im Raum.

> Stoffe können fest, flüssig oder gasförmig sein. Der Aggregatzustand eines Stoffs hängt vor allem von der Temperatur ab und ist mithilfe des Teilchenmodells erklärbar.

Aufgaben

1 ○ Nenne die drei Aggregatzustände.

2 ◐ Beschreibe mithilfe von Bild 2 folgende Vorgänge mit den Fachbegriffen: Nasse Wäsche trocknet, Brille beschlägt, Wasserpfütze gefriert, Morgentau bildet sich, Eiszapfen „verschwindet", Schokolade wird im Sonnenlicht weich.

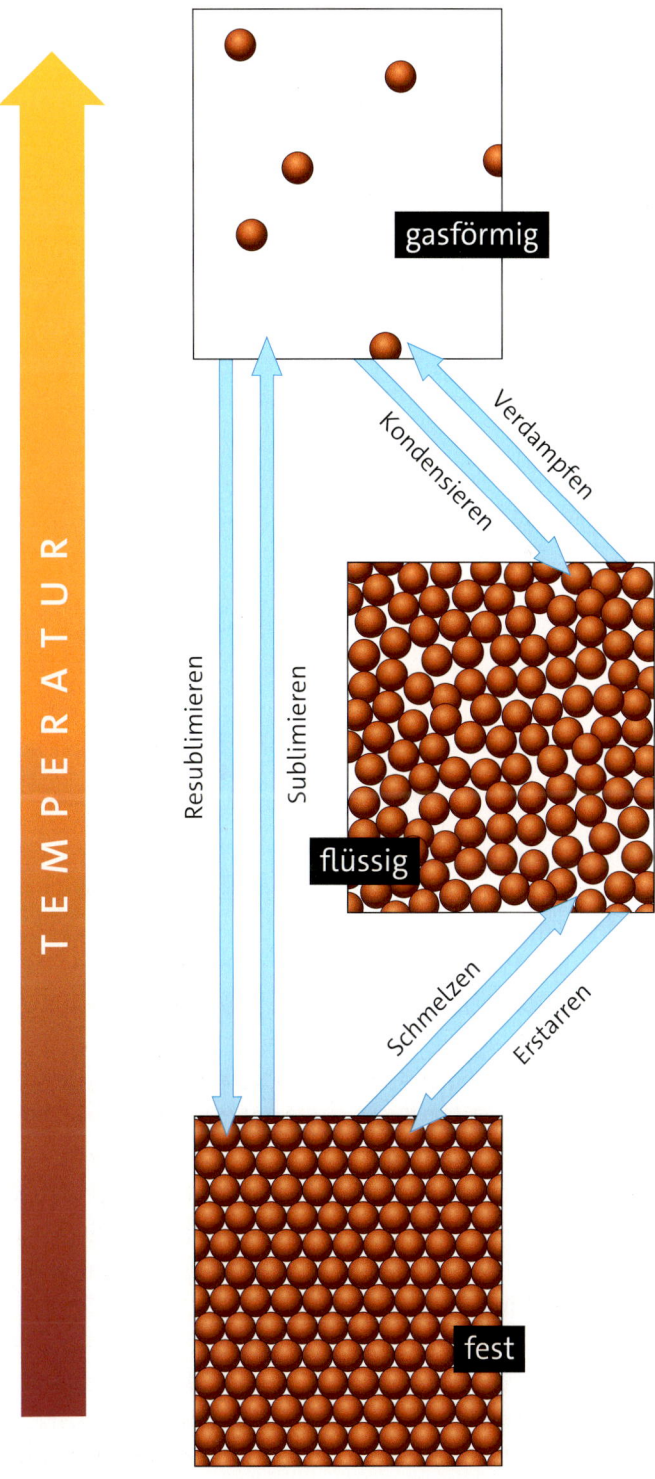

2 Die Übergänge zwischen den drei Aggregatzuständen

Aggregatzustände von Stoffen

Material A

Druck und Temperatur

Der Aggregatzustand eines Stoffs hängt neben der Temperatur auch vom Druck ab.

Luftdruck (in hPa)	Siedetemperatur (in °C)
1985	120
1433	110
1013	100
701	90
473	80
311	70
199	60
123	50

1 Siedetemperaturen von Wasser

1 Auf Meereshöhe siedet Wasser bei genau 100 °C. Auf dem Gipfel des Mount Everest (8848 Meter) dagegen siedet Wasser bereits bei 70 °C.
○ Lies aus der Tabelle ab, wie hoch der Luftdruck auf Meereshöhe bzw. auf dem Mount Everest ist. → 1

2 ◐ Erstelle aus den Tabellenwerten ein Punktdiagramm.

3 ● Formuliere die Abhängigkeit von Luftdruck und Siedetemperatur in einem Satz: „Je …, desto …"

Material B

Schmelztemperaturen bestimmen

Materialliste: Dreifuß mit Drahtnetz, Gasbrenner, Becherglas (250 mL), 3 Reagenzgläser, Thermometer, Spatel, Margarine, Schokolade, Gelatinepulver

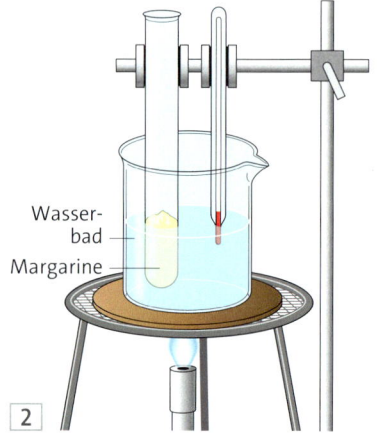

Wasser-bad
Margarine

2

Baue den Versuch wie in der Zeichnung auf. → 2 Gib dann nacheinander Margarine, Schokolade und Gelatinepulver in je einem Reagenzglas in das kalte Wasserbad und erhitze es vorsichtig. Sobald dein Stoff schmilzt, notierst du diese Schmelztemperatur.

1 ○ Notiere deine Ergebnisse in einer Tabelle.

2 ◐ Nenne Tipps, wie man Schmelztemperaturen ganz genau bestimmen kann.

3 ◐ Du hast ein Teelicht und ein Thermometer. Beschreibe, wie du damit die Schmelztemperatur von Wachs bestimmen kannst.

Material C

Die Kerze genauer betrachtet

Bei einer brennenden Kerze ist Wachs in allen drei Aggregatzuständen vorhanden.

1 ◐ Beschreibe für das Wachs die Übergänge zwischen den Aggregatzuständen mit den passenden Fachbegriffen.

2 ● Erläutere, was bei den Übergängen der Aggregatzustände mit den kleinsten Wachsteilchen geschieht.

3

Der Gasbrenner

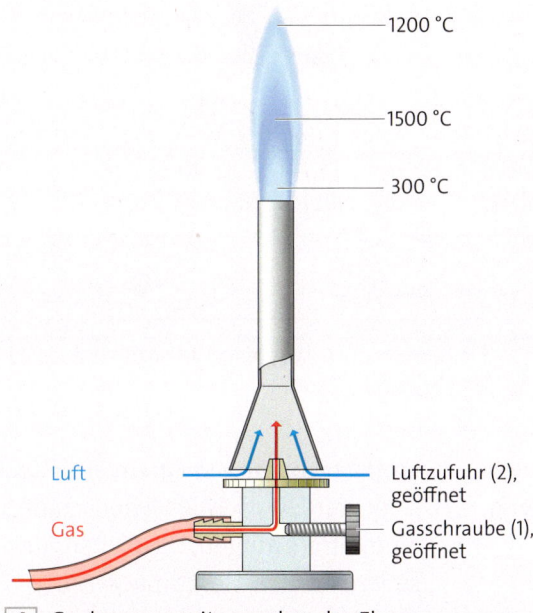

1200 °C

1500 °C

300 °C

Luft

Gas

Luftzufuhr (2), geöffnet

Gasschraube (1), geöffnet

4 Gasbrenner mit rauschender Flamme

Bedienungsanleitung für den Gasbrenner

1. Vor dem Versuch Die Gasschraube (1) und die Luftzufuhr (2) müssen geschlossen sein. Überprüfe es! ➔ 4

2. Gas entzünden Öffne das Ventil der Gasleitung am Tisch und anschließend die Gasschraube am Brenner. Jetzt strömt Gas aus. Entzünde es sofort von der Seite mit einem brennenden Streichholz.

3. Flammenhöhe ändern Mit der Gasschraube am Brenner stellst du die Höhe der rötlich gelben Flamme auf ca. 10 Zentimeter ein. Diese leuchtende Flamme ist ungefähr 1000 °C heiß. Sie rußt stark.

4. Flammentemperatur erhöhen Öffne jetzt vorsichtig die Luftzufuhr, bis die Flamme eine bläuliche Farbe hat. Diese Flamme ist heißer (1200–1500 °C) als die leuchtende rötlich gelbe Flamme. Am heißesten ist sie etwas unterhalb der Spitze. Diese Flamme rußt nicht mehr und wird rauschende Flamme genannt.

5. Brenner ausmachen Drehe nach dem Versuch das Ventil der Gasleitung am Tisch zu. Schließe die Gasschraube und die Luftzufuhr am Brenner.

Achtung • Beachte die Sicherheitsmaßnahmen:
• Informiere dich, wo sich der Feuerlöscher und der nächste Not-Aus-Knopf befinden.
• Trage immer eine Schutzbrille!
• Binde lange Haare zusammen.
• Lege lose Teile deiner Kleidung ab (z. B. Schal, Tuch). Stecke Bänder oder Kordeln fest.
• Lass offene Flammen nie unbeaufsichtigt.
• Schließe den Gashahn am Tisch sofort, wenn die Flamme des Brenners erlischt.
• Bei Gasgeruch: Schließe sofort den Gashahn und informiere die Lehrerin oder den Lehrer.
• Öffne die Fenster!

Wird an deiner Schule ein anderer Brennertyp benutzt, musst du ihn dir erklären lassen.

Aufgabe

1 ◗ Erkläre, warum du die Flamme eines Gasbrenners nicht einfach wie eine Kerzenflamme ausblasen darfst.

Eigenschaften von Stoffen

Mein Stoff ist gelblich und porös.

Du beschreibst Stoff A. Mein Stoff ist fest, silbrig und metallisch glänzend.

Deine Beschreibung ist nicht eindeutig.

1 Jeder Schüler soll einen Stoff so beschreiben, dass er eindeutig erkennbar ist.

Es gibt eine riesige Zahl von verschiedenen Stoffen. Teilweise ist es schwierig, sie zu unterscheiden.

Stoffe beschreiben • Vor allem das Aus-
5 sehen von Stoffen kann man beschreiben. Dabei geht es um die Farbe, den Aggregatzustand und die Oberfläche der Stoffe. Es gibt aber auch Stoffe mit ganz ähnlichem Aussehen, z. B. Zucker
10 und Salz.
Zur weiteren Unterscheidung kann man deshalb auch Geruch und Geschmack von Stoffen testen.
Aber: Im Labor dürfen Stoffe niemals
15 gekostet werden!

Stoffsteckbriefe • In einem Stoffsteckbrief werden wichtige Eigenschaften eines Stoffs aufgelistet. Neben Aussehen, Geruch, Geschmack, Härte
20 oder Elastizität können weitere Eigenschaften aufgeführt werden, z. B. Brennbarkeit, Löslichkeit in Wasser oder Schmelz- und Siedetemperatur.

Die Dichte von Stoffen • „Eisen sinkt,
25 weil Eisen schwerer ist als Wasser. Holz schwimmt, weil Holz leichter ist als Wasser." Diese Erklärung stimmt, wenn man die Massen gleich großer Gegenstände (Würfel) aus Eisen, Holz
30 und Wasser vergleicht. → 2 3
Man sagt auch, dass Eisen eine größere Dichte hat als Wasser.
Ein Gegenstand schwimmt, wenn seine Dichte kleiner ist als die Dichte
35 des Wassers. Er sinkt, wenn seine Dichte größer ist. Wenn die Dichte des Gegenstands gleich der Dichte des Wassers ist, schwebt er darin.

$1 cm^3$ Eisen

$1 cm^3$ Wasser

$1 cm^3$ Holz

$1 cm^3$ Wasser

2 Eisen: schwerer als Wasser

3 Holz: leichter als Wasser

Wärmeleitfähigkeit • Eine Glasflasche
40 aus dem Kühlschrank fühlt sich kalt
an. Steht sie jedoch eine Weile im
Zimmer, wird das Wasser darin warm.
Das Glas hat also die Temperatur der
Umgebung angenommen und an das
45 Wasser im Inneren der Flasche weitergeleitet. Diese Eigenschaft bezeichnet
man als Wärmeleitfähigkeit.
Die meisten Metalle haben eine hohe
Wärmeleitfähigkeit und werden des-
50 halb z. B. beim Bau von Heizkörpern
verwendet. Wolle oder Kork leiten
Wärme schlecht, sie besitzen also eine
geringe Wärmeleitfähigkeit. Diese
Stoffe werden deshalb zur Isolation
55 gegen Wärme oder Kälte genutzt.

Elektrische Leitfähigkeit • Einige Stoffe
sind in der Lage, elektrischen Strom
zu leiten. Dazu gehören z. B. Metalle
wie Eisen, Kupfer und Aluminium.
60 Sie werden als Leiter bezeichnet.
Holz, Gummi, Glas, Plastik und Porzellan dagegen leiten den elektrischen
Strom nicht und werden daher Nichtleiter oder Isolatoren genannt.

65 **Magnetismus** • Ein Magnet ist ein
Gegenstand, der bestimmte Stoffe
durch sein Magnetfeld anzieht oder
abstößt.
Magnetisierbare Stoffe wie Eisen oder
70 Stahl werden von Magneten angezogen. Auch um stromdurchflossene
Leitungen entsteht ein Magnetfeld.
Nichtmagnetisierbare Stoffe wie Holz,
Gummi, Plastik, Glas, Aluminium oder
75 Porzellan werden nicht von Magneten
angezogen.

4 Beim Bau eines Hauses werden wärmeleitende,
stromleitende und isolierende Materialien eingesetzt.

Wichtige Stoffeigenschaften sind
Aussehen, Geruch, Geschmack,
Aggregatzustand, Schmelz- und
Siedetemperatur, Dichte, Härte,
Elastizität, Brennbarkeit, Löslichkeit,
Wärmeleitfähigkeit, elektrische
Leitfähigkeit und magnetische
Eigenschaften.

Aufgaben

1 ○ Nenne sechs Eigenschaften von
Stoffen.

2 ◐ Begründe, warum die Schülerin
in Bild 1 meint, dass die Beschrei-
bung des Stoffs nicht eindeutig sei.

3 ● Überlege, wo in einem Haus
wärmeleitende, stromleitende und
isolierende Materialien eingesetzt
werden. → 4

301

Eigenschaften von Stoffen

Material A

1

Stoffproben beschreiben

1 ○ Beschreibe das Aussehen der abgebildeten Stoffproben. → [1]

2 ◐ Erinnere dich an einen Stoff, den du gut kennst, und beschreibe sein Aussehen genau. Dein Mitschüler soll erraten, welchen Stoff du meinst. Danach tauscht ihr die Rollen.

Material B

Stoffeigenschaften im Experiment ermitteln

Manche Stoffeigenschaften kann man nicht sehen – aber durch Experimente ermitteln.

1 ○ Bild 3 zeigt eine Versuchsanordnung zur Überprüfung, ob Stoffproben den elektrischen Strom leiten. Probiere aus, wie diese Anordnung funktioniert.

2 ◐ Untersuche, ob die Stoffproben in Bild 2 magnetisierbar sind, auf Wasser schwimmen oder den elektrischen Strom leiten.

2 Aluminium, Eisen, Holz, Kupfer, Kunststoff, Styropor® – welcher der Stoffe ist magnetisch, welcher schwimmt und welcher leitet Strom?

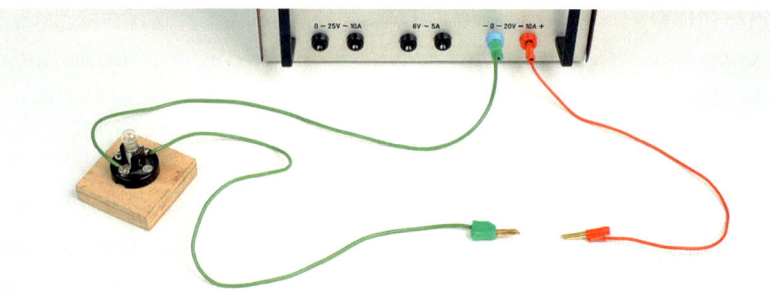

3 Versuchsanordnung zur Untersuchung der elektrischen Leitfähigkeit

Material C

Stoffe haben eine typische Masse

Eine wichtige Stoffeigen-schaft ist die Masse einer festgelegten Menge des Stoffs. Diese lässt sich bei Flüssigkeiten recht einfach ermitteln.

1 ◖ Wie aber wiegt man Flüssigkeiten? Man kann sie ja nicht einfach auf die Waage schütten.
Tipp: Wiege zuerst das leere Gefäß! Wie viel wiegen 10 mL Wasser?

2 ● Sortiere Apfelsaft, Cola, Spiritus (GHS02) und Was-ser nach ihrer Masse. Achte darauf, immer dieselbe Menge der Flüssigkeiten zu verwenden.

4 Flüssigkeiten unterscheiden sich bei gleicher Menge in ihrer Masse.

Material D

Stoff-Fahndung

Für Mehl und Gips sollen Stoffsteckbriefe erstellt werden.

1 ○ Lege neben der Beschrei-bung des Aussehens drei weitere Eigenschaften fest, die du im Experiment er-mittelst. Führe die Versuche durch.

2 ◖ Erstelle Stoffsteckbriefe für Mehl und Gips. Beson-ders schön werden sie, wenn du Fotos einfügst.

Material E

Steckbrieflich gesucht

Gegenstände können aus unterschiedlichen Stoffen bestehen. Diese Stoffe haben verschiedene Eigenschaften.

Materialliste: Eisennagel, Kup-ferblech, Kochsalz, Schwefel, Kreide, Wasser, Tinte, Essig, Hilfsmittel: Gläser, Magnet

1 ○ Fertige eine Tabelle an, in die du die Ergebnisse der Aufgaben 2 bis 7 einträgst.

2 ○ Notiere Farbe, Glanz und Aggregatzustand der Stoffe in deiner Tabelle.

3 ○ Führe eine Geruchsprobe durch und trage auch diese Ergebnisse ein.

4 ○ Berühre nun die Oberflä-chen der Stoffe. Das ist nur bei den hier vorgegebenen Stoffen gestattet.

5 ○ Ritze vorsichtig die Ober-flächen fester Stoffe mit dem Eisennagel (nicht abrutschen!) und vergleiche die Härte.

6 ○ Lege die Stoffe für 5 Mi-nuten ins Wasser und no-tiere deine Beobachtungen.

7 ○ Untersuche die magne-tische Eigenschaft der Stoffe und notiere auch diese Ergebnisse in der Tabelle.

5 So sieht Schwefel aus.

Stoffgruppen unterscheiden

1 Woraus besteht dein Mobiltelefon?

Du verwendest es jeden Tag, um mit Freunden in Kontakt zu sein oder im Internet zu surfen. Aber woraus besteht dein Mobiltelefon?

5 **Stoffgruppen** • Stoffe mit gleichen Eigenschaften werden in Gruppen zusammengefasst.

Metalle • Einige Teile deines Handys bestehen aus Metall. Du erkennst 10 Metalle daran, dass sie an glatten Oberflächen einen spiegelnden Glanz haben, weil sie das Licht reflektieren. Metalle leiten elektrischen Strom und Wärme. Sie sind meist leicht verform- 15 bar. Einige Metalle, z. B. Eisen, sind magnetisch. Auch der Kern unserer Erde besteht zum größten Teil aus Eisen. Weitere häufige Metalle sind Aluminium, Calcium, Magnesium, 20 Natrium und Kalium. Gold und Silber werden Edelmetalle genannt, sie sind selten und daher besonders wertvoll.

Nichtmetalle • Alle Reinstoffe, die nicht zur Gruppe der Metalle gehören, 25 werden in der Gruppe der Nichtme- talle zusammengefasst. Dazu gehören Feststoffe wie z. B. Kohlenstoff, aber auch Flüssigkeiten oder Gase wie Sau- erstoff. Den elektrischen Strom leiten 30 sie meist nicht, Wärme leiten sie nur schlecht. Feste Nichtmetalle können verformbar, aber auch spröde sein und leicht zerbrechen.

2 Metalle werden in ganz verschiedenen Gegenständen verarbeitet.

Naturstoffe • In der Natur begegnen dir
35 Stoffe, die einen natürlichen Ursprung
haben. Alle Stoffe, die der Mensch
nicht künstlich erzeugt hat, werden
als Naturstoffe bezeichnet. → [3]
Steine, Pflanzenteile wie Holz oder
40 Früchte, die Honigwaben von Bienen-
stöcken oder auch Federn und Schaf-
wolle sind Naturstoffe. Auch deine
Haare und Fingernägel sind Naturstoffe.

[3] Verschiedene Naturstoffe und ein Gegenstand aus einem
Kunststoff

Kunststoffe • Der Mensch stellt seit vie-
45 len Jahren Werkstoffe mit gewünschten Eigenschaften wie Verformbarkeit,
Temperaturbeständigkeit und Haltbar-
keit her. Diese Kunststoffe können in
ihren Eigenschaften Naturstoffen sehr
50 ähnlich sein und sind manchmal nur
schwer von ihnen zu unterscheiden.
Umgangssprachlich wird Kunststoff
auch oft als Plastik bezeichnet. → [4]
Die Schutzhülle deines Handys und die
55 SIM-Karte bestehen aus Kunststoffen.

[4] Bastelmaterialien bestehen meist aus Kunststoffen.

Gefahrstoffe • Stoffe, die für die Ge-
sundheit des Menschen oder die Umwelt gefährlich sein können, werden
Gefahrstoffe genannt. Sie müssen
60 speziell gekennzeichnet sein. Für den
Umgang mit Gefahrstoffen sind besondere Regeln einzuhalten.

> Metalle leiten Wärme und elektri-
> schen Strom, sind verformbar und
> haben einen metallischen Glanz.
> Naturstoffe haben einen natürli-
> chen Ursprung. Kunststoffe werden
> von Menschen hergestellt.
> Mit Gefahrstoffen musst du beson-
> ders vorsichtig umgehen.

Aufgaben

1 ○ Nenne vier Eigenschaften, mit
denen du Metalle von Nichtmetal-
len unterscheiden kannst.

2 ◑ Ordne fünf weitere Stoffe in
deiner Umgebung den Gruppen
Metalle, Nichtmetalle, Kunststoffe
oder Naturstoffe zu.

3 ● Stell dir vor, dein Handy würde
nur aus einer Stoffgruppe bestehen.
Beschreibe Vor- und Nachteile.

Stoffgruppen unterscheiden

Material A

Anziehend

1 Magnetisierbar oder nicht?

Beim Öffnen deiner Geldbörse fallen einige Geldstücke durch einen Gitterrost. Um die Geldstücke zurückzuholen, befestigst du einen Magneten an einer Schnur und lässt ihn durch das Gitter gleiten. Du kannst nicht alle Geldstücke heraufholen, dafür aber einige andere Gegenstände.

Materialliste: Euromünzen, Centmünzen, Nägel, Büroklammer, Schlüssel, Glas, Papier, Magnet

1 ◯ Untersuche, welche Centmünzen und Euromünzen du mit dem Magneten heraufholen kannst.

2 Unter dem Gitter liegen auch Nägel, Schlüssel, Büroklammern, Streichhölzer, Glasscherben und Papier.
◯ Überprüfe, welche Gegenstände du angeln kannst.

3 ◳ Erkläre, warum einige Gegenstände angezogen werden.

Material B

Abstoßend

Ermittle Regeln zur Anziehung und Abstoßung von Magneten.

Materialliste: 3 rot-grüne Stabmagneten, Eisenstück

1 ◯ Bewege die Enden zweier Stabmagneten aufeinander zu. Probiere dabei alle möglichen Kombinationen aus.

2 ◯ Bewege nun einen Stabmagneten und ein Eisenstück aufeinander zu. Probiere auch hier alle möglichen Kombinationen aus.

2 Verschiedene Magnete

3 ◳ Skizziere deine Versuchsanordnungen und deine Beobachtungen.

4 ● Formuliere eine Regel zur Anziehung und Abstoßung von Magneten sowie zum Erkennen von Eisen.

Material C

Ordne das Chaos

1 ◳ Erstelle eine Mindmap mit den Stoffgruppen Metalle, Nichtmetalle, Kunststoffe, Naturstoffe. Ordne die folgenden Gegenstände zu: Zange, Hammer, Besenstiel, Säge, Nägel, Bleistift, Wolle, Plastikdose, Gartenerde.

3 Muster für deine Mindmap

Material D

Eigene Versuchsplanung

4 Mit diesen Materialien kannst du herausfinden, welches Metall Wärme am besten leitet.

Metallstreifen: Eisen Kupfer Aluminium

Verschiedene Metalle leiten Wärme unterschiedlich gut.

1 ○ Erkläre mit eigenen Worten, was man unter Wärmeleitfähigkeit versteht.

2 ◕ Plane mit allen Gegenständen in Bild 4 einen Versuch, mit dem man Aluminium, Eisen und Kupfer nach ihrer Wärmeleitfähigkeit sortieren kann. → 4

3 ● Führe den Versuch durch und erstelle ein Versuchsprotokoll.

Material E

Werkstoff nach Maß

Soll ein Werkstoff für einen bestimmten Zweck ausgewählt werden, muss man seine Stoffeigenschaften kennen. Kunststoff kann für eine Anwendung maßgeschneidert werden.

Materialliste: Papier, verschiedene Kunststoffe, Gummi, Becherglas, Wasser

1 ○ Erstelle eine Tabelle, in die du alle Ergebnisse der folgenden Versuche einträgst.

2 ○ Teste folgende Eigenschaften der Stoffe: saugfähig, steif, spröde, weich, hart, durchsichtig, elastisch, verformbar, wasserlöslich, schwimmfähig.

3 ◕ Entscheide, welcher Stoff gut geeignet ist für: eine CD-Hülle, eine Regenrinne, als Verpackung für ein technisches Gerät, als Verpackung für Lebensmittel. → 5 – 8

7

5

6

8

Stoffgruppen unterscheiden

Gefahrstoffsymbole

Bei der Durchführung von Experimenten musst du über die Gefahren von Chemikalien Bescheid wissen.

Die wichtigsten Informationen über die Gefahren und den sicheren Umgang mit dem jeweiligen Gefahrstoff findest du auf dem Etikett der Chemikalien.

Die Etiketten von Chemikaliengefäßen werden nach dem GHS (*Globally Harmonized System of Classification, Labelling and Packaging of Chemicals*) gekennzeichnet.

Kennzeichnung nach GHS

Auf dem Etikett findest du das Gefahrenpiktogramm, Gefahrenhinweise (H-Sätze), Sicherheitshinweise (P-Sätze) und Signalwörter.

H-Sätze von Hazard Statements
P-Sätze von Precautionary Statments

Gefahrenpiktogramme

Die neun Gefahrenpiktogramme ermöglichen eine schnelle Information über die Hauptgefahr die von einem Stoff ausgeht. → 1

Signalwörter

Es gibt zwei verschiedene Signalwörter, die sofort über den Gefährdungsgrad eines Stoffs oder eines Stoffgemischs Auskunft geben.

GEFAHR für schwerwiegende Gefahrenkategorien
ACHTUNG für weniger schwerwiegende Gefahrenkategorien

Gefahrenklasse

Je nach Gefährlichkeit gehört ein Gefahrstoff zu mindestens einer Gefahrenklasse. Zu einem Gefahrenpiktogramm gehören häufig mehrere Gefahrenklassen.

Eine Gefahrenklasse kann noch einmal unterteilt sein in abgestufte Gefahrenkategorien. So ist z. B. die Gefahrenklasse „entzündbare Flüssigkeiten" in die Kategorie 1 „Flüssigkeit und Dampf extrem entzündbar", Kategorie 2 „Flüssigkeit und Dampf leicht entzündbar" und Kategorie 3 „Flüssigkeit und Dampf entzündbar" unterteilt.

Gefahrenhinweise und Sicherheitshinweise

Durch die H-Sätze wird angegeben, ob von den Stoffen hauptsächlich physikalische Gefahren, Gesundheitsgefahren oder Umweltgefahren ausgehen.

Durch die P-Sätze werden Vorsorgemaßnahmen beim Umgang mit dem Stoff oder Hinweise zu seiner Entsorgung gegeben.

Für die H-Sätze und P-Sätze gibt es standardisierte Textbausteine, die die Hinweise näher beschreiben.

Aufgaben

1 ○ Informiere dich über die Gefahren, die von Essigsäure ausgehen.

2 ◗ Nenne zu drei Piktogrammen jeweils einen Stoff, der dieses Piktogramm trägt.

3 ● Begründe den P-Satz „von Zündquellen fernhalten – nicht rauchen" für Brennspiritus.

Gefahren-piktogramm	Die gekennzeichneten Stoffe und Gemische …	Signalwort
	können sich selbst zersetzen, können explodieren	Gefahr oder Achtung
	sind entzündbar, können sich selbst erhitzen, entwickeln bei Berührung mit Wasser entzündbare Gase	Gefahr oder Achtung
	haben eine brandfördernde Wirkung	Gefahr oder Achtung
	stehen unter Druck (gilt für Gase)	Achtung
	verursachen Verätzungen der Haut und schwere Augenschäden	Gefahr oder Achtung
	sind giftig, bereits in geringen Mengen lebensgefährlich	Gefahr
	sind gesundheitsschädlich, verursachen Haut- und/oder Augenreizungen, allergische Reaktionen, Reizungen der Atemwege, Schläfrigkeit und Benommenheit	Achtung
	können beim Verschlucken und Eindringen in die Atemwege tödlich sein, können Organe schädigen	Gefahr oder Achtung
	sind giftig für Wasserorganismen	Achtung

1 Kennzeichnung von Gefahrstoffen mit Piktogrammen nach GHS

T+: sehr giftig T: giftig	Xn: gesund- heits- schädlich Xi: reizend	E: explosions- gefährlich	F+: hoch ent- zündlich F: leicht ent- zündlich	C: ätzend	O: brand- fördend	N: umwelt- gefährlich

2 Diese Gefahrensymbole durften von Herstellern und Lieferanten für Gemische bis zum 1. 6. 2015 verwendet werden. Du findest sie teilweise noch auf alten Gefäßen.

Reinstoffe und Stoffgemische

1 Schon beim Frühstück begegnen dir Stoffgemische, z. B. dein Müsli.

Zum Frühstück gibt es oft Müsli. Es besteht meist aus Haferflocken, Früchten, Nüssen und Milch.

Stoffgemische und Reinstoffe • Müsli
5 ist ein Stoffgemisch. Wenn du z. B. keine Rosinen magst, kannst du das Stoffgemisch durch Aussortieren der Rosinen leicht trennen. Wenn sich ein Stoff nicht weiter
10 auftrennen lässt, handelt es sich um einen Reinstoff. Unser Hausmüll ist ebenfalls ein Stoffgemisch, ein sogenanntes Gemenge. Es besteht aus verschiedenen Reinstof-
15 fen wie Glas, Plastik und Papier. Wir trennen diese Stoffe und sammeln die Reinstoffe in unterschiedlichen Abfalltonnen. Die Müllabfuhr bringt die Stoffe zu Recyclinganlagen. Dort
20 werden diese Wertstoffe aufbereitet und zu neuen Produkten verarbeitet.

2 Eine Plastikflasche ist ein Reinstoff.

Lösungen und Emulsionen • Wird ein Stoff in einer Flüssigkeit gelöst, entsteht ebenfalls ein Stoffgemisch. Es
25 wird als Lösung bezeichnet. Früchtetee ist z. B. eine Lösung aus Wasser und Fruchtstoffen. Es gibt auch Stoffgemische, denen man nicht ansieht, dass es sich um
30 Gemische handelt. Milch ist eine weiße, undurchsichtige Flüssigkeit, die aus Eiweiß, Zucker, Fett und Wasser besteht. Fett löst sich nicht in Wasser, sondern ist in der Milch als
35 feine Tröpfchen verteilt. Ein solches Gemisch aus zwei normalerweise nicht mischbaren Flüssigkeiten wird Emulsion genannt. Für Stoffgemische wie Kochsalzlösung
40 oder Schlamm braucht man andere Trennverfahren. Doch mit dem passenden Verfahren lassen sich auch diese Stoffgemische in Reinstoffe auftrennen.

Sedimentieren und Dekantieren • Stoff-
45 gemische aus Flüssigkeiten und groben
Feststoffen kannst du trennen, indem
du das Gemisch einfach stehen lässt.
Die Feststoffe setzen sich als Sediment
auf dem Boden des Gefäßes ab.
50 Dann gießt du den flüssigen Anteil vorsichtig ab oder nimmst ihn mit einer
Pipette ab. Auf diese Weise kannst du
Schlamm in Erde und Wasser auftrennen. → 3

55 **Filtrieren** • Stoffgemische aus Flüssigkeiten und Feststoffen werden mithilfe
eines Filters voneinander getrennt.
Dazu faltest du einen Rundfilter zu
einem Viertelkreis und legst ihn dann
60 in einen Trichter ein. Anschließend
gibst du das Stoffgemisch in den Trichter. Die Feststoffe bleiben als Rückstand im Filter, die Flüssigkeit fließt
durch den Filter und landet als Filtrat
65 im Auffanggefäß. → 4

Eindampfen • Lösungen aus Flüssigkeiten und Feststoffen können durch
Eindampfen getrennt werden. Dazu
gibst du das Gemisch in eine Porzellan-
70 schale und platzierst diese auf einem
Dreifuß. → 5 Mit dem Gasbrenner
erhitzt du das Gemisch so lange, bis
der flüssige Anteil verdampft ist. Mit
dieser Trennmethode kannst du Salz
75 aus Salzwasser gewinnen.

> Stoffe können Reinstoffe oder Stoff-
> gemische sein. Stoffgemische lassen
> sich durch verschiedene Verfahren
> trennen. Stoffe, die sich nicht weiter
> trennen lassen, sind Reinstoffe.

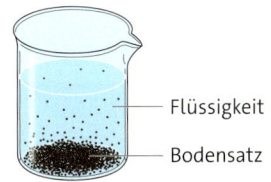

Flüssigkeit

Bodensatz

3 Stofftrennung durch Sedimentieren

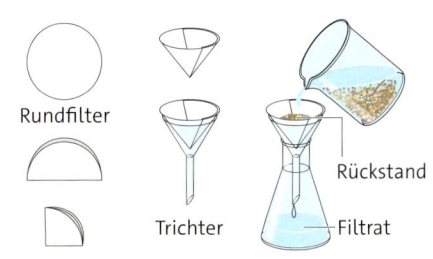

Rundfilter

Rückstand

Trichter — Filtrat

4 Stofftrennung durch Filtrieren

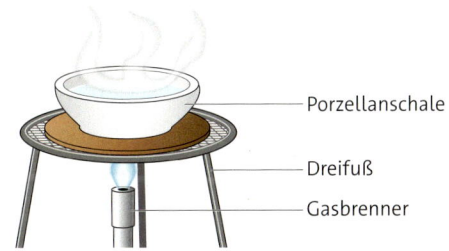

Porzellanschale

Dreifuß

Gasbrenner

5 Stofftrennung durch Eindampfen

Aufgaben

1 Reinstoffe und Gemische in der
Küche:
a ○ Nenne jeweils zwei.
b ◕ Begründe, warum es Reinstoffe
oder Gemische sind.

2 Selbst Kinder im Sandkasten
trennen schon Stoffgemische.
a ◕ Beschreibe das Trennverfahren,
das sie anwenden.
b ○ Nenne die Stoffe, die dabei
getrennt werden.

Reinstoffe und Stoffgemische

1 Robin Son ist auf einer einsamen Insel gestrandet.

Gerettet – aber woher bekommt man Trinkwasser?

Robin Son war auf einem Forschungsschiff im tropischen Pazifik unterwegs. Unglücklicherweise ist das Schiff in einem Sturm in Seenot geraten. Doch Robin hat Glück im Unglück – er ist auf einer Insel gestrandet. Zu seinem Pech gibt es auf der Insel kein Trinkwasser. Nur Salzwasser, das durch die Brandung mit Sand verunreinigt ist, steht ihm am Strand zur Verfügung.
Die Insel ist unbewohnt und hat natürlich auch kein Klärwerk. Immerhin ist aber die Holzkiste mit Robins Laborausrüstung angeschwemmt worden. → 2

2 Diese Geräte befinden sich in der angeschwemmten Holzkiste.

1 🜄 Plane einen Versuch, mit dem Robin Son den Sand aus dem Wasser entfernen kann. Erstelle dazu eine beschriftete Versuchsskizze.

2 🜄 Wie lassen sich Salz und Wasser trennen? Erkläre ebenfalls mithilfe einer beschrifteten Skizze.

3 ⬤ Wie kann Robin das salzfreie Wasser auffangen? Überlege dir dazu einen Versuch. Schreibe eine passende Versuchsanleitung.

4 ⬤ Robin hat zum Abendessen einen Fisch gefangen und möchte ihn mit Salz würzen. Beschreibe, wie er aus dem Meerwasser körniges Salz gewinnen kann.

Material B

Woraus bestehen Smarties?

Materialliste: 2 Uhrgläser, Löffel, Brenner, heißes und kaltes Wasser, Smartie, Schutzbrille

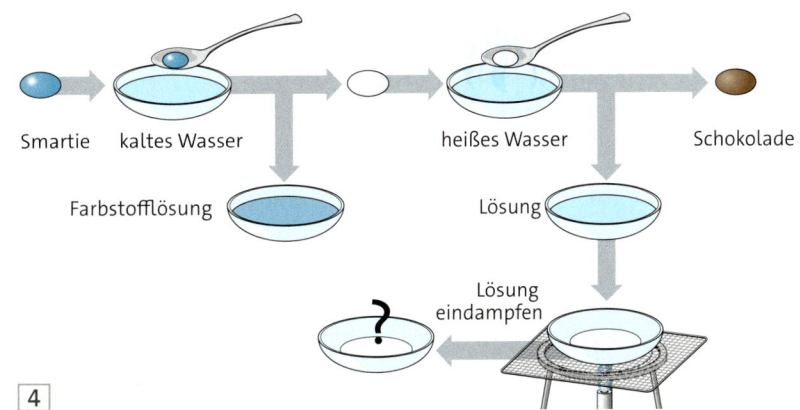

Smartie   kaltes Wasser   heißes Wasser   Schokolade

Farbstofflösung   Lösung

Lösung eindampfen

?

4

3

1 Schwenke ein ganzes blaues Smartie in sehr wenig kaltem Wasser (ein Teelöffel), bis sich der Farbstoff aufgelöst hat. Nimm das Smartie aus dem kalten Wasser und schwenke

es nun kurz in wenig heißem Wasser, bis es seine weiße Farbe verliert. → 4
Gieße die Lösung ab und dampfe sie vorsichtig ein. Trage eine Schutzbrille!

2 Schau auf die Verpackung.
a ○ Nenne einige Inhaltsstoffe.
b ◨ Stelle Vermutungen an, welche Stoffe nach dem Eindampfen zurückbleiben.

Material C

Filzstiftdetektive

Jemand hat mit schwarzem Filzstift in deinen Notizblock gekritzelt. Mithilfe der Papierchromatografie findest du heraus, wer der Täter war.

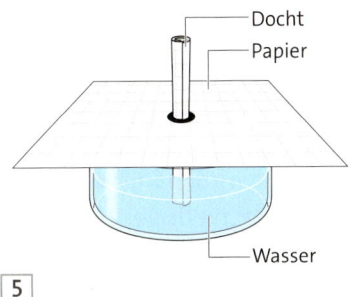

Docht
Papier

Wasser

5

Materialliste: schwarze Filzstifte deiner Mitschüler (verschiedene Hersteller), Notizblock, flache Gefäße, Wasser

1 Schneide ein Notizblatt in mehrere Stücke. Male mit jedem Stift einen dicken Punkt auf ein Papierstück. Rolle aus weiteren Papierstücken „Dochte" und stecke sie durch die gemalten Punkte. Lege die Papierstücke auf die Gefäße. Die Dochte müssen ins Wasser ragen, die Papierstücke nicht. → 5

2 ○ Vergleiche die entstandenen Farbmuster und beschreibe deine Beobachtungen.

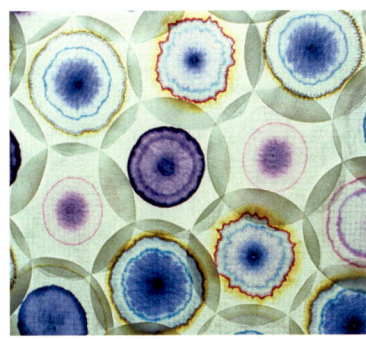

6 So könnten eure Ergebnisse aussehen.

Wasser – ein besonderer Stoff

1 Die ewige Weite des Meeres

Wasser ist eine Flüssigkeit, die jeder kennt. Und doch besitzt Wasser ganz spezielle Eigenschaften.

Wasser – der Grundstoff des Lebens •
5 Ungefähr drei Viertel der Oberfläche der Erde sind mit Wasser bedeckt. Es bildet den Lebensraum für viele Pflanzen und Tiere. Auch die Lebewesen selbst enthalten Wasser. Der
10 Mensch besteht zu etwa zwei Dritteln aus Wasser. Wenn du 45 kg wiegst, enthält dein Körper 30 kg Wasser.

Wasser löst viele feste Stoffe • Kochsalz löst sich in Wasser, es entsteht
15 eine Kochsalzlösung. Verdunstet das Wasser, wird das Salz wieder sichtbar. Verschiedene Stoffe lösen sich unterschiedlich gut in Wasser. → 3 Rühren, Zerkleinern und Erwärmen beschleuni-
20 gen den Lösevorgang. Kann das Wasser nichts mehr von einem Stoff aufnehmen, ist die Lösung gesättigt. Der ungelöste Stoff bleibt im Gefäß liegen, man bezeichnet ihn als Bodensatz.

25 **Wasser löst Flüssigkeiten und Gase** •
Die meisten Flüssigkeiten und Gase sind in Wasser löslich. Zum Beispiel ist Orangensprudel eine Lösung aus Wasser, Orangensaft und dem Gas
30 Kohlenstoffdioxid. → 2 Wie viel Gas im Wasser gelöst wird, hängt von der Temperatur ab. Bei niedriger Temperatur löst sich mehr Gas in Wasser als bei hoher Temperatur.

2 Orangen-
sprudel

Stoff	So viel löst sich in 100 g Wasser bei 20 °C
Zucker	203,9 g
Kochsalz	36,0 g
Gips	0,26 g
Kalkstein	0,0015 g

3 Verschiedene Stoffe lösen sich unterschiedlich gut in Wasser.

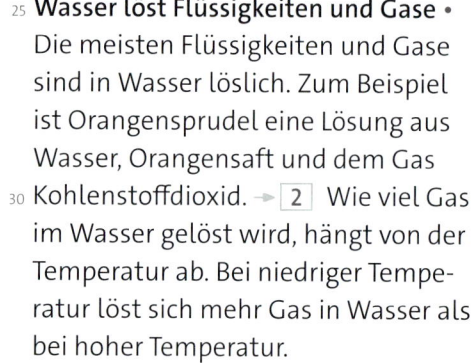

35 **Wasser ändert sein Volumen** • Die meisten Stoffe dehnen sich bei Erwärmung
aus und verändern ihren Aggregatzustand. Dadurch sinkt ihre Dichte.
Wasser dehnt sich aber auch beim Ge-
40 frieren aus. Aus diesem Grund sollte
man Getränkeflaschen nicht im Eisfach
vergessen. → 4 Eis hat eine geringere
Dichte als Wasser, deshalb schwimmt
es darauf. → 5 Diese besondere Eigen-
45 schaft des Wassers wird als Dichteano-
malie bezeichnet.

Wassertemperaturen im See • Im Sommer ist das Wasser am Grund eines tiefen Sees kälter als an der Oberfläche.
50 → 6 Im Winter dagegen wird es nach
unten hin wärmer. Wie kommt es dazu?
Kühlt im Winter das Wasser an der See-
oberfläche ab, zieht es sich zusammen
und sinkt nach unten. Bei 4 °C hat Was-
55 ser seine größte Dichte erreicht und
sinkt deshalb auf den Grund des Sees.
Wenn Wasser unter 4 °C abkühlt, dehnt
es sich wieder aus. Seine Dichte wird
also geringer, es steigt nach oben. Was-
60 ser mit 1 °C schwimmt deshalb über
der Wasserschicht mit 4 °C. Die unterschiedlichen Temperaturschichten im
See sind durch Temperaturveränderungen ständig in Bewegung.

> Ohne Wasser können Pflanzen,
> Tiere und Menschen nicht leben.
> Wasser ist für viele Stoffe ein gutes
> Lösungsmittel. Wasser hat bei 4 °C
> die größte Dichte und sinkt in Ge-
> wässern nach unten. Eis hat eine
> geringere Dichte und schwimmt
> auf dem Wasser.

4 Diese Flasche war zu lange im Eisfach.

5 Eis schwimmt auf Wasser.

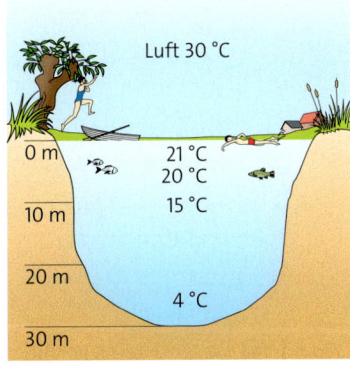

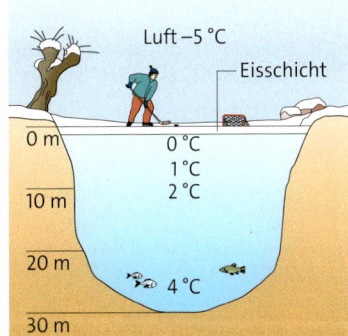

6 See im Sommer – See im Winter

Aufgaben

1 ○ Nenne Gründe, warum Wasser
als Grundstoff des Lebens gilt.

2 ○ Beschreibe, was man unter einer
gesättigten Lösung versteht.

3 ◐ Berechne mithilfe der Tabelle 3,
wie viel Gramm Zucker in 1 Liter
Wasser gelöst werden können.

4 ◐ Erläutere, wieso Fische im Winter
in einem tiefen See überleben können und nicht im Eis einfrieren.

Wasser – ein besonderer Stoff

Material A

In ruhigem Wasser

Materialliste: Glas, Früchtetee (im Teebeutel)

Fülle das Glas mit Wasser. Lege dann vorsichtig den Teebeutel hinein. Nicht umrühren!
Lass das Glas einige Stunden ganz ruhig stehen.

1 ○ Beschreibe deine Beobachtungen. → 1

2 ● Erkläre deine Beobachtungen mit dem Teilchenmodell.

1 Früchtetee in Wasser

Material B

Die Löslichkeit von Gasen in Wasser

Materialliste: Becherglas (250 mL), Dreifuß, Gasbrenner, Thermometer, Mineralwasser

Fülle das Becherglas halbvoll mit Mineralwasser. Erhitze das Wasser bis zu einer Temperatur von etwa 70 °C und beobachte.

1 ○ Beschreibe, was dir der Versuch über die Löslichkeit von Gasen in Wasser zeigt.

Material C

Eine Grenze beim Lösen?

Finde heraus, wo beim Lösen von Salz in Wasser die „Grenze" ist. Diese ist erreicht, wenn trotz Rührens noch ein Bodensatz Salz ungelöst liegen bleibt.

Materialliste: Becherglas, Salz, Rührstab, Messlöffel, Waage

Wiege einen gestrichenen Messlöffel Salz. Fülle dann 100 mL Wasser in das Becherglas. Gib Löffel für Löffel Salz ins Wasser und rühre jeweils gut um, bis alles Salz gelöst ist. Zähle, nach wie vielen Löffeln kein weiteres Salz mehr gelöst wird.

1 ◐ Berechne, wie viel Gramm Salz sich gerade noch im Wasser lösen.

2 Betrachte Bild 2.
a ○ Erläutere den dargestellten Zusammenhang.

b ○ Lies ab, wie viel Zucker sich bei 80 °C in 100 g Wasser lösen.
c ● Berechne, wie viel Zucker in einer Kanne mit 500 mL Tee bei 60 °C gelöst werden können.

Löslichkeit von Zucker
in g je 100 g Wasser

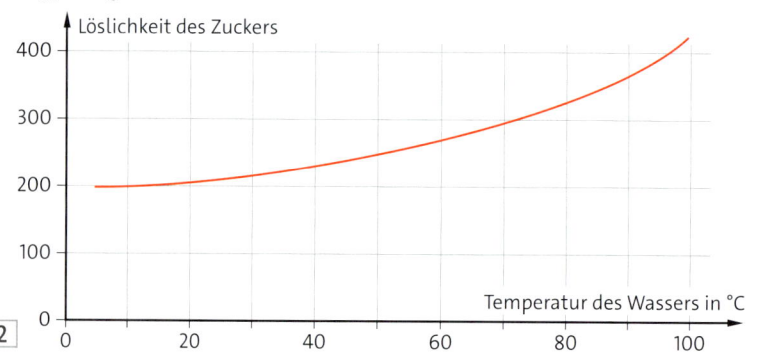

2

Abwasserreinigung

Wohin mit dem Schmutzwasser? • Täglich verwenden wir sauberes Wasser zum Duschen, Geschirrspülen, Wäschewaschen oder beim Spülen der Toilette. Doch was passiert danach
5 mit dem Schmutzwasser? So darf es nicht in die Umwelt gelangen!

Mechanische Reinigung • Das schmutzige Abwasser fließt durch den Abfluss über die Kanalisation zu einer Kläranlage, wo es wieder
10 gereinigt wird. → 3 4 Nacheinander strömt das Abwasser durch drei große Becken:
- Im ersten Becken kämmen Rechen größere Gegenstände aus dem Abwasserstrom.
- In das zweite Becken (Sandfang) wird Luft
15 gepumpt, um Sand und Öle leichter zu trennen. Die Öle schwimmen danach oben auf dem Wasser und werden entfernt.
- Durch das dritte Becken (Vorklärbecken) fließt das Wasser nun etwas langsamer.
20 Feine Schwebstoffe setzen sich am Boden ab und bilden eine Schlammschicht. Der Schlamm wird abgepumpt und in Faultürme geleitet. Dort entsteht ein Gas, das zur Energiegewinnung verbrannt wird.

3 Sandfang, dahinter Faultürme

25 Rechen, Sandfang und Vorklärbecken bilden zusammen die mechanische Reinigung, die erste Stufe der Abwasserreinigung. Danach folgen weitere Reinigungsstufen, bis das Wasser wieder sauber ist. Am Ende kann es
30 wieder in einen Bach geleitet werden.

Aufgaben

1 ○ Beschreibe die Trennverfahren während der mechanischen Reinigung.

2 ◐ Benenne die Trennverfahren beim Sandfang und im Vorklärbecken mit Fachbegriffen.

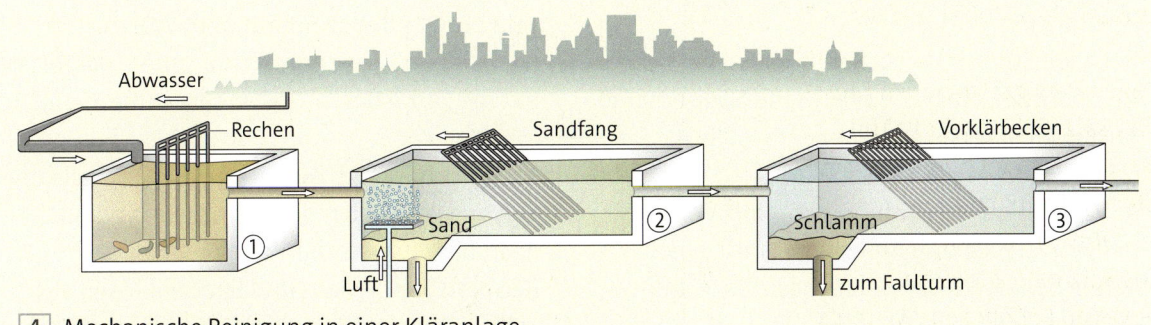

4 Mechanische Reinigung in einer Kläranlage

Wasser – ein besonderer Stoff

Das Versuchsprotokoll

Sicher hast du schon den einen oder anderen Versuch im Unterricht durchgeführt. Versuche machen Spaß, aber wozu macht man sie sonst noch?

Forscher führen Versuche durch, um Naturerscheinungen planmäßig zu beobachten. Dazu schreiben sie auf, was sie getan, beobachtet und gemessen haben.

Protokolle sind wichtig, um mit anderen über Beobachtungen und Versuche sprechen und Ergebnisse vergleichen zu können.

Sie unterstützen uns, Regeln der Natur zu erkennen.

1. Frage stellen Schreibe die Frage auf, die du mit dem Versuch beantworten möchtest.
Beispiel: Lösen sich Sand, Mehl, Speiseöl und Zuckersirup in Wasser?

2. Vermutung aufschreiben Schreibe auf, welche Antwort du auf die Frage erwartest.
Beispiel: Die festen Stoffe lösen sich nicht in Wasser, die Flüssigkeiten lösen sich in Wasser.

3. Versuch planen Überlege dir, wie dein Versuch ablaufen soll und welche Materialien du brauchst.
Beispiel: Für den Versuch benötige ich 4 Bechergläser, Löffel, Wasser, Sand, Mehl, Speiseöl und farbigen Zuckersirup.

4. Versuch durchführen Beschreibe, wie du deinen Versuch durchführst. Mithilfe einer Skizze kannst du den Versuchsaufbau übersichtlich darstellen.

1 Welche Stoffe lösen sich in Wasser?

Beispiel: Zuerst fülle ich in alle Bechergläser gleich viel Wasser. Dann gebe ich in jedes Becherglas jeweils einen Löffel voll Sand, Mehl, Speiseöl oder Zuckersirup. Nach 5 Minuten rühre ich kräftig um.

5. Beobachtungen festhalten Beobachte deinen Versuch und notiere, was du siehst. Du kannst deine Beobachtungen als Text, als Zeichnung oder in einer Tabelle festhalten.
Beispiel: Sand und Mehl setzen sich als Bodensatz ab. Öl schwimmt auf dem Wasser. Der Zuckersirup ist nicht mehr zu sehen, das Wasser hat die Farbe des Sirups angenommen.

6. Versuch auswerten Werte die Beobachtungen aus, die du bei deinem Versuch gemacht hast. Beantworte damit deine Versuchsfrage.
Beispiel: Sand, Mehl und Speiseöl lösen sich nicht in Wasser, Zuckersirup dagegen schon.

Versuchsprotokoll

Name: Anne Schmidt   Datum: 13.4.2016

Versuchsfrage: Lösen sich Sand, Mehl, Speiseöl und Zuckersirup in Wasser?

Vermutung: Sand und Mehl lösen sich nicht in Wasser, Speiseöl und Zuckersirup lösen sich in Wasser.

Planung: Für den Versuch benötige ich 4 Bechergläser, Löffel, Wasser, Sand, Mehl, Speiseöl und farbigen Zuckersirup.

Durchführung: Zuerst fülle ich in alle Bechergläser gleich viel Wasser. Dann gebe ich in jedes Becherglas jeweils einen Löffel voll Sand, Mehl, Speiseöl oder Zuckersirup. Nach 5 Minuten rühre ich kräftig um.

Beobachtung: Sand und Mehl setzen sich als Bodensatz ab. Öl schwimmt auf dem Wasser. Der Zuckersirup ist nicht mehr zu sehen, das Wasser hat die Farbe des Zuckersirups angenommen.

Auswertung: Sand, Mehl und Speiseöl lösen sich nicht in Wasser. Zuckersirup löst sich in Wasser.

2 Annes gutes Versuchsprotokoll zum Versuch „Lösen sich Sand, Mehl, Speiseöl und Zuckersirup in Wasser?"

Versuchsprotokoll

Name: Niklas Schneider   Datum: 13.4.2016

Versuchsfrage: Löst sich Zuckersirup in heißem Wasser schneller als in kaltem Wasser?

Durchführung: Ich fülle 2 Bechergläser mit kaltem Wasser. Das Wasser in einem Becherglas erhitze ich mit einem Gasbrenner. Dann gebe ich in beide Bechergläser je einen Löffel Zuckersirup.

Beobachtung: Nach 5 Minuten ist der Zuckersirup im heißen Wasser vollständig gelöst. Im kalten Wasser ist noch etwas Sirup am Boden übrig. Zuckersirup löst sich in heißem Wasser schneller als in kaltem.

3 Niklas' Versuchsprotokoll zum Versuch „Löst sich Zuckersirup in heißem Wasser schneller als in kaltem?"

Aufgaben

1 ○ Erkläre, warum Forscher Versuche durchführen und Protokolle schreiben.

2 ○ Beschreibe, wie man bei einem Versuchsprotokoll vorgehen muss.

3 ◐ Niklas' Versuchsprotokoll stimmt nicht ganz. → 3 Überprüfe, welche Schritte er vergessen hat. Schreibe diese in dein Heft.

4 ● Niklas hat Beobachtung und Auswertung vermischt. Trenne beide Teile voneinander und berichtige Niklas' Protokoll.

Müll trennen, Materialien sortieren

1 │ Jede Mülltonne hat eine bestimmte Farbe.

Wir produzieren viele verschiedene Arten von Müll. Bei uns in Deutschland wird der Müll daher schon zu Hause vorsortiert und getrennt abgeholt.

5 **Wertstoffe** • Einen wichtigen Teil unseres Mülls bilden die sogenannten Wertstoffe. Pro Einwohner sind das etwa 32 kg im Jahr. Wertstoffe werden in Wertstofftonnen oder in „gelben
10 Säcken" gesammelt.
Alles, was den „Grünen Punkt" trägt, gehört zu den Wertstoffen. → 2 Das können Joghurtbecher aus Kunststoff sein, aber auch Tetrapaks, die man als
15 Milchverpackung kennt.
Seit 1991 gibt es dazu ein Gesetz. Es verpflichtet die Hersteller, die Verpackungen zurückzunehmen. Diese Aufgabe haben die Hersteller an Un-
20 ternehmen weitergegeben, die sich gegen Bezahlung um die Wertstoffe kümmern. Die Kosten dafür trägt der Verbraucher. Denn dieser Betrag wird auf den Verkaufspreis aufgeschlagen.

25 **Papier** • Mengenmäßig noch wichtiger ist der Müll aus Papier und Pappe. Altpapier wird in Papiertonnen gesammelt. Bei Papier liegt die Wiederverwertungsquote bei vorbildlichen 83 %.
30 Aus diesem sogenannten recycelten Papier werden z. B. Kartons hergestellt. Auch Schulhefte aus recyceltem Papier sind vielerorts erhältlich.

Glas • Glas lässt sich sehr gut wieder-
35 verwerten. Einwegglas wird farblich getrennt gesammelt, danach gründlich gereinigt und anschließend geschmolzen. Dann kann es wieder zu Flaschen oder Gläsern geformt werden.
40 Mehrwegflaschen werden im Geschäft zurückgenommen.

Metalle • Konservendosen gehören in den Wertstoffmüll. Elektroschrott wird getrennt gesammelt. Für große Metall-
45 abfälle gibt es den Schrotthändler oder den Wertstoffhof. Wertvolles Metall ist auch in Handys enthalten.

2 │ Grüner Punkt

Biomüll • Vor allem in der Küche und im Garten fällt Biomüll an. Auf dem
50 Kompost verrotten diese Materialien vollständig. Da aber nicht jeder Haushalt einen Komposthaufen hat, gibt es in manchen Gemeinden Biotonnen. Deren Inhalt wird in große Kompostie-
55 rungsanlagen gebracht.

Sperrmüll • In jedem Haushalt fällt auch Müll an, der zu sperrig für die Mülltonne ist. Dieser Sperrmüll wird mit speziellen Fahrzeugen eingesam-
60 melt, gepresst und dann in Trennanlagen sortiert oder verbrannt.

Problemmüll • Materialien, die bisher nicht genannt wurden, sind oft Sonderfälle. Dazu gehören Lacke und Batte-
65 rien. Ihre Wiederverwertung ist sehr aufwendig, teilweise sogar unmöglich. Dennoch ist es besonders wichtig, sie sachgerecht zu entsorgen, da z. B. Energiesparlampen giftiges Queck-
70 silber enthalten. Daher gibt es eine Rücknahmepflicht der Hersteller.

Das Kreislaufwirtschaftsgesetz • Seit 2012 gibt es das Kreislaufwirtschaftsgesetz. Es besagt, dass unsere natür-
75 lichen Vorräte, die Umwelt und der Mensch geschützt werden müssen. Ein wichtiger Punkt ist die Vermeidung von Abfall: Wenn kein Abfall entsteht, kostet dies weniger Rohstoffe und es
80 muss auch nichts entsorgt werden.

| Durch Mülltrennung können Rohstoffe wiederverwertet werden. Das spart Energie und Deponieraum.

3 Die „Gelbe Tonne" — was gehört hinein?

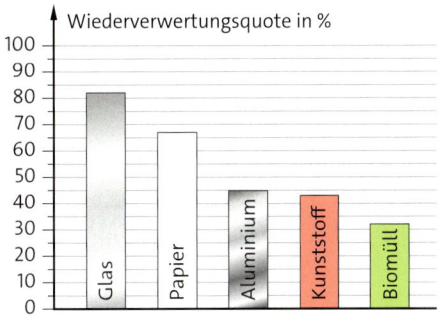

4 Wiederverwertungsquote nach Material

Aufgaben

1 ○ Nenne für jede Müllsorte zwei Beispiele.

2 ◐ Erstelle eine Tabelle zu den Müllsorten und sortiere folgende Gegenstände ein: Metalldeckel, Joghurtbecher, benutztes Papiertaschentuch, Filzstift, verschimmeltes Brot, altes Fieberthermometer, eingetrocknete Wandfarbe, Zeitung, Katalog.

3 ● Begründe, warum Müllvermeidung besser ist als die Wiederverwertung von Müll.

Müll trennen, Materialien sortieren

Material A

Mülltrennung im Versuch

Stellt in großen Bechergläsern „Müllgemische" her: viele Stückchen von Papier, Radiergummi, Büroklammern, Steine, Holz, Sand, Sägespäne …

1 🔹 Notiert in einer Tabelle, welche Eigenschaften die verschiedenen Materialien jeweils haben.

2 🔹 Überlegt euch verschiedene Trennmethoden. Trennt die Müllgemische.

Material B

Einen Windsichter bauen

Materialliste: Schutzbrille, Handschuhe, große PET-Flasche, Schere, Netz aus Kunststoff, Klebestreifen, Föhn, Müllgemisch

Achtung • Scharfe Kanten!

Entferne von der PET-Flasche den oberen und den unteren Teil. Du erhältst ein Kunststoffrohr. Decke das untere Ende mit dem Kunststoffnetz ab und klebe das Netz fest. Fülle etwas Müllgemisch ein.

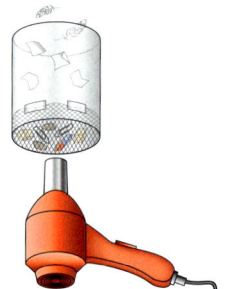

1 Selbst gebauter Windsichter

1 ⭕ Beschreibe, was du beim Einschalten des Föhns beobachten kannst. → 1

2 🔹 Erkläre, wie der Windsichter funktioniert.

Material C

Mehrweg gegen Einweg

Verwirrung beim Getränkekauf: Es gibt Pfandflaschen aus Glas, Pfandflaschen aus Kunststoff, Einwegflaschen …

2 Werbung für Mehrwegflaschen

Mehrwegflaschen aus Glas gibt es vor allem bei Sprudel. Sie können bis zu 50-mal neu befüllt werden. Glas ist stabil, geschmacksneutral und gut zu reinigen.

Bei Einwegflaschen aus Glas ist der Weg viel kürzer: Sie wandern in den Glascontainer, werden eingeschmolzen und zu neuen Flaschen geformt. Das Einschmelzen benötigt viel Energie.

Mehrwegflaschen aus Kunststoff werden bis zu 20-mal neu befüllt.

1 ⭕ Beschreibe den grundlegenden Unterschied zwischen Einweg- und Mehrwegflaschen.

2 ⭕ Untersuche bei dir zu Hause, ob mehr Einweg- oder Mehrwegflaschen genutzt werden.

3 🔹 Nenne jeweils zwei Beispielgetränke für die verschiedenen Möglichkeiten der Getränkeabfüllung.

4 🔹 Begründe, warum Pfand auf Einwegflaschen aus Kunststoff erhoben wird.

Aus PET-Flaschen werden Pullis

PET • Einweggetränkeflaschen bestehen aus
PET. Das ist eine Abkürzung für die chemische
Bezeichnung des Kunststoffs **P**oly**e**thylen-
terephthalat. Wie fast alle Kunststoffe wird
5 PET aus Erdöl oder Erdgas gewonnen.
Daher ist es für die Recyclingindustrie sehr
wertvoll. Wenn PET sortenrein gesammelt
und recycelt wird, kann es sogar wieder als
Verpackung für Lebensmittel verwendet
10 werden. Allerdings ist dies sehr aufwendig.
Daher landet viel PET in der Müllverbrennungsanlage.

PET-Fasern • Es gibt noch eine andere Art der
Wiederverwertung:
15 Die PET-Flaschen werden gewaschen, sortiert
und in kleine Stücke geschreddert. Daraus
entstehen dann PET-Flocken. Diese werden
erhitzt und zu feinen Fäden gespritzt. Die
Fäden werden dann zu Fasern gesponnen.
20 Diese Fasern können zu synthetischem
Gewebe verarbeitet werden, besser bekannt
als Fleece. Aber auch für andere Gegenstände
werden diese Fasern verwendet. → 4
Das Recycling der PET-Flaschen spart Roh-
25 stoffe und ist daher auch kostengünstig.

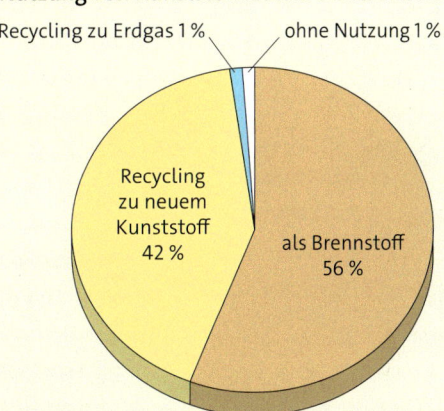

Nutzung von Kunststoffmüll in Deutschland

Recycling zu Erdgas 1 %   ohne Nutzung 1 %

Recycling
zu neuem
Kunststoff
42 %

als Brennstoff
56 %

3 Was geschieht mit Kunststoffmüll?

Aufgaben

1 ○ Nenne die Rohstoffe, aus denen PET
gewonnen wird.

2 ◗ Beschreibe den Weg von der Getränke-
flasche zur Fleecejacke.

3 ○ Nenne weitere Produkte aus recyceltem
PET.

4 ● Werte das Diagramm in Bild 3 aus.

4 Das kann aus alten PET-Flaschen werden …

Umwandlung von Stoffen

1 Ein Lagerfeuer spendet Licht und Wärme.

Seit Urzeiten nutzt der Mensch das Feuer. Es verbreitet Wärme und Behaglichkeit und hilft bei der Zubereitung von Nahrung. Doch was passiert eigent-
5 **lich bei der Verbrennung von Stoffen?**

Verbrennung • Wird von brennbaren Stoffen gesprochen, denken wir oft nur an Holz oder Heizöl. Aber auch Kunststoffe und sogar Metalle sind
10 brennbar. In Müllverbrennungsanlagen werden die brennbaren Anteile unseres Abfalls verbrannt. Bei Verbrennungsvorgängen wird Energie als Licht und Wärme freigesetzt. → 1
15 Die Ausgangsstoffe werden durch Verbrennungsvorgänge in andere Stoffe umgewandelt, die neue Eigenschaften haben. Deswegen wird eine Verbrennung als Stoffumwandlung
20 bezeichnet.

Korrosion • Manche Stoffe reagieren auch ohne Flammenbildung mit Sauerstoff. Eisen oder Stahl wandeln sich durch Kontakt mit Sauerstoff
25 und Wasser zu Rost um. Diese Verwitterung kannst du beispielsweise bei Metallzäunen sehen. → 2 Auch die Korrosion ist eine Form der Stoffumwandlung.

2 Rost an einem Metallzaun

30 **Kompostierung** • In der Natur gibt es
ebenfalls Stoffumwandlungen. Abgestorbene Pflanzen, tote Tiere, ausge-
fallene Haare, Kot und andere Stoffe
werden von verschiedenen Tieren, Pil-
35 zen und Bakterien in ihre Bestandteile
zersetzt. Diese können dann von anderen Lebewesen wieder als Nährstoffe
genutzt werden.

Zersetzer • Käfer ernähren sich z. B. von
40 den Körpern toter Tiere. Milben und
Tausendfüßer fressen kleine Löcher in
abgestorbene Laubblätter. Diese Löcher
werden von Schnecken und Asseln vergrößert. Bakterien und Pilze vollenden
45 den Abbauprozess. → 3
Übrig bleiben am Ende dieser Zerset-
zungsprozesse nur Mineralstoffe,
Kohlenstoffdioxid und Wasser.

Erzeuger • Pflanzen nehmen Mineral-
50 stoffe und Wasser aus dem Boden und
Kohlenstoffdioxid aus der Luft auf. Mithilfe des Sonnenlichts stellen Pflanzen
bei der Fotosynthese daraus energiereiche Stoffe her. Daher werden grüne
55 Pflanzen als Erzeuger bezeichnet.

Totengräber
Tausendfüßer
Milbe
Nacktschnecke
Assel
Regenwurm　　Bakterien　　Pilze

3 | Verschiedene Zersetzer

> Bei einer Verbrennung werden
> Stoffe in andere Stoffe umgewan-
> delt. Durch Korrosion wird Eisen
> mithilfe von Sauerstoff und Wasser
> zu Rost umgewandelt.
> In der Natur werden pflanzliche
> und tierische Abfallstoffe durch
> Tiere, Bakterien und Pilze zersetzt.
> Erzeuger nutzen die Abbauprodukte
> und stellen daraus wieder neue
> Stoffe her.

Aufgaben

1 ◯ Nenne drei Formen der Stoffumwandlung.

2 ◗ Nenne vier weitere Gegenstände,
die rosten können.

3 ◗ Erkläre, weshalb in der Natur
nichts verloren geht.

Umwandlung von Stoffen

Material A

Warum brennt eine Kerze?

Eine Kerze besteht aus einem Docht und Wachs. Der Hauptbestandteil von Wachs ist Paraffin. Es entzündet sich bei einer Temperatur von 225 °C.

1 ○ Entzünde eine Kerze. Beschreibe genau, was beim Entzünden der Kerze passiert.

2 ◖ Lass die Kerze brennen. Halte dann einen Holzstab für 1–2 Sekunden in den unteren Teil der Flamme. Beschreibe, was du erkennst.

3 ◖ Wiederhole den Versuch im oberen Teil der Flamme und beschreibe wieder, was du siehst.

1 Zonen einer Kerzenflamme

4 ● Die Aufzählung unten ist durcheinandergeraten. Sortiere die Aussagen und schreibe sie in der richtigen Reihenfolge in dein Heft.
a) Flüssiges Wachs steigt im Docht hoch.
b) Die Kerze besteht aus festem Wachs.
c) Das Wachs wird zu brennbaren Gasen.
d) Der Docht wird entzündet.
e) Die Gase brennen beim Kontakt mit Luft.
f) Das Wachs schmilzt.

Material B

In der Müllverbrennungsanlage

Restmüll ist brennbar. Mit ihm kann man sogar elektrischen Strom erzeugen.

1 ○ Begründe, warum der Restmüll zuerst getrocknet wird.

2 ◖ Nenne alles, was aus dem angelieferten Müll entsteht.

3 ● „Nach dem Verbrennen sind alle Müllprobleme weg." Diskutiere diese Aussage.

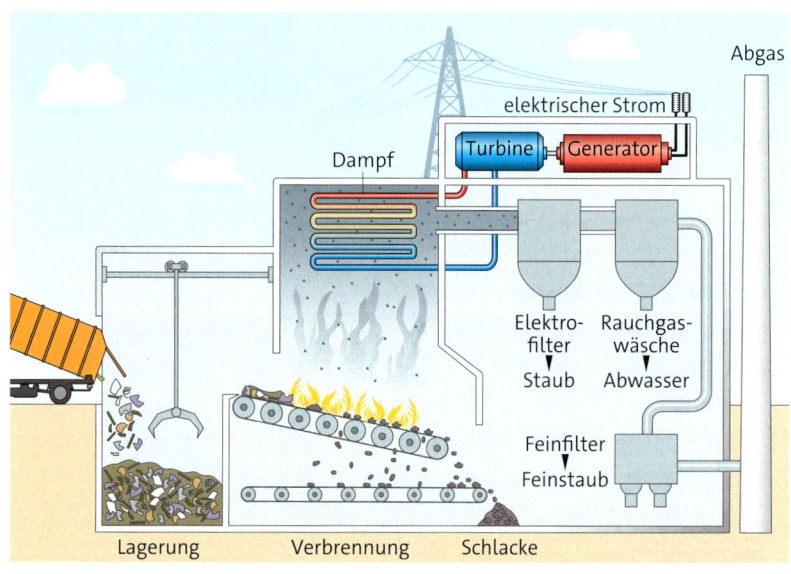

2 Schematischer Aufbau einer Müllverbrennungsanlage

Was macht der Regenwurm im Boden?

Materialliste: großes Schraubglas mit durchlöchertem Deckel, Regenwürmer, dunkle Erde, heller Sand, Laub, Gras, dunkles Tuch, Sprühflasche mit Wasser

Achtung • Behandle die Regenwürmer vorsichtig. Bringe sie nach dem Versuch zurück in die Natur.

1 Fülle in das Glas abwechselnd hellen Sand und dunkle Erde. → ③ Gib zum Schluss Laub und Gras hinzu. Befeuchte den Boden mit Wasser. Lege die Regenwürmer vorsichtig auf die obere Schicht. Verschließe das Glas und decke es mit dem Tuch ab. Stelle es in einen dunklen, kühlen Raum. Kontrolliere alle 2 Tage und befeuchte die Oberfläche etwas.
a ○ Beobachte, wie sich die Regenwürmer eingraben.

b 🔲 Notiere in den nächsten Wochen die Veränderungen im Glas.
c ○ Dokumentiere die Veränderungen mit Fotos.

2 🔲 Erstelle aus den Notizen und den Fotos ein Poster.

③ Das Regenwurmglas

Bodentiere

Bodentiere kannst du an der Anzahl ihrer Beinpaare bestimmen. → ④ ⑤

1 ○ Bestimme die Bodentiere.

Anzahl Beinpaare	Bodentiere
ohne Beine	Schnecken, Würmer
3 Beinpaare	Insekten, Springschwänze
4 Beinpaare	Spinnentiere
7 Beinpaare	Asseln
mehr als 7 Beinpaare	Hundertfüßer, Tausendfüßer

④ Übersicht Beinpaare

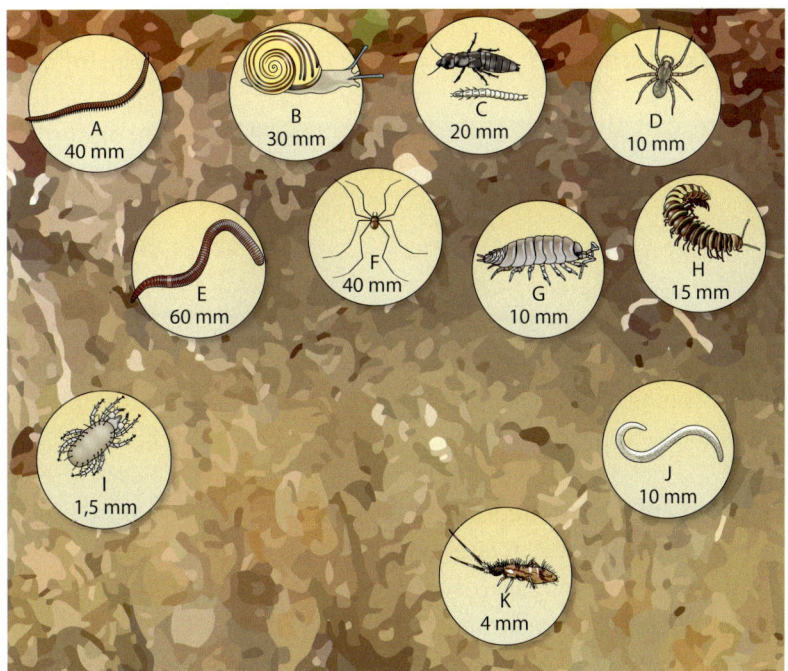

⑤ Verschiedene Bodentiere

Zusammenfassung

Stoffe und Gegenstände • Das Material, aus dem ein Gegenstand besteht, nennt man Stoff. Ein Gegenstand ist ein Körper, der aus einem bestimmten Stoff besteht.

Aggregatzustand • Stoffe sind bei Zimmertemperatur fest, flüssig oder gasförmig. Zur Veranschaulichung der Aggregatzustände wird das Teilchenmodell verwendet. Bei Erreichen der Schmelztemperatur wechselt der Stoff vom festen in den flüssigen Aggregatzustand. Bei Erreichen der Siedetemperatur wechselt der Stoff vom flüssigen in den gasförmigen Aggregatzustand.

Wasser • Feststoffe lösen sich bei hohen Temperaturen besser in Wasser, Flüssigkeiten und Gase dagegen schlechter. Wasser hat bei 4 °C die größte Dichte. Eis hat eine geringere Dichte als Wasser und schwimmt darauf. ➔ 1

1 Schwimmender Eisberg

Eigenschaften der Stoffe • Wichtige Eigenschaften der Stoffe sind das Aussehen, der Geruch, der Aggregatzustand, die Löslichkeit in Wasser, die Leitfähigkeit von Wärme und Strom, die Brennbarkeit, die Magnetisierbarkeit und die Härte. Sie können in Steckbriefen erfasst werden.

Stoffgruppen • Metalle haben einen typischen Glanz, leiten elektrischen Strom und Wärme und sind meistens gut verformbar. Nichtmetalle sind Stoffe, die die typischen Eigenschaften der Metalle nicht besitzen. Naturstoffe sind Stoffe, die von Lebewesen gebildet werden. Kunststoffe sind Stoffe, die vom Menschen durch chemische Umwandlungen hergestellt werden.

2 Müll ist ein Stoffgemisch

Reinstoffe und Stoffgemische • Ein Stoff, der sich nicht weiter auftrennen lässt, ist ein Reinstoff. Zu diesen gehören Kupfer, Eisen und Wasser. Ein Stoffgemisch besteht aus mindestens zwei Reinstoffen. ➔ 2 Die einzelnen Bestandteile sind nicht immer erkennbar.

Trennverfahren • Durch Trennverfahren wie Filtrieren, Dekantieren, Sedimentieren und Eindampfen kann ein Stoffgemisch in seine Bestandteile zerlegt werden.

Stoffumwandlung • Veränderungen von Stoffen, die nicht umkehrbar sind, werden als Stoffumwandlungen bezeichnet. Dabei entsteht ein neuer Stoff mit neuen Eigenschaften.

Stoffe und ihre Eigenschaften

1 Backformen können aus Eisen, Glas, Silikon oder Papier sein. → 3
a ⬡ Nenne die verwendeten Stoffe und den Gegenstand.
b ⬡ Ordne die Stoffe nach Metall, Nichtmetall, Kunststoff und Naturstoff.
c ⬤ Begründe mithilfe der Stoffeigenschaften, warum Kuchenformen aus diesen Stoffen zum Kuchenbacken geeignet sind.

3 Backformen aus Eisen, Silikon, Glas und Papier

2 ◗ Nenne je drei Regeln, die du vor und während des Experimentierens beachten musst.

3 Folgende Gegenstände sollen untersucht werden: Holzlöffel, Glasstab, Gummiband, Porzellanteller, Eisennagel.
a ⬡ Entscheide, welche dieser Gegenstände elektrischen Strom und Wärme leiten.
b ⬡ Nenne den Fachbegriff für Stoffe, die Strom und Wärme nicht gut leiten.

4 ⬡ Nenne jeweils die Gefahren, die von Stoffen ausgehen können, die mit den Symbolen in Bild 4 gekennzeichnet sind.

4 Zwei bekannte Gefahrensymbole

Wasser und Aggregatzustände

5 Ein Wassertropfen an einem Blatt

5 ⬡ Nenne je ein Beispiel für Wasser in allen drei Aggregatzuständen in der Natur.

6 Nenne die Übergänge zwischen den Aggregatzuständen mit den Fachbegriffen:
a ⬡ von fest zu flüssig
b ⬡ von flüssig zu gasförmig
c ◗ von gasförmig zu flüssigv
d ◗ von flüssig zu fest
e ⬤ von fest zu gasförmig
f ⬤ von gasförmig zu fest

Stoffumwandlung und Stofftrennung

7 Ein Streichholz brennt, ein Draht rostet, Apfelschalen werden zu Erde.
◗ Ordne den drei Vorgängen den richtigen Fachbegriff für die jeweils stattfindende Stoffumwandlung zu.

8 ◗ Erläutere die Begriffe Reinstoff und Stoffgemisch und nenne je zwei Beispiele.

9 ⬡ Nenne jeweils das passende Trennverfahren:
a Soße mit oben schwimmender Fettschicht
b Orangensaft mit Fruchtfleisch

Körper und Gesundheit

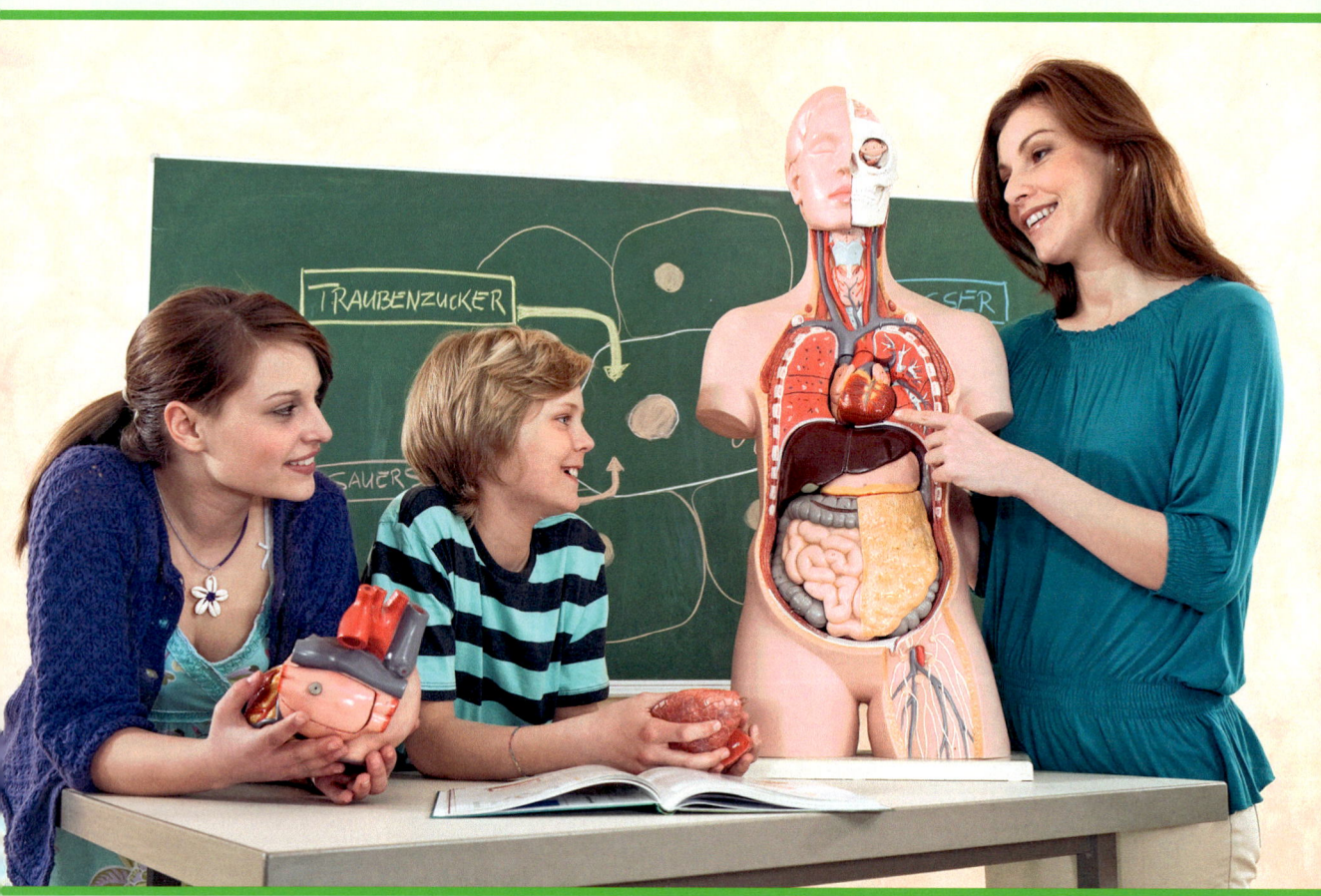

Im menschlichen Körper gibt es viele verschiedene Organe. Welche Aufgaben haben sie und wie wirken sie zusammen?

Du bist, was du isst – das hört man oft zum Thema gesunde Ernährung. Warum müssen wir überhaupt essen, und was essen wir?

In der Pubertät verändern sich Körper und Gefühle. Was verändert sich genau?

Die Organsysteme des Körpers

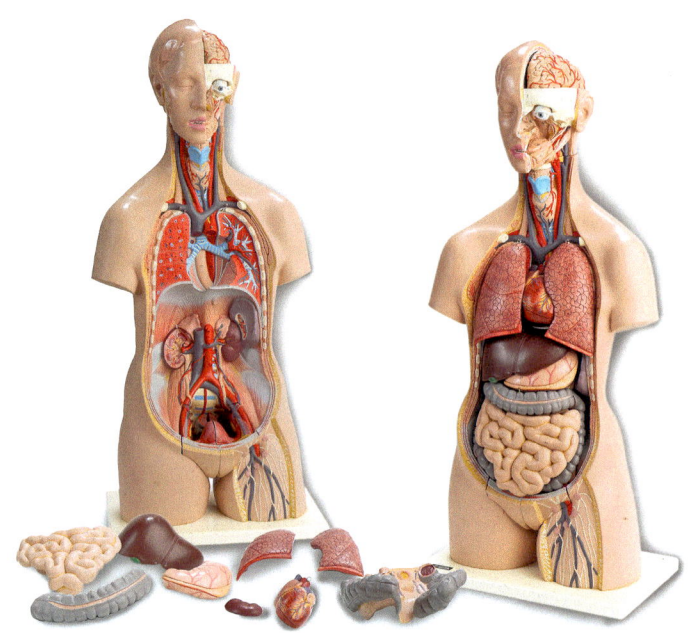

1 | Modell des menschlichen Körpers

An einem Modell des menschlichen Körpers kannst du die inneren Organe sehen. Wie ermöglichen sie die komplizierten Lebensvorgänge?

5 **Organe** • Zellen mit gleichem Aufbau und gleicher Aufgabe bilden zusammen ein Gewebe. Mehrere Gewebe bilden zusammen ein Organ. Jedes Organ erfüllt eine bestimmte Funktion.

10 **Organsysteme** • Im Körper arbeiten Gewebe und Organe mit unterschiedlichen Funktionen zusammen. Sie haben eine gemeinsame Aufgabe und bilden deshalb ein Organsystem.
15 Dadurch können komplizierte Prozesse wie die Verdauung im Körper ablaufen. Jedes Organsystem erfüllt dabei für den Körper eine wichtige Aufgabe. Durch die Zusammenarbeit der Organ-
20 systeme werden die Lebensfunktionen des Körpers ermöglicht.

Verdauungssystem • Der Mensch muss Nahrung aufnehmen, um daraus Energie zu gewinnen. Die Nahrung wird
25 dabei immer weiter zerkleinert, bis sie vom Körper aufgenommen werden kann. Diesen Vorgang nennt man Verdauung. Wichtige Bestandteile des Verdauungssystems sind der Magen und
30 der Darm. Unverdaute Nahrungsbestandteile verlassen das Verdauungssystem als Kot.

Atmungssystem • Neben der Nahrung braucht der Körper für seine Lebensvor-
35 gänge auch Sauerstoff. Diesen erhält er aus der Luft. Bei der Atmung wird Luft über die Luftröhre in die Lungen transportiert und dort in das Blut aufgenommen. Abfallstoffe wie Kohlen-
40 stoffdioxid werden ausgeatmet.

Herz-Kreislauf-System • Der gesamte Körper ist von einem feinen Netz aus Blutgefäßen durchzogen. Das Blut wird vom Herzen hindurchgepumpt. Im Blut
45 werden Sauerstoff, Nährstoffbausteine, Boten- und Abfallstoffe transportiert.

Bewegungs- und Stützsystem • Knochen bilden das bewegliche Gerüst des Körpers. Die Wirbelsäule ist dabei die
50 zentrale Stütze unseres Körpers. Außerdem schützen einige Knochen innere Organe: So umgibt der Schädel das Gehirn, die Rippen bilden einen Schutz um Herz und Lunge. Das Stützsystem
55 arbeitet eng mit dem Bewegungssystem zusammen. Gelenke sind bewegliche Knochenverbindungen, die Körperbewegungen ermöglichen.

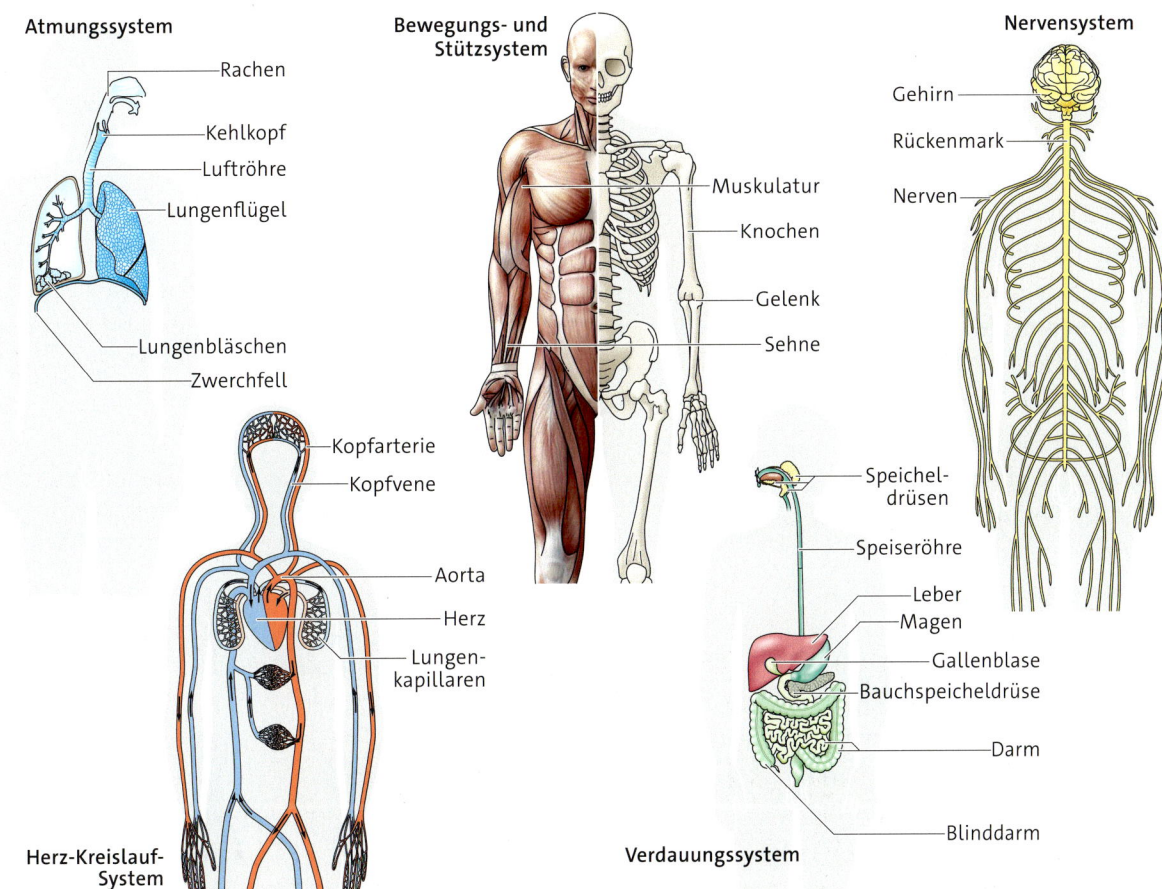

Atmungssystem
- Rachen
- Kehlkopf
- Luftröhre
- Lungenflügel
- Lungenbläschen
- Zwerchfell

Bewegungs- und Stützsystem
- Muskulatur
- Knochen
- Gelenk
- Sehne

Nervensystem
- Gehirn
- Rückenmark
- Nerven

Herz-Kreislauf-System
- Kopfarterie
- Kopfvene
- Aorta
- Herz
- Lungen-kapillaren

Verdauungssystem
- Speichel-drüsen
- Speiseröhre
- Leber
- Magen
- Gallenblase
- Bauchspeicheldrüse
- Darm
- Blinddarm

2 Organsysteme des Menschen

Bewegungen entstehen durch die
60 Aktivität von Muskeln. Einige Muskeln
bewegen Knochen zum Beispiel beim
Gehen und Heben. Andere Muskeln
bewegen Körperteile wie die Augen-
brauen.

65 **Nervensystem** • Das Gehirn ist das
wichtigste Kontrollorgan des Körpers.
Es ist über Nerven mit den Sinnesorganen verbunden. Im Gehirn findet die
Wahrnehmung der Umwelt statt, hier
70 denken und fühlen wir und planen
unser Handeln.

> Gewebe arbeiten in Organen zu-
> sammen und bilden Organsysteme.
> Verschiedene Organsysteme haben
> unterschiedliche Aufgaben.

Aufgabe

1 🖎 Erläutere den Begriff Organsystem.

Die Organsysteme des Körpers

Organsysteme

1 ○ Ordne den Buchstaben in Bild 3 jeweils das passende Organsystem zu.

2 ○ Benenne die mit den Ziffern beschrifteten Organe in Bild 1.

3 ◗ Übertrage die Tabelle in dein Heft. Fülle die Tabelle aus und ordne den Organsystemen ihre unten stehenden Aufgaben zu.

Organsystem	Organe	Aufgabe

Es kontrolliert alle Lebensvorgänge im Körper.

Es gibt dem Körper Halt.

Es ermöglicht dem Körper Bewegungen.

Es transportiert Stoffe durch den Körper.

Es versorgt den Körper mit Sauerstoff.

Es sortiert Schadstoffe aus dem Körper und scheidet sie aus.

Es versorgt den Körper mit Nährstoffen.

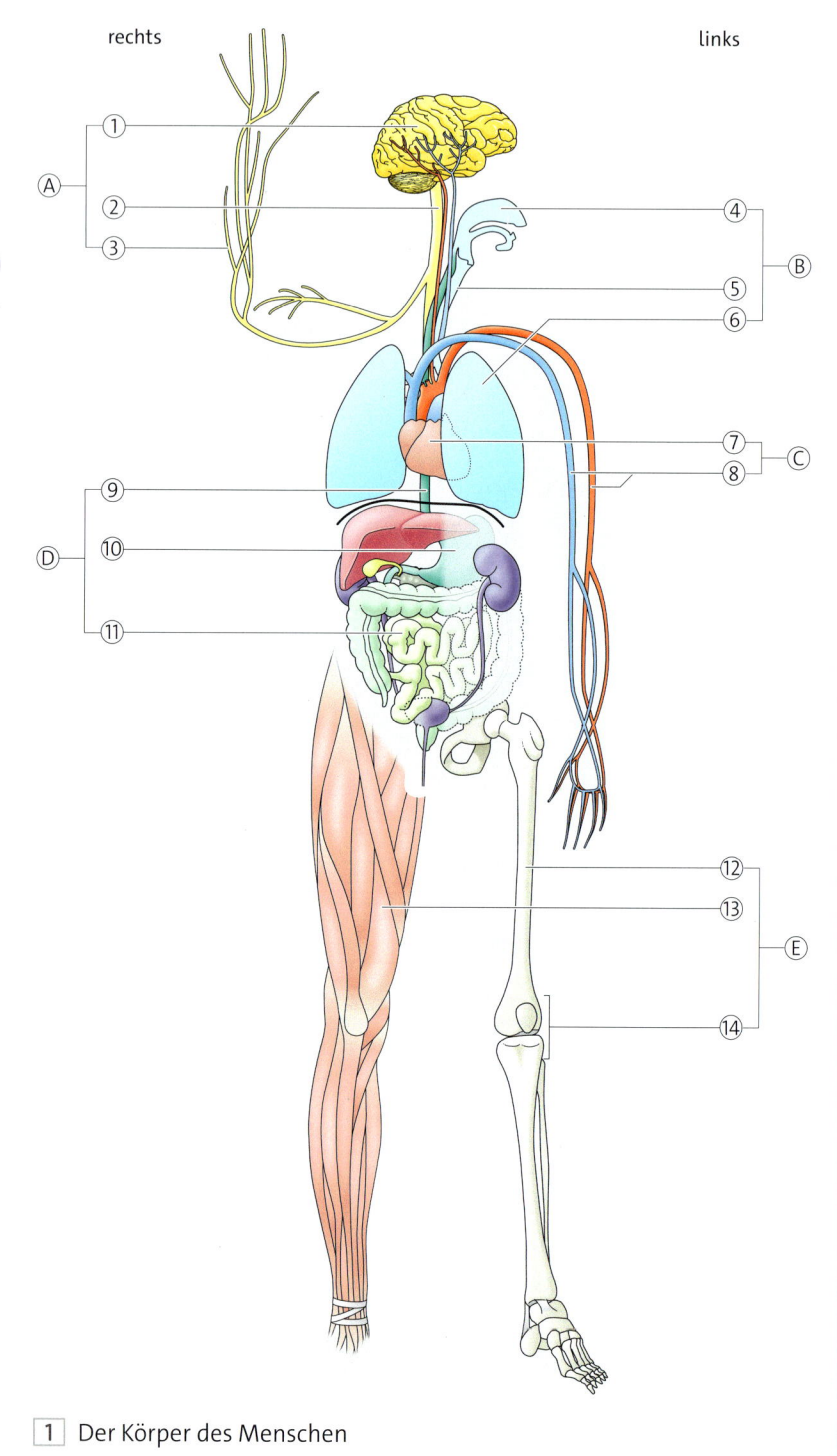

rechts   links

1 Der Körper des Menschen

Die Nieren

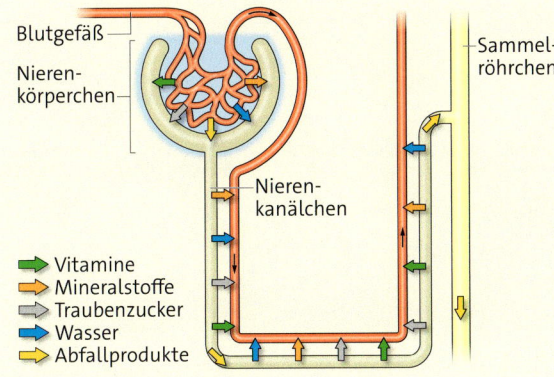

Blutgefäß
Nieren-
körperchen
Nieren-
kanälchen

Sammel-
röhrchen

➡ Vitamine
➡ Mineralstoffe
➡ Traubenzucker
➡ Wasser
➡ Abfallprodukte

2 Aufbau eines Nierenkörperchens

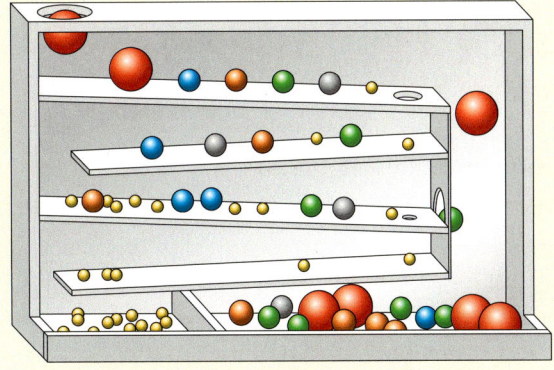

3 Modell zur Nierenfunktion

Abfallstoffe • Bei vielen Lebensvorgängen im Körper fallen Abfallstoffe an. Diese gelangen über das Blut zu den Nieren und werden dort aus dem Blut gefiltert. Das gesamte Blut des
5 Körpers fließt pro Tag etwa 400-mal durch die Nieren.

Schadstoffe • Mit der Nahrung können auch körperfremde Schadstoffe aufgenommen werden. Die Nieren filtern solche Schadstoffe
10 sowie Abfallstoffe, die den Körper schädigen, aus dem Blut.

Blutreinigung • In den Nieren befinden sich die Nierenkörperchen. → **2** Sie wirken wie ein Sieb, das Schadstoffe, aber auch lebens-
15 notwendige Stoffe wie Wasser, Mineralstoffe und Zucker durchlässt. Die Blutkörperchen hingegen kommen nicht hindurch. In den Nierenkanälchen werden lebensnotwendige Stoffe erkannt und zurück ins Blut befördert.
20 Übrig bleiben Schadstoffe, die mit Wasser vermischt als Urin ausgeschieden werden.

Gleichgewicht im Körper • Im Nierenkanälchen wird nicht immer gleich viel Wasser zurück ins Blut geleitet. Hast du viel getrunken, wird
25 wenig Wasser zurück ins Blut sortiert. Der größte Teil wird mit dem Urin ausgeschieden, du musst oft zur Toilette. Hast du wenig getrunken oder viel geschwitzt, fehlt dem Körper Wasser. Dann wird in den Nierenkanälchen
30 viel Wasser zurück ins Blut sortiert, du musst seltener zur Toilette. Der Urin ist dann dunkler, da er mehr Schadstoffe enthält. Durch unterschiedliches Sortieren werden die für den Körper lebensnotwendigen Stoffe zurück
35 ins Blut geleitet.

Die Nieren filtern Schadstoffe aus dem Blut und halten lebensnotwendige Stoffe im Körper.

Aufgabe

1 🔇 Erkläre, wie die Nieren Schadstoffe aus dem Blut filtern können. → **3**

Unsere Nahrung enthält Nährstoffe

1 Verschiedene Lebensmittel

Wir essen jeden Tag mehrmals. Unser Körper bekommt mit der Nahrung Energie. Doch was steckt eigentlich in unserem Essen?

5 **Kohlenhydrate liefern Energie** • Kartoffeln, Reis, Nudeln und Brot enthalten Zucker und Stärke. Diese Kohlenhydrate sind wichtige Energielieferanten für Muskeln und Gehirn. Nährstoffe,
10 die den Energiebedarf decken, werden Betriebsstoffe genannt.

Eiweiße sind Baustoffe • Fleisch, Fisch und Eier, aber auch Linsen, Erbsen und Bohnen enthalten Eiweißstoffe. Sie
15 liefern zwar ähnlich viel Energie wie die Kohlenhydrate, sind aber eher als Baustoffe von Bedeutung. Die Bausteine der Eiweißstoffe werden für den Aufbau von Zellen im gesamten Körper benötigt. In der Kindheit und
20 per benötigt. In der Kindheit und Jugend sind Eiweißstoffe besonders wichtig, da in dieser Zeit der Körper am stärksten wächst.

Fette liefern Energie und dienen als
25 **Baustoffe** • Butter, Wurst und Käse sowie Nüsse und Öle enthalten viel Fett. Unter der Haut dient Fett als Speicherstoff und als Schutz vor Wärmeverlust, aber auch als Stoßdämpfer am Fuß
30 und im Bauchraum. Der Energiegehalt von Fett ist doppelt so hoch wie der von Eiweißen und Kohlenhydraten. Außerdem sind Fette Bestandteil von Zellmembranen und damit für den
35 Aufbau von Zellen notwendig.

> Eiweiße, Fette und Kohlenhydrate werden als Nährstoffe bezeichnet. Sie liefern dem Körper Energie und Baustoffe, daher sind sie die wichtigsten Inhaltsstoffe unserer Nahrung.

Aufgabe

1 ◗ Nenne je drei Lebensmittel mit hohem Eiweiß-, Kohlenhydrat- oder Fettgehalt.

Material A

Nachweis von Stärke

Stärke gehört zu den Kohlenhydraten. Iod-Kaliumiodid-Lösung verfärbt sich bei Kontakt mit Stärke dunkelviolett.

Materialliste: Petrischalen, Pipette, Iod-Kaliumiodid-Lösung, Wasser, Testlebensmittel, z. B. Milch, Butter, Kartoffeln, Weißbrot, Schinken, Gurke, Apfel

Achtung • Iod-Kaliumiodid-Lösung ist gesundheitsschädlich!

1 Gib je 2 Tropfen Iod-Kaliumiodid-Lösung auf jedes Lebensmittel.

2 Worin ist Stärke enthalten?
a ○ Notiere, bei welchen Lebensmitteln sich die Lösung verfärbt.
b ◗ Begründe, welche Lebensmittel Stärke enthalten und welche nicht.

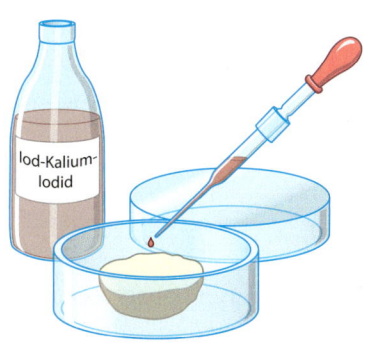

2 Stärkenachweis

Material B

Nachweis von Eiweiß

Eiweiße verklumpen bei Zugabe von Essig. Dabei entstehen kleine Flocken.

Materialliste: Reagenzgläser, Glasstab, Pipette, Essigessenz, Wasser, Testlebensmittel, z. B. Milch, Apfelsaft, Sojamilch, Linsen (gekocht, püriert, gefiltert)

Achtung • Essigessenz ist ätzend!

1 Fülle die Reagenzgläser mit den Lebensmitteln. Gib je 15 Tropfen Essigessenz hinzu. Rühre mit dem Glasstab um.

2 Worin ist Eiweiß enthalten?
a ○ Notiere, bei welchen Lebensmitteln sich Flocken bilden.
b ◗ Begründe, welche Lebensmittel Eiweiß enthalten und welche nicht.

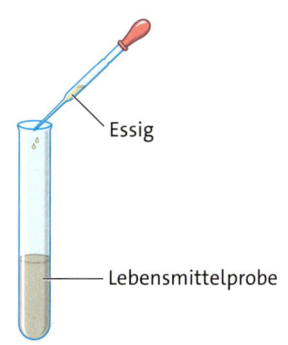

Essig

Lebensmittelprobe

3 Eiweißnachweis

Material C

Nachweis von Fett

Fett hinterlässt auf Papier einen durchscheinenden Fleck, der nicht verdunstet.

Materialliste: Papier, Haarföhn, Stift, Testlebensmittel, z. B. Milch, Butter, Kartoffeln, Nudeln (gekocht), Salami, Käse, Nüsse, Gurke, Apfel

1 Reibe die Lebensmittel auf dem Papier. Markiere die Stelle mit einem Kreis und notiere jeweils, welches Lebensmittel dort getestet wurde. Trockne die Proben mit dem Föhn. → 4

2 Worin ist Fett enthalten?
a ○ Notiere, welche Lebensmittel einen durchscheinenden Fleck hinterlassen.
b ◗ Begründe, welche Lebensmittel Fett enthalten und welche nicht.

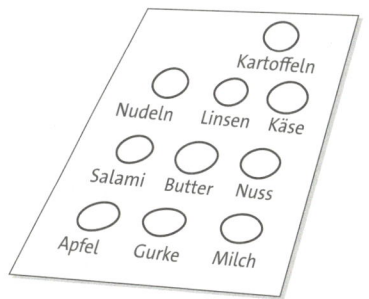

4 Fettnachweis

Die Ergänzungsstoffe

1 Smoothies aus Obst und Gemüse

Smoothies schmecken lecker und enthalten wichtige Ergänzungsstoffe wie Vitamin A und C. Wozu braucht unser Körper diese Stoffe?

5 **Ergänzungsstoffe** • Nährstoffe alleine reichen nicht aus, um gesund zu bleiben. Vitamine, Mineralstoffe und Ballaststoffe in Obst und Gemüse ergänzen die Nährstoffe und unterstützen wichtige Körperfunktionen. Man nennt sie daher Ergänzungsstoffe.

Vitamine • Sie kommen vor allem in Obst und Gemüse vor. Etwa 15 verschiedene Stoffe wirken in unserem 15 Körper als Vitamine. Sie müssen mit der Nahrung aufgenommen werden, da der Körper sie nicht selbst herstellen kann. Fehlende oder zu geringe Aufnahme von Vitaminen führt zu 20 Mangelerscheinungen. Manche Vitamine wie zum Beispiel das Vitamin A können vom Körper nur zusammen mit etwas Fett aufgenommen werden.

Mineralstoffe • Diese Stoffe kommen in 25 allen Nahrungsmitteln vor. Natrium, Kalium, Calcium, Magnesium, Chlor und Phosphor, aber auch Metalle wie Eisen, Kobalt, Zink und Kupfer sind unentbehrlich für unsere Körperfunk-30 tionen und beim Aufbau von Zellen. Weil sie nur in sehr geringen Mengen benötigt werden, bezeichnet man sie als Spurenelemente. Ein Mangel an Mineralstoffen führt zu Funktions-35 störungen im Körper. Eisenmangel führt beispielsweise zu Blutarmut, da Eisen für die Bildung des roten Blutfarbstoffs benötigt wird.

Ballaststoffe • Sie finden sich in pflanz-40 lichen Nahrungsmitteln und dort vor allem in Schalen und Hülsen. Sie liefern keine Energie, der Körper scheidet sie unverdaut wieder aus. Jedoch binden sie Wasser, quellen daher im 45 Magen und Darm auf, sättigen und regen die Verdauung an. Sie senken das Risiko für Verstopfung, Herz-Kreislauf-Erkrankungen und Übergewicht.

> Vitamine, Mineralstoffe und Ballaststoffe sind wichtige Ergänzungsstoffe für den Körper. Ein Mangel an Vitaminen und Mineralstoffen kann Funktionen von Organen einschränken.

Aufgabe

1 ○ Nenne die drei Gruppen von Ergänzungsstoffen und ordne jeder Gruppe zwei Beispiele zu.

Material A

Vitamine – lebensnotwendige Ergänzungsstoffe

	Vitamin A	Vitamin B_{12}	Vitamin C	Vitamin D
Bedeutung	wichtig für den Aufbau von Haut- und Blutzellen, spielt eine Rolle beim Sehvorgang, bei der Knochenbildung und beim Stoffwechsel	beteiligt an der Bildung roter Blutkörperchen, wichtig für die Nervenfunktion und das Wachstum	stärkt die Abwehrkräfte, wirkt entzündungshemmend, beteiligt am Aufbau von Bindegewebe, Knochen und Muskeln	beteiligt bei der Aufnahme von Calcium aus der Nahrung, wichtig für den Aufbau von Knochen und Zähnen sowie für die Funktion des Immunsystems
Symptome bei Mangel	trockene Haut und Schleimhäute, verlangsamtes Wachstum	Abnahme der roten Blutzellen (Blutarmut), Störungen des Nervensystems	Müdigkeit, Zahnfleischbluten, höhere Anfälligkeit für Infektionen, schlechte Wundheilung	Rachitis (Knochenerweichung), erhöhte Anfälligkeit für Infektionen
Vorkommen				

2 Bedeutung und Vorkommen der Vitamine

1 ○ Nenne Vitamine, die in Fleisch, Fisch, Milchprodukten, Obst und Gemüse vorkommen. → 2

2 ◐ Beschreibe mögliche Folgen einer einseitigen Ernährung mit viel Fleisch und wenig Gemüse. → 2

3 Vom 15. bis zum 18. Jahrhundert war auf langen Seereisen die Schiffsbesatzung durch die Krankheit Skorbut gefährdet. Sie entsteht durch Vitamin-C-Mangel und führt zu Muskelschwund und hohem Fieber.
◐ Beschreibe Gegenmaßnahmen und begründe sie.

4 ◐ In Deutschland kommt ein Vitamin-C-Mangel so gut wie nicht vor. Stelle Vermutungen an, woran das liegen könnte.

5 ◐ Recherchiere die Bedeutung, das Vorkommen und die Symptome bei Vitaminmangel für die Vitamine E, K und B_6. Stelle deine Ergebnisse in einer Tabelle dar.

6 ◐ Stelle Vermutungen an, ob und für wen es sinnvoll sein könnte, die Ernährung durch zusätzliche Vitaminpräparate zu ergänzen.

Die Ergänzungsstoffe

Material B

Vitamin-C-Nachweis

Vitamin C ist wichtig für unser Immunsystem. Doch in welchen Nahrungsmitteln ist Vitamin C enthalten?

Materialliste: Paprika (frisch und gekocht), Apfel (frisch und gekocht), Zitrone, Kartoffel, Banane, Messer, Brettchen, 7 Petrischalen, Vitamin-C-Teststreifen

1 Schneide aus den verschiedenen Obst- und Gemüsesorten je ein Stückchen heraus und lege es in eine Petrischale.

2 Drücke auf jede Probe je einen Teststreifen fest an und warte die vorgegebene Zeit ab, um das Ergebnis mit der Skala auf der Verpackung zu vergleichen.

a ○ Notiere die Messwerte in einer Tabelle.

b ◐ Erstelle aus deinen Werten ein Säulendiagramm.

3 ◐ Vergleiche den Vitamin-C-Gehalt von frischem und gekochtem Obst und Gemüse.

4 ● Begründe, weshalb es wichtig ist, zu den Mahlzeiten immer frisches Obst und Gemüse zu essen.

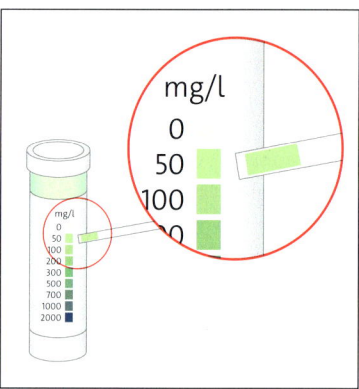

1 Vitamin-C-Test

Material C

Mineralstoffbedarf

Wie kann der Körper seinen Bedarf an Mineralstoffen decken?

1 ○ Berechne, welche Menge Mineralwasser du täglich trinken müsstest, um deinen Tagesbedarf an Mineralstoffen zu decken. → 2 3

2 ◐ Vergleiche die Durchschnittsmenge an Mineralstoffen in 100 g Nudeln, Mineralwasser und Milch. Ziehe eine Schlussfolgerung.

Mineralstoffe – empfohlener täglicher Bedarf	
Calcium	1 000 mg
Chlorid	830 mg
Eisen	10–15 mg
Kalium	2 000 mg
Magnesium	300 mg
Natrium	550 mg
Phosphor	700 mg

2 Tagesbedarf

Durchschnittsmenge Mineralstoffe in					
100 g Nudeln		100 ml Milch		100 ml Mineralwasser	
Calcium	4,0 mg	Calcium	120,0 mg	Calcium	9,7 mg
Eisen	0,2 mg	Eisen	0,1 mg	Chlorid	0,46 mg
Kalium	21,0 mg	Kalium	157,0 mg	Fluorid	0,035 mg
Magnesium	7,0 mg	Magnesium	12,0 mg	Kalium	0,2 mg
Natrium	41,0 mg	Natrium	48,0 mg	Magnesium	1,82 mg
Phosphor	22,0 mg	Phosphor	102,0 mg	Natrium	2,0 mg

3 Nahrungsmittel im Vergleich

Lebensmitteltechnologie

Der Begriff Lebensmitteltechnologie bezeichnet die Bearbeitung von Lebensmitteln. Dazu gehört die mechanische Bearbeitung, z. B. beim Zerkleinern und Pressen von Getreide
5 zu Getreideflocken. Auch die thermische Bearbeitung, z. B. das Erhitzen von Milch, um sie länger haltbar zu machen, zählt dazu. Eine chemische Bearbeitung sorgt z. B. für das Ausflocken von Eiweißen, die dann mithilfe von
10 Bakterien zu Käse reifen. ➔ 4
Durch die Lebensmitteltechnologie gelingt es, viele Menschen mit Nahrungsmitteln zu versorgen und dabei auch gesund zu erhalten.

Genetik • Die Vererbung von Merkmalen oder
15 Eigenschaften wird in der Genetik erforscht. Merkmale und Eigenschaften sind in der Erbinformation im Zellkern verschlüsselt. Dort befindet sich die DNS, das sind Fäden aus Desoxyribonukleinsäure. Ein bestimmter Ab-
20 schnitt eines Fadens, der die Information für ein Merkmal oder eine Eigenschaft enthält, wird als Gen bezeichnet. Jedes Lebewesen enthält im Zellkern jeder Zelle Erbinformationen in Form von Genen.

25 **Gentechnik •** Mithilfe der Gentechnik stellen Forscher genetisch veränderte Lebewesen her. Sie entnehmen einem Lebewesen mit gewünschten Eigenschaften einzelne Gene und fügen diese in die DNS eines Lebewesens ein,
30 dem diese Eigenschaften fehlen. Der Empfänger erhält so die Eigenschaften des Spenders.

Anwendung der Gentechnik • In der Medizin werden mit gentechnischen Methoden Medikamente hergestellt oder Krankheiten behan-
35 delt. Für die Landwirtschaft werden Pflanzen gentechnisch ertragreicher und widerstandsfähiger gemacht. Ein Beispiel ist die Anti-Matsch-Tomate. Sie bleibt länger fest, dadurch hat sie mehr Zeit zum Reifen und zur Bildung
40 von Geschmacksstoffen. In Deutschland müssen gentechnisch veränderte Lebensmittel gekennzeichnet werden.

Aufgabe

1 ● „Da sind bestimmt Gene drin!", hört man häufig über Lebensmittel aus den USA. Nimm Stellung zu dieser Aussage.

4 Käseherstellung

5 Das „Ohne Gentechnik"-Label

Gesunde Ernährung

1 Jugendliche in der großen Pause

In der Pause isst Lara einen Apfel, Tina ein Vollkornbrot mit Käse und Florian einen Schokoriegel. Sie diskutieren, wer sich am gesündesten ernährt. Was
5 genau versteht man unter einer gesunden Ernährung?

Die sieben Säulen • Kohlenhydrate, Fette, Eiweiße, Mineralstoffe, Vitamine, Ballaststoffe und Wasser sind die sie-
10 ben wichtigen Stoffe unserer Ernährung. Man bezeichnet sie auch als die sieben Säulen der Ernährung.

Ausgewogene Ernährung • Lebensmittel enthalten unterschiedliche
15 Mengen dieser sieben Stoffe. Für eine ausgewogene Ernährung sollten sie in den Mahlzeiten so zusammengestellt werden, dass der tägliche Bedarf des Körpers an allen Stoffen gedeckt ist.
20 Der Ernährungskreis veranschaulicht die empfohlenen Anteile verschiedener Lebensmittel pro Tag. ➡ 2

Die Mischung macht's • Kohlenhydrate sollten den Hauptteil der Ernährung
25 darstellen. Sie decken den Großteil des täglichen Energiebedarfs. Ein weiterer großer Anteil der Ernährung soll aus Obst und Gemüse bestehen, um genügend Vitamine und Mineralstoffe
30 aufzunehmen. Eiweiße werden für das Wachstum, den Aufbau von Muskeln und den Stoffwechsel benötigt. Fettreiche Lebensmittel sollten nur in geringen Mengen aufgenommen wer-
35 den. Fette sind sehr energiereich und können zu Übergewicht führen. Einige Vitamine können jedoch nur mit Fett aufgenommen werden, daher sind Fette lebensnotwendig. Der Körper
40 benötigt außerdem etwa 1,5 bis 2 Liter Flüssigkeit pro Tag.

Mahlzeiten • Ein Frühstück liefert dem Körper Energie für die bevorstehenden Aufgaben. Mit einem gesunden Pausen-
45 brot kann die verbrauchte Energie wieder aufgefüllt werden. Auch Mittagund Abendessen sollten nicht weggelassen werden, damit der Körper ganztägig mit Energie versorgt ist.

> Zu einer gesunden Ernährung gehören eine abwechslungsreiche Lebensmittelauswahl, genügend Wasser und eine gleichmäßige Verteilung der Mahlzeiten über den Tag.

Aufgabe

1 🔖 Beschreibe die Bestandteile einer ausgewogenen Ernährung.

Material A

Ernährungskreis und Ernährungsgewohnheiten

5 Fisch, Fleisch
   und Eier

6 Fette und Öle

7 Getränke
   ohne Zuckerzusatz

1 Brot,
   Getreide,
   Kartoffeln

4 Milch
   und Milch-
   produkte

3 Obst

2 Gemüse und Salat

2 Der Ernährungskreis

Maurice, Sophia und Kemal haben einen Tag lang ein Ernährungstagebuch geführt.

1 ○ Vergleiche die 3 Tagebuch-einträge mit dem Ernäh-rungskreis. → 3 – 5

2 ◐ Begründe, wer sich deiner Meinung nach am gesündes-ten bzw. am ungesündesten ernährt hat.

3 ◐ Erläutere, warum du trotzdem keine generellen Aussagen über die

Ernährungsgewohnheiten der 3 treffen kannst.

4 ● Recherchiere andere Dar-stellungen der empfohlenen Lebensmittelanteile und zeichne diese in dein Heft.

5 ◐ Erstelle selbst ein Ernäh-rungstagebuch über eine Wo-che.

6 ◐ Vergleiche deine Tage-bucheinträge mit denen von 2 Mitschülern. Wer hat sich am gesündesten ernährt?

Tagebuch von Maurice

Montag, 9. 5. 2016

Frühstück: 1 Tasse Kakao
Pause: 3 Schokoladenkekse
Mittagessen: 2 Hamburger,
    Pommes, Softdrink
Snack: 1 Tüte Chips
Abendessen: –

3

Tagebuch von Sophia

Mittwoch, 11. 5. 2016

Frühstück: Früchtemüsli mit
    Joghurt, 1 Glas Orangensaft
Pause: Vollkornbrot mit
    Frischkäse und Tomaten,
    Wasser
Mittagessen: Putenbrust mit
    Reis und Gemüse,
    Holunderschorle
Snack: 1 Apfel
Abendessen: Rührei auf Toast,
    Wasser

4

Tagebuch von Kemal

Samstag, 14. 5. 2016

Frühstück: –
Pause: Banane
Mittagspause: Döner, Softdrink
Snack: Fruchtjoghurt
Abendessen: grüner Salat mit
    Essig-Öl-Dressing,
    Apfelschorle

5

Gesunde Ernährung

Ernährungsweisen

1 | Käsespätzle – ein vegetarisches Gericht

2 | Vegan: Zucchinischnitzel mit Tomaten

Es gibt viele Gründe für spezielle Ernährungs-
weisen: Tierschutz, das Streben nach Gesund-
heit, der Wunsch, einen Beitrag zur Lösung des
Welthungerproblems zu leisten, oder auch der
5 persönliche Glaube bzw. die Religion.

Vegetarische Ernährung • Vegetarier verzichten auf Nahrungsmittel, die von getöteten
Tieren stammen, wie Fleisch, Fisch und
Meeresfrüchte. Die vegetarische Ernährung
10 beinhaltet pflanzliche Nahrungsmittel sowie
tierische Nahrungsmittel, die von lebenden
Tieren stammen. Vegetarier essen also Eier,
Honig und Milch. In Deutschland gibt es etwa fünf Millionen Vegetarier, das sind sechs
15 Prozent der Einwohner. In Indien dagegen
ernähren sich schätzungsweise 30 bis 40 %
der Bevölkerung vegetarisch. Ovo-Vegetarier
verzichten auch auf Milchprodukte, Lacto-
Vegetarier verzichten auf Eier. Flexitarier
20 essen dagegen ab und zu Fleisch.

Vegane Ernährung • Veganer verzichten auf
alle Nahrungsmittel mit tierischem Ursprung,
also sowohl auf Fleisch und Fisch als auch

auf Eier, Milch und Honig. Oft lehnen Veganer
25 auch die Nutzung tierischer Produkte ab, d. h.,
sie tragen keine Bekleidung aus Leder oder
Wolle und nutzen keine Federbetten. Der
Grundgedanke ist, Tiere nicht für die Bedürf-
nisse des Menschen auszunutzen. In Deutsch-
30 land leben etwa 500 000 Menschen vegan.

Frutarier • Sie möchten auch Pflanzen kein
Leid zufügen und ernähren sich deshalb nur
von pflanzlichen Produkten, deren Gewin-
nung die Pflanze nicht schädigt. Beispiele sind
35 Fallobst, Nüsse und Samen.

Rohköstler • Sie essen grundsätzlich alle
Lebensmittel. Diese dürfen aber während der
Verarbeitung nicht über 40 Grad Celsius erhitzt oder müssen roh verzehrt werden.
40 Dadurch sollen Vitamine und Mineralstoffe
in den Nahrungsmitteln erhalten bleiben.

Aufgabe

1 ◖ Vergleiche vegane und vegetarische
Lebensweise miteinander.

Essstörungen

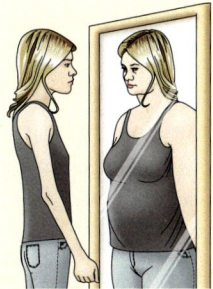

3 Gestörte Körperwahrnehmung

4 Ess-Brech-Sucht

Unser Körper signalisiert uns durch Hunger und Sättigungsgefühl, wie viel wir essen sollen. Seelische Belastungen können diese Gefühle jedoch unterdrücken. Ändert sich

5 dadurch das Essverhalten dauerhaft, kann es zu Essstörungen kommen.

Magersucht • Fernsehen und Mode erwecken den Eindruck, dass nur schlanke Menschen schön und erfolgreich sind. Die Orientierung

10 an diesem Schönheitsideal kann fatale Auswirkungen haben. Jugendliche fühlen sich trotz Normalgewicht zu dick, machen Diäten und treiben sehr viel Sport. Um „perfekt" zu sein, wird noch weniger gegessen. Der Körper

15 magert ab, trotzdem fühlen und sehen sich Betroffene immer noch dick. Sie wollen immer weiter abnehmen, daher spricht man auch von Magersucht. Folgen des starken Untergewichts sind Muskel- und Kreislaufschwäche, Haaraus-

20 fall und Hormonstörungen. Magersüchtige brauchen ärztliche Hilfe, da sie ihr Problem aufgrund der gestörten Körperwahrnehmung nicht selbst erkennen können. Neun von zehn Magersüchtigen sind Mädchen.

25 **Ess-Brech-Sucht** • Diese Form der Essstörung wird auch Bulimie genannt. Nach übermäßiger Nahrungsaufnahme wird die Nahrung wieder erbrochen, oft selbst herbeigeführt.

Fettsucht • Falsche Ernährung und Bewe-

30 gungsmangel können zur Fettsucht führen, auch Adipositas genannt. Der Körper wandelt überflüssige Nährstoffe in Fettreserven um. Folgeschäden sind Herzrhythmusstörungen, Bluthochdruck und Gelenkerkrankungen.

35 **Muskelsucht** • Jungen streben oft das männliche Schönheitsideal eines muskulösen Körpers mit Waschbrettbauch an. Sie machen Krafttraining und ernähren sich sehr eiweißreich, manche nehmen sogar Hormone. Wie

40 bei der Magersucht entsteht ein Teufelskreis, der schließlich zur Essstörung führt.

Aufgabe

1 ◖ Gestalte mit Fotos aus Zeitschriften ein Plakat zum heutigen Schönheitsideal. Beurteile die Darstellungen kritisch.

Die Verdauung

1 Familie beim Essen

Wir nehmen mehrere Mahlzeiten am Tag zu uns. Aber selbst nach einem üppigen Mahl können wir ein paar Stunden später schon wieder etwas
5 essen. Was passiert mit der Nahrung, nachdem wir gegessen haben?

Verdauung • Einige Inhaltsstoffe von Lebensmitteln wie Vitamine und Mineralstoffe können direkt ins Blut auf-
10 genommen werden. Die Nährstoffe Kohlenhydrate, Fette und Eiweißstoffe bestehen jedoch aus zusammengesetzten Bausteinen. Die Nährstoffe müssen vorher zerlegt werden, damit sie ins
15 Blut aufgenommen werden können. Diese Spaltung der Nährstoffe in einzelne Bausteine bezeichnet man als Verdauung. Mithilfe dieser Nährstoffbausteine kann der Körper seinen Ener-
20 giebedarf decken und eigene Stoffe aufbauen. Wenn man lange nichts gegessen hat, verspürt man Hunger. Der Körper hat dann das Bedürfnis nach Nahrungszufuhr.

25 **Werkzeuge der Verdauung** • Für die Verdauung benötigt der Körper spezielle Stoffe, die Verdauungsenzyme. Das sind körpereigene Stoffe, die die Nährstoffe zerlegen. Enzyme befinden sich in Ver-
30 dauungsflüssigkeiten der Verdauungsorgane und werden dort in speziellen Drüsen produziert. Jedes Enzym ist dabei auf die Spaltung eines bestimmten Nährstoffs spezialisiert.

35 **Die Verdauung beginnt im Mund** • Mithilfe der Zähne wird die Nahrung durch das Kauen zerkleinert und durch die Zugabe von Mundspeichel gleitfähig gemacht. Speicheldrüsen produzieren
40 täglich etwa 1,5 Liter Speichel. In ihm befinden sich Enzyme, die die Stärke in Brot oder Nudeln in kleinere Bruchstücke, den Zweifachzucker Malzzucker, spalten. → **2**

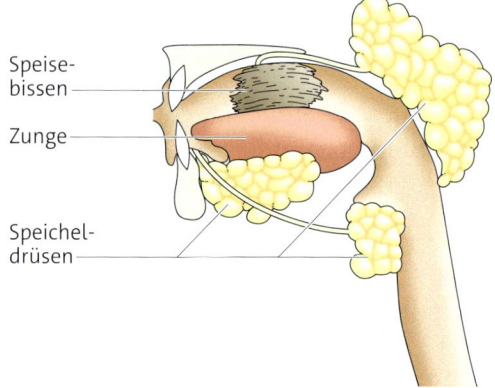

Speisebissen

Zunge

Speicheldrüsen

2 Verdauung beginnt bereits im Mund.

Sammeln und Ansäuern • Über die
Speiseröhre wird der Nahrungsbrei
zum Magen transportiert. → 3 Er ist
ein sehr dehnbares Hohlorgan und hat
ein Fassungsvermögen von etwa
1,5 Litern. Die Innenwand des Magens
ist von einer Schleimhaut bedeckt.
Diese produziert Enzyme, die Eiweißstoffe in ihre Bausteine, die Amino-
säuren, zerlegen. Außerdem bildet die
Magenschleimhaut auch die Magensäure, die den Nahrungsbrei ansäuert
und so für die Enzyme besser zugäng-
lich macht. Die Magenschleimhaut produziert auch den Magenschleim, der
den Magen vor der ätzenden Wirkung
der Magensäure schützt. Durch die
Bewegung der Magenmuskulatur wird
der Nahrungsbrei durchmischt, was
eine gründliche Verdauung ermöglicht.

Aufnahme der Bausteine • An den
Magen schließt sich der Dünndarm
an. In seinem ersten Abschnitt, dem
Zwölffingerdarm, geben die Leber mit
der Gallenblase sowie die Bauchspeicheldrüse ihre Verdauungssäfte ab.
Die Enzyme im Gallensaft zerteilen
die Nahrungsfette in kleinere Fetttröpfchen. Die Enzyme im Bauch-
speichel zerlegen diese Fette und
vollenden außerdem die Zerlegung
von Kohlenhydraten und Eiweißstoffen. Über die Darmschleimhaut
werden die Bausteine dann in das Blut
aufgenommen.

Wasserentzug • Der nährstoffarme
Nahrungsbrei gelangt vom Dünndarm
in den Dickdarm. Die Darmbakterien

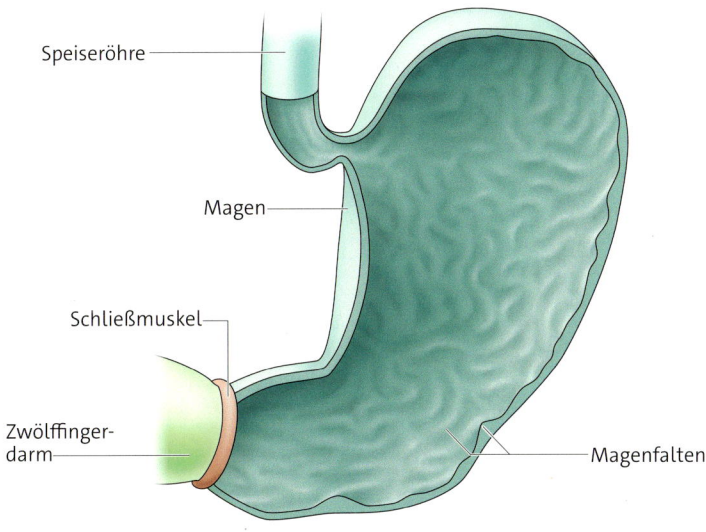

Speiseröhre

Magen

Schließmuskel

Zwölffinger-
darm

Magenfalten

3 Der Magen

im Dickdarm führen letzte Verdauungs-
schritte aus. Vor allem entzieht der
Dickdarm dem Nahrungsbrei Wasser.
Die so eingedickten Reste werden im
Enddarm gesammelt und über den
After ausgeschieden.

> Unter Verdauung versteht man das
> Spalten von Nährstoffen in kleine
> Bausteine mithilfe von Enzymen.
> In jedem Abschnitt des Verdauungs-
> systems wirken andere Enzyme.

Aufgaben

1 ○ Nenne die Organe, die an der
Verdauung beteiligt sind. Erstelle
eine Tabelle. Ergänze sie mit den
jeweiligen Aufgaben der Organe.

2 ◖ Erkläre die Aufgabe von Enzymen
bei der Verdauung.

Die Verdauung

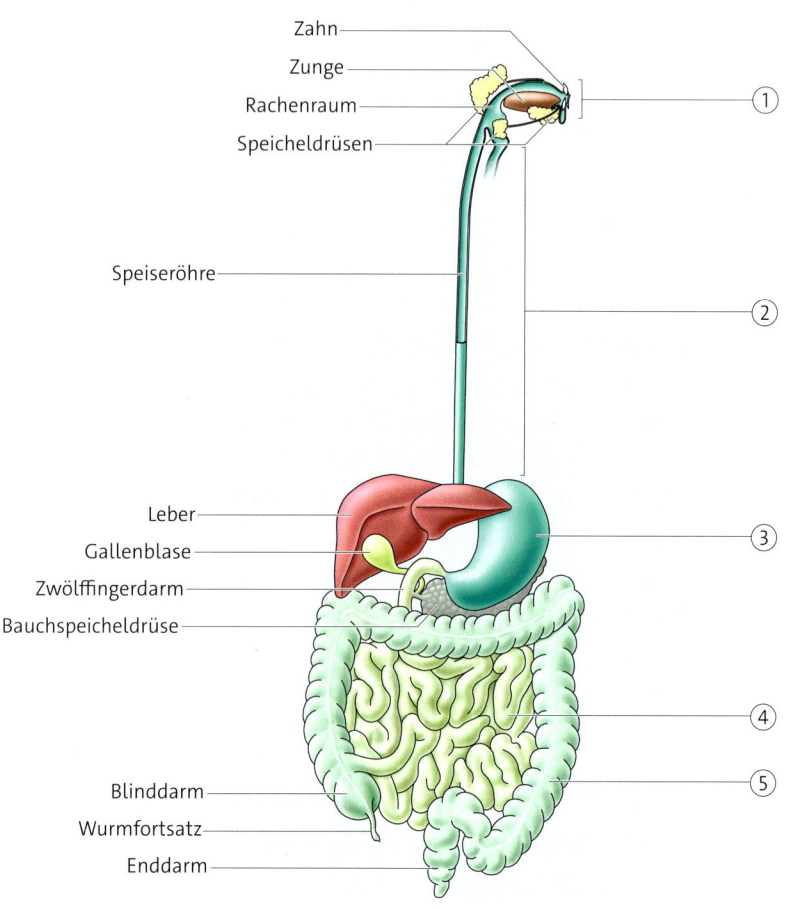

Labels on diagram:
Zahn
Zunge
Rachenraum
Speicheldrüsen
Speiseröhre
Leber
Gallenblase
Zwölffingerdarm
Bauchspeicheldrüse
Blinddarm
Wurmfortsatz
Enddarm

① ② ③ ④ ⑤

A Hier wird dem Rest des Nahrungsbreis das Wasser entzogen. Die eingedickten, nicht verwertbaren Bestandteile der Nahrung werden dann über den Enddarm und den After ausgeschieden.

B Hier werden Eiweißstoffe durch Enzyme in kleinere Stücke gespalten. Säure hilft bei der Verdauung und tötet eingedrungene Bakterien ab.

C Hier wird der Nahrungsbrei lediglich weitergeleitet. Es finden hier keine Verdauungsvorgänge statt.

D Hier wird die Nahrung zerkleinert und eingespeichelt. Stärke wird durch ein Enzym in kleinere Bruchstücke zerlegt.

E Hier werden durch den Gallensaft Fette in kleinere Fetttröpfchen zerteilt. Enzyme des Bauchspeichels zerlegen die Fette und vollenden die Zerlegung von Kohlenhydraten und Eiweißstoffen. Über seine dünne Wand können die einzelnen Bausteine der Nährstoffe ins Blut aufgenommen werden.

1

Verdauung im Überblick

1 ○ Benenne die mit den Ziffern 1–5 gekennzeichneten Teile des Verdauungssystems.

2 ○ Ordne die Beschreibungen A–E den Teilen ⧈1⧈–⧈5⧈ zu.

3 ◐ Beschreibe den Weg deines Pausenbrots vom Mund bis zur Ausscheidung.

4 ● Erkläre die Bedeutung der Enzyme an den im Schema abgebildeten Stationen 1, 3 und 4.

Die Aufnahme von Nährstoffen

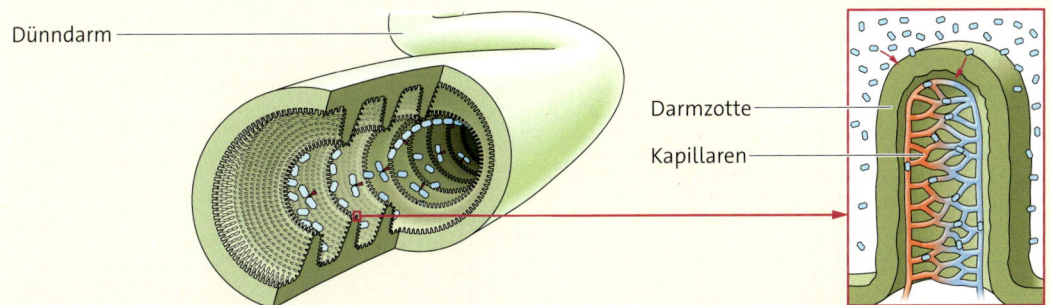

Dünndarm

Darmzotte

Kapillaren

2 Aufbau und Nährstoffaufnahme im Dünndarm

Verdauung im Dünndarm • Der im Magen vorverdaute Nahrungsbrei gelangt portionsweise in den etwa vier Meter langen Dünndarm. Er besitzt viele Windungen, wodurch er einen
5 kleineren Raum in der Bauchhöhle einnimmt. Hier werden alle Nährstoffe abschließend verdaut. Enzyme zerlegen Kohlenhydrate, Fette und Eiweißstoffe in kleinere Bausteine. Diese können dann über die Dünndarmschleimhaut
10 ins Blut aufgenommen werden.

Oberflächenvergrößerung • Die Dünndarmschleimhaut ist für die Aufnahme aller Nährstoffbausteine aus der Nahrung verantwortlich. Sie ist von einem Geflecht kleinster Blutgefäße
15 durchzogen. Die Innenseite des Dünndarms ist nicht glatt, sondern in Falten gerafft. Diese Falten sind dicht übersät mit tentakelartigen Fortsätzen, den Darmzotten. Die innere Oberfläche des Dünndarms wird dadurch auf das
20 20-fache der Körperoberfläche des Menschen vergrößert. Dadurch vergrößert sich auch die Kontaktfläche zum Nahrungsbrei, sodass aus ihm möglichst viele Nährstoffbausteine aufgenommen werden können.

25 **Verdauungsstörungen** • Einige Zusatzstoffe von Lebensmitteln können bei empfindlichen Menschen Darmbeschwerden auslösen und zu einer Lebensmittelvergiftung führen. Verschiedene Medikamente, Infektionen, Krank
30 heitserreger, aber auch zu viel Zucker beeinflussen das empfindliche Gleichgewicht des Darms. So kann der Darm nicht mehr richtig arbeiten und es kommt zu Bauchschmerzen, Blähungen und Durchfall. Durch zu geringe
35 Flüssigkeitsaufnahme kann sich der Nahrungsbrei an den Darmzotten festsetzen und dadurch die Nährstoffaufnahme behindern.

Im Dünndarm werden die Nährstoffe der
Nahrung zerlegt und aufgenommen.
Seine Innenseite folgt dem Prinzip der
Oberflächenvergrößerung. Die Nährstoffaufnahme kann durch verschiedene
Ursachen gestört werden.

Aufgabe

1 ◖ Erkläre mithilfe von Bild 2 die Oberflächenvergrößerung im Dünndarm.

Der Blutkreislauf

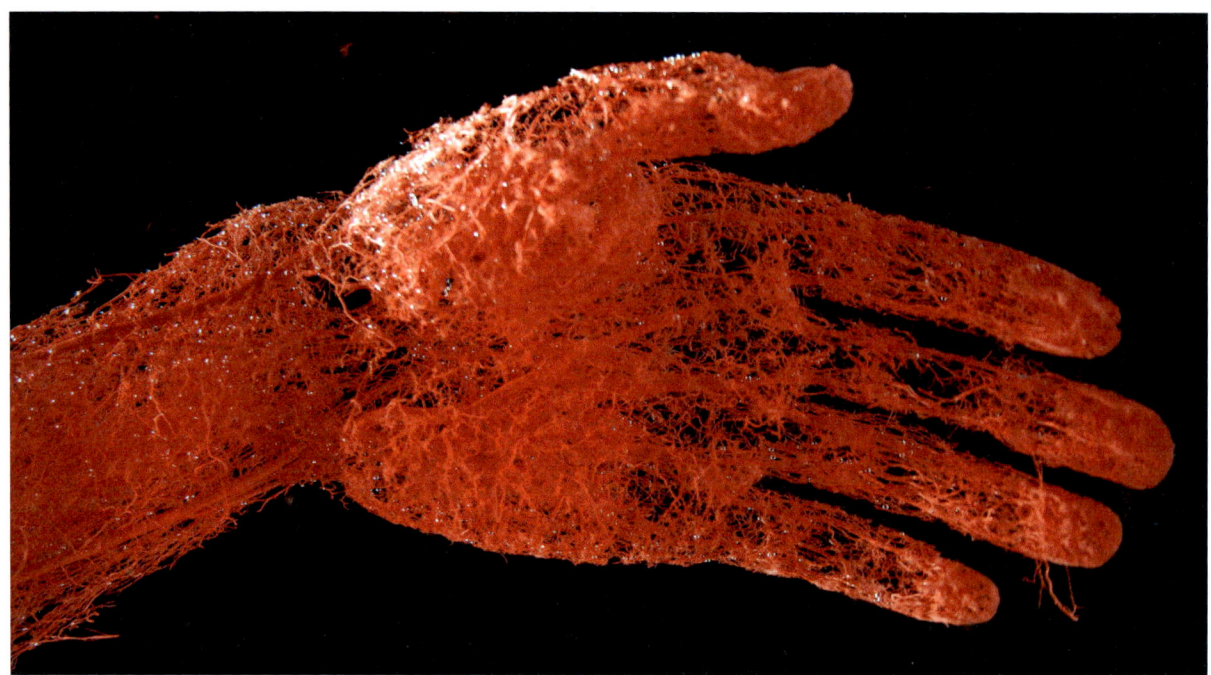

1 Blutgefäße

Das Blut fließt durch alle Bereiche des Körpers. Durch ein Netz von Blutgefäßen gelangt das Blut überall hin.

Blutgefäße • Das Blut im Körper fließt
5 durch ein verzweigtes System schlauch-
artiger Leitungen. Man bezeichnet sie
als Adern oder Blutgefäße. Das Herz
pumpt auf seiner linken Seite das Blut
über die große Körperschlagader, die
10 Aorta, in den Körper. Von der Aorta
zweigen Blutgefäße ab, die das Gehirn,
die Gliedmaßen und die inneren Organe des Bauchraums mit sauerstoff-
reichem Blut versorgen. Im weiteren
15 Verlauf verzweigen sich die Blutgefäße
und werden dabei immer dünner. Diese
kleinsten Gefäße bezeichnet man als
Kapillaren. Sie umschließen die Organe
wie ein dichtes Netz und ermöglichen
20 die Abgabe von Sauerstoff und Nährstoffen an die Zellen. Gleichzeitig können Kohlenstoffdioxid und Abfallstoffe
aus den Zellen ins Blut der Kapillaren
aufgenommen werden. Man bezeich-
25 net dies als Stoffaustausch.

Venen • Alle Blutgefäße, die das Blut
zum Herzen transportieren, werden
Venen genannt. Das Blut von den
Organen und Muskeln wird in den
30 Venen gesammelt. Diese Blutgefäße
transportieren das Blut zum Herzen
zurück. Das Blut vom Kopf und dem
Oberkörper fließt durch die obere
Hohlvene zurück zum Herzen, das Blut
35 der inneren Organe des Bauchraums
und der Gliedmaßen über die untere
Hohlvene. Beide Hohlvenen münden
in den rechten Vorhof des Herzens.

Arterien • Alle Blutgefäße, die das Blut
40 vom Herzen weg transportieren, nennt
man Arterien. Auf der rechten Seite
des Herzens wird das sauerstoffarme
Blut über die Lungenarterie in die
beiden Lungenflügel gepumpt. In den
45 Lungenflügeln verzweigen sich die
Blutgefäße in ein engmaschiges
Kapillarnetz, das die Lungenbläschen
umgibt. Kohlenstoffdioxid tritt aus
dem Blut in die Lungenbläschen über
50 und Sauerstoff aus den Lungenbläschen ins Blut. Über die Lungenvene
gelangt das nun mit Sauerstoff ange-
reicherte Blut in die rechte Seite des
Herzens. Von dort wird das sauerstoff-
55 reiche Blut in die größte Arterie des
Körpers, die Aorta, gepumpt. Der Blutkreislauf ist geschlossen und beginnt
von Neuem.

Zwei Kreisläufe • Das Blut gibt im
60 Körper Sauerstoff an die Zellen ab und
nimmt gleichzeitig Kohlenstoffdioxid
auf. In der Lunge ist es jedoch umgekehrt, Kohlenstoffdioxid wird abgegeben und Sauerstoff aufgenommen.
65 Das Kohlenstoffdioxid wird über die
Lunge ausgeatmet. Der menschliche
Körper besitzt also einen Körperkreislauf und einen Lungenkreislauf. Wir
bezeichnen dies als doppelten Blut-
70 kreislauf.

> Der Blutkreislauf ist in einen
> Körper- und einen Lungenkreislauf
> getrennt. Arterien befördern Blut
> immer vom Herzen weg, Venen
> immer zum Herzen hin.

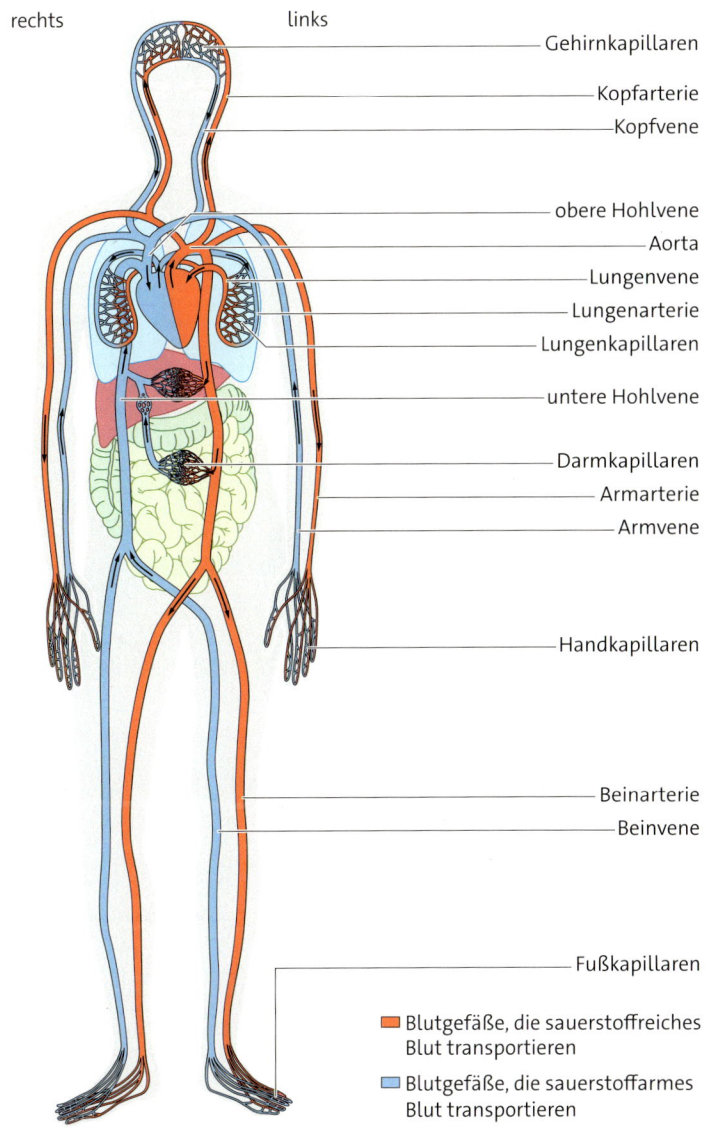

rechts   links

Gehirnkapillaren
Kopfarterie
Kopfvene
obere Hohlvene
Aorta
Lungenvene
Lungenarterie
Lungenkapillaren
untere Hohlvene
Darmkapillaren
Armarterie
Armvene
Handkapillaren
Beinarterie
Beinvene
Fußkapillaren

■ Blutgefäße, die sauerstoffreiches
Blut transportieren
■ Blutgefäße, die sauerstoffarmes
Blut transportieren

2   Blutkreislauf des Menschen

Aufgaben

1 ○ Nenne die verschiedenen Typen
von Blutgefäßen.

2 ◗ Erkläre die Funktion des Lungen-
kreislaufs.

Der Blutkreislauf

Material A

Der Blutkreislauf

In Bild 1 ist der Blutkreislauf vereinfacht dargestellt.

1 ○ Nenne die mit Ziffern gekennzeichneten Bereiche des Blutkreislaufs.

2 ◐ Beschreibe den Weg des Blutes durch den Körper. Beginne bei der 1.

3 ◐ Erkläre, was in den Bereichen 2 und 4 im Blutkreislauf passiert.

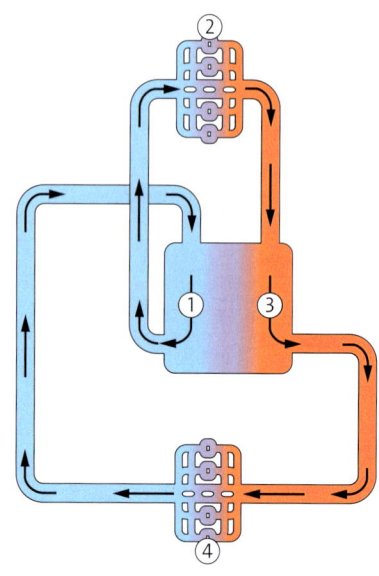

1 Blutkreislauf

Material B

Arterien

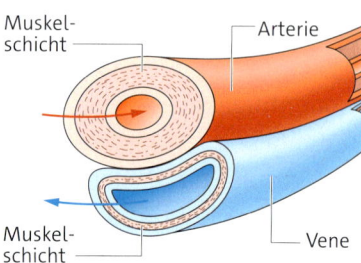

Muskelschicht — Arterie

Muskelschicht — Vene

2 Blutfluss in Arterien

1 Betrachte Bild 2.
a ○ Beschreibe den Bau einer Arterie.
b ◐ Beschreibe, wie das Blut in der Arterie transportiert wird.

Material C

Blutfluss in der Vene

Beim langen Sitzen an einem Schreibtisch kann es zu geschwollenen Beinen und Füßen kommen. Wenn man die Beine bewegt, gehen die Schwellungen wieder zurück.

Venenklappen Im Unterschied zu Arterien sind viele der kleinen und mittelgroßen Venen mit Venenklappen ausgestattet, damit das Blut nicht zurückfließt.

4

→ Fließrichtung des Blutes in der Vene

Venenklappe (geschlossen) — Skelettmuskel — Venenklappe (offen)

3 Muskeln unterstützen den Blutfluss.

1 ○ Beschreibe den Bau einer Vene. → 3

2 ◐ Beschreibe mithilfe von Bild 3, wie das Blut in den Venen transportiert wird.

3 ◐ Stelle Vermutungen an, welche Folgen mangelnde Bewegung auf den Blutkreislauf haben kann.

4 ◐ Leite für dich selbst Verhaltensregeln ab, wenn du zum Beispiel längere Zeit im Flugzeug sitzt.

Herz-Kreislauf-Erkrankungen

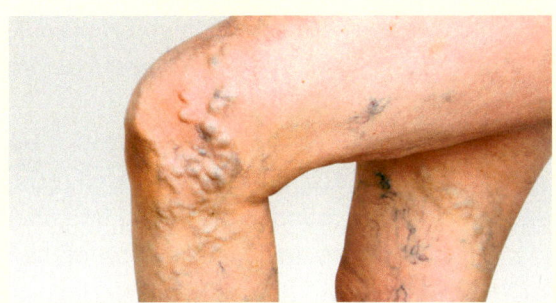

5 Krampfadern

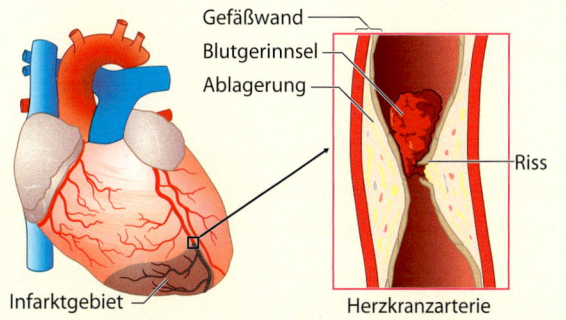

Gefäßwand
Blutgerinnsel
Ablagerung
Riss
Infarktgebiet
Herzkranzarterie

6 Herzinfarkte entstehen durch verstopfte Gefäße.

Erkrankungen der Venen • Mangelnde Bewegung kann die Ursache für geringen Blutfluss in den Venen sein. Das Blut staut sich dann in den Venen der Beine. Die Venen erweitern sich
5 dadurch stark, sodass sich die Venenklappen nicht mehr schließen und den Rückfluss des Blutes nicht mehr verhindern können. Oft erkennt man dann ein blau schimmerndes Blutgefäß unter der Haut. Man bezeichnet es
10 als Krampfader. → 5 Im gestauten Blut kann sich ein Blutgerinnsel bilden, das die Vene verstopft. Löst sich ein Blutgerinnsel und gelangt mit dem Blutstrom in die Kapillaren, kann es dort zu Durchblutungsstörungen
15 kommen.

Erkrankungen der Arterien • An den Wänden der Arterien können sich Fett und Kalk ablagern. Diese Verhärtung der Gefäßwände wird als Arterienverkalkung bezeichnet. Dadurch
20 kann die Arterienwand leichter einreißen. Durch weitere Ablagerungen können die Arterien verengt oder sogar verstopft werden. Rauchen fördert die Entstehung solcher Ablagerungen in den Arterien.

25 **Herzinfarkt und Schlaganfall** • Ist ein Herzkranzgefäß verstopft , wird ein Teil des Herzens nicht mehr mit Blut versorgt und erhält daher auch keinen Sauerstoff. Dieser Bereich stirbt dann ab, man spricht von einem Herz-
30 infarkt. → 6 Sind große Bereiche betroffen, kann das Herz sogar aufhören zu schlagen. Verstopfen Blutgefäße im Gehirn, spricht man von einem Schlaganfall. Er kann zu schwerwiegenden Behinderungen führen. Oft enden
35 Herzinfarkt und Schlaganfall tödlich.

> Mangelnde Bewegung und Rauchen fördern die Entstehung von Herz-Kreislauf-Erkrankungen. Blutgefäße können sich verengen und verstopfen. Herzinfarkt und Schlaganfall können die Folge sein.

Aufgaben

1 ◗ Erkläre die Entstehung eines Herzinfarkts.

2 ● Überlege dir Maßnahmen, um Herz-Kreislauf-Erkrankungen vorzubeugen.

Das Herz

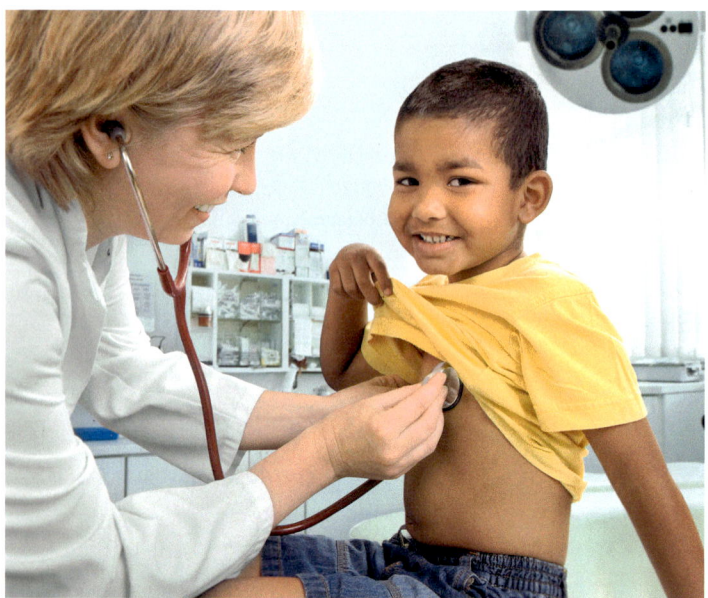

1 Untersuchung beim Arzt

Bei einer ärztlichen Untersuchung, hört der Arzt oft die Brust ab. Er achtet dabei auf die Herztöne. Welche Rück-schlüsse kann er dadurch über den Bau
5 und die Funktion des Herzens ziehen?

Lage • Das Herz befindet zwischen den beiden Lungenflügeln, es ist leicht nach links versetzt. Es liegt also mit-ten im Brustkorb direkt hinter dem
10 Brustbein. Das Herz wird vom Herz-beutel umgeben, der das Herz an sei-nem Platz hält.

Bau • Das Herz ist ein etwa faustgro-ßer Muskel, in dem sich mehrere Hohl-
15 räume befinden. Bei einem Erwachse-nen wiegt das Herz etwa 300 Gramm, so viel wie drei Tafeln Schokolade. Der Innenraum des Herzens besteht aus insgesamt vier Hohlräumen. Jeweils
20 zwei davon sind miteinander verbun-den. Die beiden großen Hohlräume bezeichnet man als Herzkammern. Sie werden durch die Herzscheide-wand voneinander getrennt. Über
25 den Herzkammern liegt jeweils eine wesentlich kleinere Kammer, der Vor-hof. → 2

Anschluss und Ventile • In den rechten Vorhof münden die untere und obere
30 Hohlvene, in den linken Vorhof die Lungenvene. Aus der linken Herzkam-mer führt die große Hauptschlagader, die Aorta, in den Körper. Aus der rech-ten Herzkammer kommt hingegen die
35 Lungenarterie. Bei einem Herzschlag werden die Taschenklappen, die wie ein Ventil einen Rückfluss von Blut ins Herz verhindern, geöffnet. Zwischen einer Herzkammer und ihrem Vorhof
40 liegt jeweils eine sogenannte Segel-klappe.

Steuerung des Herzens • Wenn das Herz nicht schlägt, fließt kein Blut durch die Adern. Damit käme der
45 gesamte Blutkreislauf zum Erliegen. Dies hätte vor allem für das Gehirn schlimme Folgen: Sechs Sekunden ohne Sauerstoffzufuhr kann zu Bewusstlosigkeit führen, einige Minu-
50 ten können dauerhafte Schäden ver-ursachen. Das Herz muss daher ohne Unterbrechung ein Leben lang schla-gen. Das gilt auch, wenn der Körper bewusstlos ist, beispielsweise im
55 Schlaf. Deshalb wird der Herzschlag von einem eigenen Zentrum im Her-zen gesteuert. Es kontrolliert unab-hängig vom Gehirn den Herzschlag.

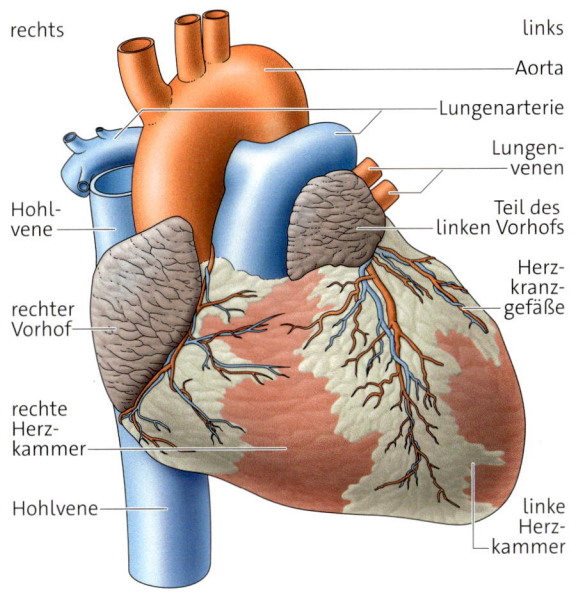

rechts   links

- Aorta
- Lungenarterie
- Lungenvenen
- Teil des linken Vorhofs
- Herzkranzgefäße

Hohlvene

rechter Vorhof

rechte Herzkammer

Hohlvene

linke Herzkammer

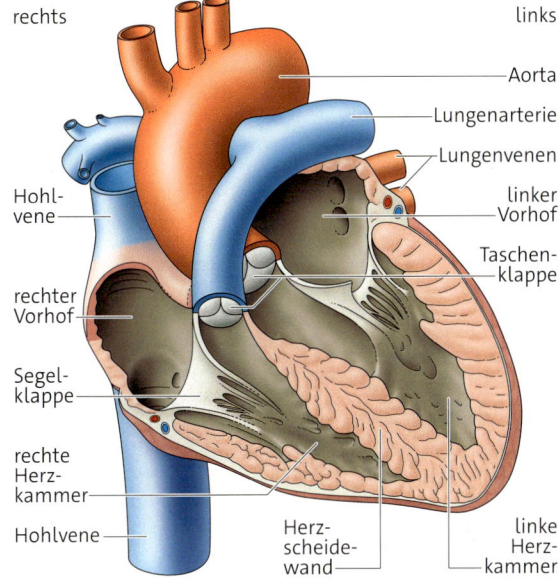

rechts   links

- Aorta
- Lungenarterie
- Lungenvenen
- linker Vorhof
- Taschenklappe

Hohlvene

rechter Vorhof

Segelklappe

rechte Herzkammer

Hohlvene

Herzscheidewand

linke Herzkammer

2   Aufbau des Herzens

Herzschlagvolumen • Bei einem Erwachsenen, der sich nicht körperlich anstrengt, schlägt das Herz etwa 70-mal pro Minute. Dabei werden pro Tag etwa 7 000 Liter Blut durch den Körper bewegt. Das Herz muss mehr Kraft aufbringen, um das Blut aus der linken Herzkammer durch die Aorta in den ganzen Körper zu pumpen als aus der rechten Herzkammer über die Lungenarterien in die Lungen. Daher ist der Herzmuskel auf der linken Seite wesentlich größer als auf der rechten.

Versorgung des Herzens • Auch das Herz muss mit Energie versorgt werden. Seine Versorgung erfolgt nicht durch das in den Herzkammern und Vorhöfen transportierte Blut, sondern durch ein Adergeflecht, das die Herzoberfläche durchzieht. Diese als Herzkranzgefäße bezeichneten Blutgefäße zweigen von der Aorta ab und liefern dem Herzmuskel Sauerstoff und Nährstoffe. Sie entfernen Kohlenstoffdioxid und Abfallstoffe vom Herzen.

> Das Herz ist ein Hohlmuskel. Es schlägt etwa 70-mal pro Minute. Die linke Seite des Herzens ist größer als die rechte. Die Versorgung des Herzens erfolgt durch die Herzkranzgefäße.

Aufgaben

1 ○ Nenne die einzelnen Bestandteile des Herzens mit ihren jeweiligen Aufgaben.

2 ◐ Begründe, warum die linke Seite des Herzmuskels dicker sein muss als die rechte.

Das Herz

Funktionsweise des Herzens

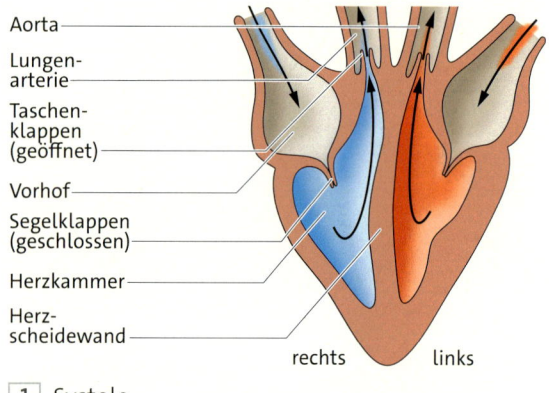

Aorta
Lungen-
arterie
Taschen-
klappen
(geöffnet)
Vorhof
Segelklappen
(geschlossen)
Herzkammer
Herz-
scheidewand

rechts links

1 Systole

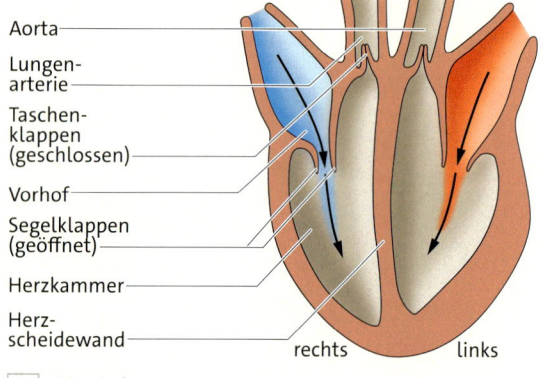

Aorta
Lungen-
arterie
Taschen-
klappen
(geschlossen)
Vorhof
Segelklappen
(geöffnet)
Herzkammer
Herz-
scheidewand

rechts links

2 Diastole

Öffnen und Schließen der Herzklappen • Die Herzmuskeln ziehen sich zusammen und pumpen Blut aus der linken Herzkammer in die Aorta und aus der rechten Herzkammer in die Lungenarterie. Dabei werden die Taschen-klappen geöffnet und gleichzeitig die Segel-klappen geschlossen, so kann das Blut nicht zurückfließen. Die Herzklappen funktionieren wie Ventile. Gleichzeitig entspannt sich die Muskulatur der beiden Vorhöfe, sodass Blut aus den Hohlvenen hineinfließen kann. Diesen Vorgang, bei dem Blut aus den Herz-kammern in die Arterien gepumpt wird, nennt man Systole. → 1 Die Systole findet in beiden Herzhälften gleichzeitig statt. Danach entspannt sich die Muskulatur der Herzkam-mern wieder, diese weiten sich und Blut kann aus den Vorhöfen hineinströmen. Dabei sind die Segelklappen geöffnet und die Taschenklappen geschlossen. Diesen Vorgang, bei dem Blut aus beiden Vorhöfen gleichzei-tig in die Herzkammern fließt, nennt man Diastole. → 2

Druck-Saug-Pumpe • Im ständigen Wechsel pumpt das Herz Blut in die Arterien und saugt es aus den Venen ins Herz. Ein Druck-Saug-Vorgang dauert etwa 1 Sekunde. Dies bezeich-net man als Herzzyklus. Die Fließrichtung des Blutes im Herzen wird durch das Öffnen und Schließen der Herzklappen bestimmt. → 1 2

Herztöne • Mit einem Stethoskop kann man das Schließen der Klappen als Herztöne hören. Beim Schließen der Segelklappen zu Beginn der Systole hört man einen dumpfen Ton. Das Schließen der Taschenklappen am Ende der Systole klingt etwas heller.

Das Herz arbeitet wie eine Druck-Saug-Pumpe. Ein Herzzyklus besteht aus Systole und Diastole.

Aufgabe

1 🔖 Erkläre, warum das Herz wie eine Druck-Saug-Pumpe arbeitet.

Pulsmessung

Wenn sich der Herzmuskel zu-
sammenzieht, steigt der Blutdruck in den Arterien. Es entsteht eine Druckwelle, die
durch die Arterie wandert. Diese ist als Puls zum Beispiel am
Handgelenk fühlbar. Die Anzahl der Pulsschläge pro
Minute entspricht dabei der
Anzahl der Herzschläge pro
Minute, also der Herzfrequenz.

Materialliste: Stoppuhr

1 ◯ Setze dich ruhig auf einen
Stuhl. Ertaste an deinem
Handgelenk den Pulsschlag
mit Zeige- und Mittelfinger.
→ 3

2 ◯ Miss deinen Ruhepuls.
Zähle dafür die Pulsschläge
1 Minute lang und über-
trage dein Ergebnis in die
Tabelle. → 4

3 ◯ Miss deinen Belastungs-
puls. Mache dafür nun 20
Kniebeugen und miss direkt
danach wieder deinen
Pulsschlag. Trage deine
Ergebnisse in die Tabelle
ein. → 4

4 ◐ Erkläre die Ergebnisse der
beiden Pulsmessungen.

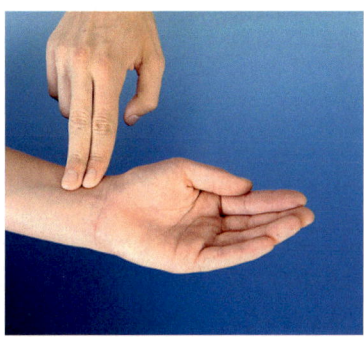

3 So misst man den Puls.

	Anzahl der Pulsschläge pro Minute
Puls in Ruhe (Ruhepuls)	...
Puls nach Belastung (Belastungspuls)	...

4 Tabelle für die Pulsmessung

Das Herz

1 ◯ Benenne die mit 1–7 gekennzeichneten Teile des
Herzens. → 5

2 ◐ Beschreibe die Lage und
die Aufgabe der Segelklappen.

3 ● Begründe, warum die linke
Seite des Herzmuskels dicker
ist als die rechte Seite.

4 In das abgebildete Schema
des Herzens sind zwei Pfeile
eingezeichnet. Sie stellen
den Blutfluss zu einem ge-
wissen Zeitpunkt des Herzzyklus dar.
a ● Begründe, ob sich das abgebildete Herz in der Systole
oder der Diastole befindet.
b ● Stelle Vermutungen an,
weshalb der Herzzyklus in
beiden Herzhälften gleichzeitig stattfindet.

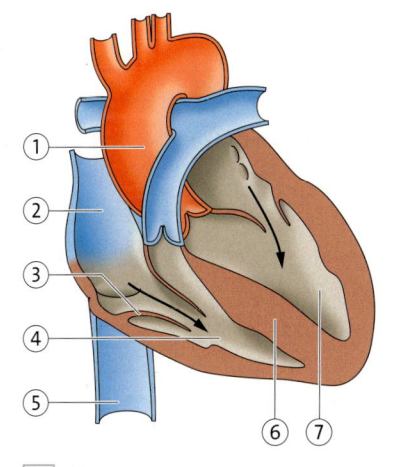

5 Herz

Das Blut und seine Bestandteile

1 Wunden können bluten.

Vielleicht bist du beim Sport schon einmal gestürzt und hast dich verletzt. Aus einer Wunde tritt Blut aus. Woraus besteht Blut und welche Aufgaben hat es im Körper?

5

Aufgaben des Blutes • Das Blut in unserem Körper hat vielfältige Aufgaben. Es transportiert Sauerstoff und Nährstoffe zu den Organen, aber auch Kohlenstoffdioxid und Abfallstoffe von den Organen weg, damit diese Stoffe aus dem Körper ausgeschieden werden können. Außerdem wird durch das Blut die Körperwärme in alle Teile des Körpers transportiert.

10

15

Bestandteile des Blutes • Im Körper eines Erwachsenen befinden sich etwa sechs Liter Blut. Auf den ersten Blick sieht es aus wie eine rote Flüssigkeit.

56 Prozent
flüssige
Blutbestandteile

44 Prozent
feste
Blutbestandteile

2 Zusammensetzung des Blutes

20 Lässt man Blut längere Zeit unter Luftabschluss stehen, setzt sich nach unten eine rote Schicht ab. → 2 In dieser Schicht befinden sich die festen Bestandteile des Blutes. Darüber bildet sich eine leicht gelbliche Schicht, das Blutplasma. In dieser Flüssigkeit sind viele Stoffe gelöst, vor allem Nährstoffbausteine, Mineralstoffe und Vitamine.

25

Rote Blutkörperchen • Im Mikroskop kann man verschiedene Blutzellen erkennen. → 3 Sie bilden die festen Blutbestandteile. Die roten Blutkörperchen geben dem Blut seine rote Farbe. Sie sind sehr klein und nur im Mikroskop zu sehen. Sie haben eine typische eingedellte Form und enthalten einen besonderen Farbstoff, das Hämoglobin. Durch diesen Farbstoff

30

35

das Blut
das Blutplasma
die roten Blutkörperchen
die weißen Blutkörperchen
die Blutplättchen

40 sehen diese Blutkörperchen rot aus.
Das Hämoglobin kann Sauerstoff binden. Dadurch können roten Blutkörperchen Sauerstoff zu den Organen transportieren.

45 Den Sauerstoffgehalt des Blutes kann
man an seiner Farbe erkennen. Sauerstoffreiches Blut ist eher leuchtend
hellrot, dagegen ist sauerstoffarmes
Blut eher dunkelrot.

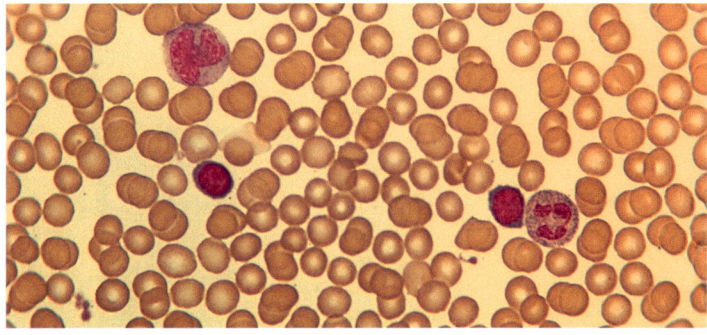

3 Blutausstrich im Mikroskop

50 **Weiße Blutkörperchen** • Eine Vielzahl
von Krankheitserregern wie Bakterien
dringen täglich in den Körper ein. Der
Körper erkennt die Erreger und be-
kämpft sie.

55 Die weißen Blutkörperchen sind ein
wichtiger Teil dieses Abwehrsystems.
Sie können beispielsweise Bakterien
umschließen und vernichten.

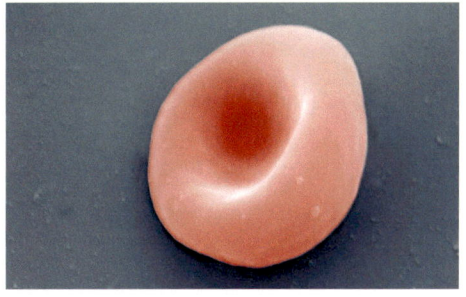

4 Rotes Blutkörperchen

Blutplättchen • Wenn wir uns verlet-
60 zen, tritt Blut aus der Wunde aus. Diese
Blutung hört nach kurzer Zeit wieder
auf. Dafür sind die Blutplättchen verantwortlich, sie heften sich aneinander
und verkleben so die Wunde.

> Blut besteht aus Blutplasma und
> festen Blutbestandteilen wie roten
> und weißen Blutkörperchen sowie
> Blutplättchen. Blut transportiert
> Stoffe und Wärme durch den Körper.

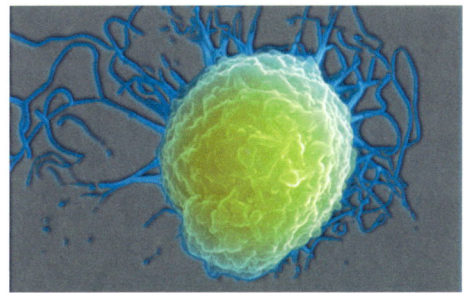

5 Weißes Blutkörperchen

Aufgabe

1 ◯ Notiere die Bestandteile des
Blutes und ihre Aufgaben in einer
Tabelle.

6 Blutplättchen

Das Blut und seine Bestandteile

Material A

Farbe des Blutes

Unser Blut besitzt je nach Sauerstoffgehalt eine andere Rotfärbung.

1 ○ Ordne den beiden Blutproben die Begriffe „sauerstoffreich" und „sauerstoffarm" zu.

1 Blutprobe A

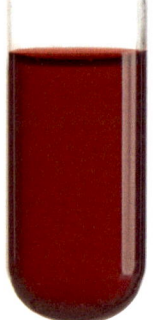

2 Blutprobe B

2 ◐ Begründe deine Zu-ordnungen mithilfe der Blutbestandteile.

3 ● Begründe, wo man hell-rotes und wo dunkelrotes Blut im Körper findet.

Material B

Blutbilder

In Bild 4 sind zwei Blutaus-striche von zwei unterschied-lichen Personen abgebildet. Bei Bild A handelt es sich um eine normale Person, bei Bild B um einen Leistungs-sportler, der einige Zeit in einem Höhentrainingslager verbracht hat.

4 Blutausstriche

In großer Höhe wie auf Berggipfeln ist die Luft „dünner" als in tiefer liegen-den Gebieten. Auf Berg-gipfeln ist weniger Sauerstoff in der Luft vorhanden.

3

1 ○ Benenne die in Bild 4 erkennbaren festen Blut-bestandteile.

2 ◐ Vergleiche die beiden Blutausstriche miteinander.

3 ◐ Erkläre, welche Auswir-kungen die Zusammen-setzung des Blutes für einen Leistungssportler hat.

4 ● Erläutere anhand von Bild 4 den Sinn eines Höhen-trainings für Sportler. → 3

Material C

Richtig oder falsch?

1 Lies die Aussagen A–F in Bild 5.
 ○ Entscheide, welche Aussagen richtig und welche Aussagen falsch sind.

2 ◖ Formuliere die falschen Aussagen so um, dass sie richtig sind.

A Im Blutplasma werden Sauerstoff und Kohlenstoffdioxid transportiert.

B Das Blut hat seine typische rote Farbe durch das Hämoglobin.

C Die roten Blutkörperchen bekämpfen Krankheitserreger.

D Die Blutplättchen gehören zu den festen Bestandteilen des Blutes. Sie sorgen für den Wundverschluss.

E Das Blut hat die Aufgabe, Körperwärme und Stoffe zu transportieren.

F Ein Erwachsener hat etwa 4 Liter Blut. Etwa 55 Prozent des Blutes besteht aus festen Blutbestandteilen.

5

Material D

Stoffaustausch

1 ○ Benenne die mit Ziffern gekennzeichneten Teile in Bild 6.

2 ◖ Ordne den Pfeilen mit den Buchstaben A–F folgende Stoffe zu: Sauerstoff, Wasser, Nährstoffbausteine, Abfallstoffe, Kohlenstoffdioxid. Beachte, dass einige Begriffe mehrmals zugeordnet werden müssen.

3 ◖ Erkläre mithilfe von Bild 6 die Aufgabe der roten Blutkörperchen.

4 ◖ Erkläre, wie der Stoffaustausch zwischen Geweben ermöglicht wird.

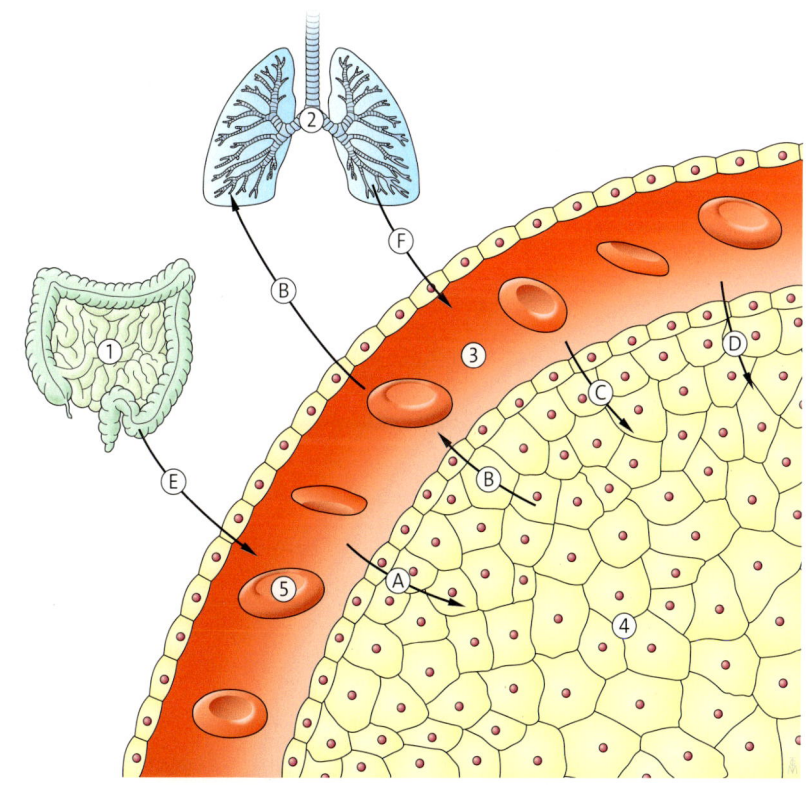

6 Stoffaustausch zwischen Blut und Gewebe

Die Lunge – Atmung und Gasaustausch

1 Jugendlicher außer Atem

Wenn wir Sport treiben, kommen wir „aus der Puste". Wir atmen schneller. Wohin gelangt die Luft beim Atmen und was geschieht mit ihr?

5 **Sauerstoff ist lebensnotwendig** • Jede Zelle des Körpers benötigt Sauerstoff, um in den Mitochondrien Energie für alle wichtigen Lebensvorgänge zu erzeugen. Dabei entsteht Kohlenstoff-
10 dioxid als Nebenprodukt. Bei sportlicher Aktivität wird mehr Energie benötigt, deswegen wird auch mehr Sauerstoff gebraucht. Wir atmen deshalb schneller.

15 **Weg der Atemluft** • Beim Atmen strömt die Luft durch den Mund oder die Nasenlöcher. Beim Einatmen durch die Nase gelangt die Luft zunächst in die Nasenhöhle. Dort wird sie angefeuchtet
20 und erwärmt. Die Nasenhaare fangen größere Staubteile ein. Durch Naseputzen können diese Fremdkörper entfernt werden. Über die Nasenhöhle und den Rachen gelangt die Luft in die etwa
25 zwölf Zentimeter lange Luftröhre. Am unteren Ende verzweigt sich die Luftröhre in zwei Äste, die Bronchien. → 2

Lunge und Gasaustausch • Die Lunge besteht aus zwei Lungenflügeln, die
30 rechts und links vom Herzen liegen. In den Lungenflügeln verzweigen sich die Bronchien zu vielen kleinen Ästen. An den Enden dieser Äste befinden sich winzige, traubenförmig angeordnete
35 Lungenbläschen. Sie sind von einem dichten Netz aus Blutgefäßen umgeben. In den Lungenbläschen findet der Austausch der Atemgase statt. Bei diesem Gasaustausch wird Sauerstoff ins
40 Blut aufgenommen. Kohlenstoffdioxid wird abgegeben und kann dann aus dem Körper ausgeatmet werden.

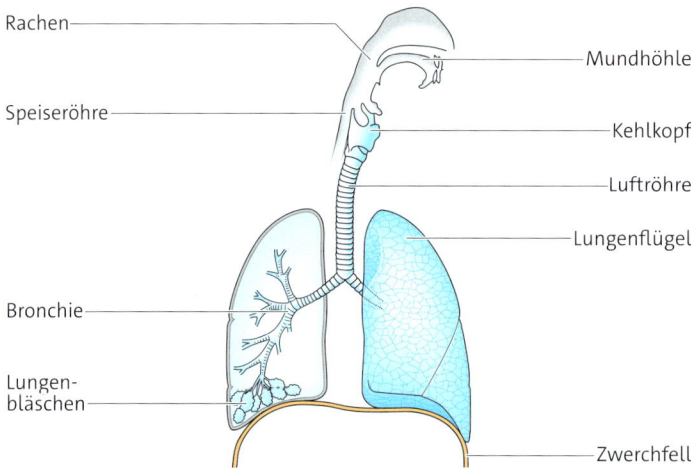

Rachen

Speiseröhre

Bronchie

Lungen-
bläschen

Mundhöhle

Kehlkopf

Luftröhre

Lungenflügel

Zwerchfell

2 Die Atmungsorgane

Atembewegungen • Die Lunge kann ihre Größe und damit auch ihr Volu-
45 men ändern. So sorgt sie für das Ein- und Ausströmen der Luft. Dies gelingt ihr auf zwei unterschiedliche Arten.

Bauchatmung • Wenn sich das in den
50 Brustraum gewölbte Zwerchfell zu-sammenzieht, wird es flacher. Der Brustraum vergrößert sich dadurch. → 2 Die Lunge folgt dieser Bewegung und erweitert sich. Dadurch wird Luft
55 angesaugt.

Brustatmung • Wenn sich die Muskeln zwischen den Rippen zusammenzie-hen, heben sich die Rippen und damit der Brustkorb. Dadurch wird der Brust-
60 raum vergrößert und die Lunge er-weitert sich. Durch die Brustraumver-größerung wird Luft angesaugt.

> Die Luft gelangt über Mund oder Nase, Rachen, Luftröhre und Bronchien in die Lunge. In den Lungenbläschen findet der Gas-austausch statt.

Aufgaben

1 ○ Beschreibe den Weg der Atemluft von der Nase bis in die Lungenbläs-chen. Erstelle dazu ein Fließschema.

2 ◐ Beschreibe den Gasaustausch in der Lunge.

3 ◐ Erkläre, warum wir atmen.

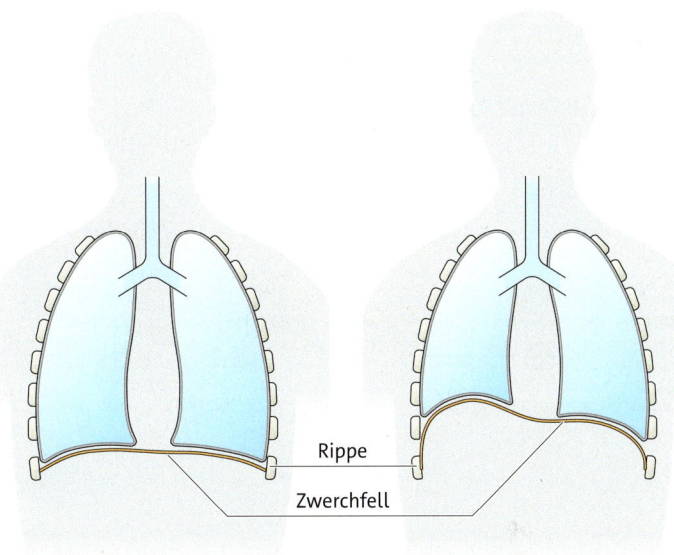

A eingeatmet   ausgeatmet

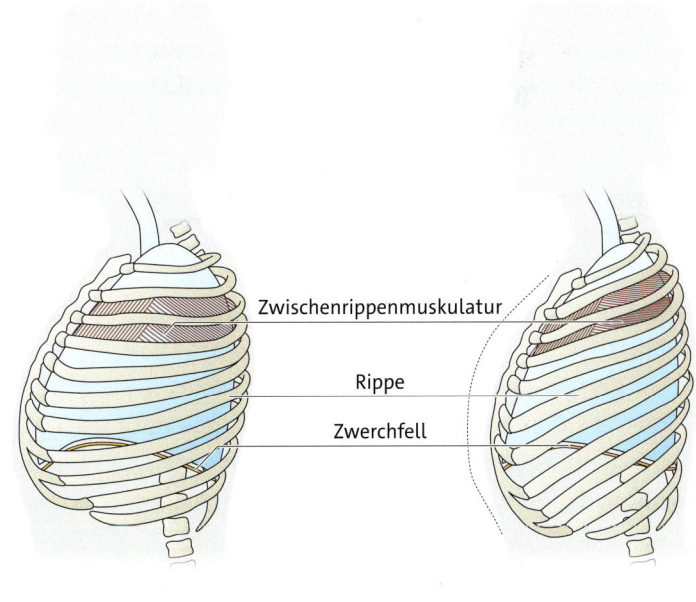

B eingeatmet   ausgeatmet

3 Atembewegungen: **A** Bauchatmung, **B** Brustatmung

Die Lunge – Atmung und Gasaustausch

Der Gasaustausch

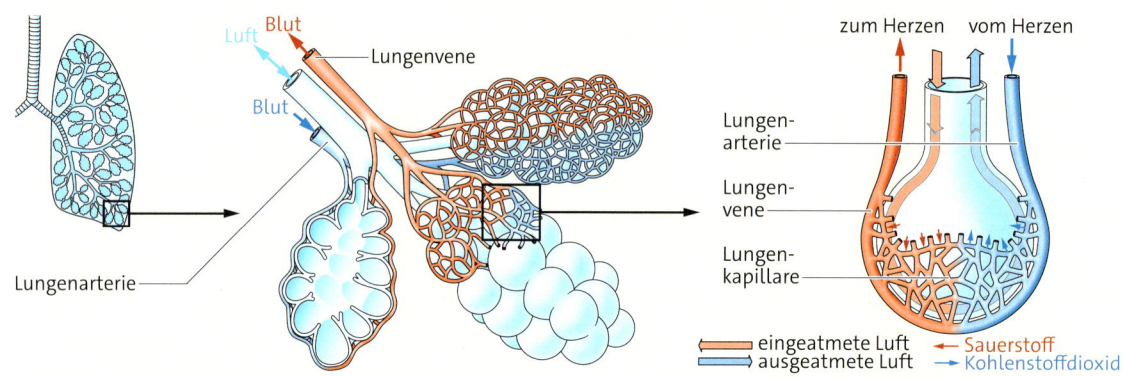

1 Gasaustausch am Lungenbläschen

Luft • In der Luft sind 78 Prozent Stickstoff enthalten. Von etwa 100 Litern Luft sind also etwa 78 Liter Stickstoff. Beim Einatmen sind in der Luft etwa 21 Prozent Sauerstoff enthalten,
5 in der ausgeatmeten Luft nur noch 17 Prozent. Beim Kohlenstoffdioxid sind es beim Einatmen deutlich weniger als 1 Prozent und beim Ausatmen 4 Prozent. In der Lunge geschieht also etwas mit der Luft.

10 **Gasaustausch** • In der Lunge wird der Luft Sauerstoff entnommen, gleichzeitig wird sie mit Kohlenstoffdioxid angereichert. Dieser Gasaustausch findet zwischen den Lungenbläschen und den Lungenkapillaren statt. Die
15 Lungenbläschen sind dazu von einem sehr dichten Kapillarnetz umgeben. Die Wände der Lungenbläschen und der Kapillaren sind sehr dünn, dadurch können Stoffe hindurchgelangen. Für Kohlenstoffdioxid und Sauerstoff
20 sind die Wände durchlässig. Die übrigen Bestandteile des Blutes sind jedoch zu groß und können die Wände nicht durchdringen.

Das Blut in den Lungenkapillaren kommt aus dem Körper und enthält daher viel Kohlen-
25 stoffdioxid. Der Sauerstoffgehalt ist dagegen gering. In den Lungenbläschen ist es genau umgekehrt, der Sauerstoffgehalt ist hoch und der Kohlenstoffdioxidgehalt gering. Diese Unterschiede werden ausgeglichen: Kohlenstoff-
30 dioxid tritt aus dem Blut in die Lungenbläschen über, gleichzeitig kommt Sauerstoff aus den Lungenbläschen ins Blut. Durch diesen Gasaustausch enthält die Ausatemluft mehr Kohlenstoffdioxid und weniger Sauerstoff als
35 die Luft beim Einatmen.

> In den Lungenbläschen findet der Gasaustausch statt. Sauerstoff tritt von den Lungenbläschen ins Blut über, Kohlenstoffdioxid vom Blut in die Lungenbläschen.

Aufgabe

1 ● Erkläre mithilfe von Bild 1 den Gasaustausch an den Lungenbläschen.

Material A

Lungenvolumen

Materialliste: 5-L-Becherglas, Glaswanne mit Wasser, Schlauch, Mundstücke, Deckel für Becherglas

1 Fülle die Glaswanne zur Hälfte mit Wasser. Fülle das Becherglas bis zum Rand mit Wasser und decke es mit dem Deckel ab. Stelle es nun vorsichtig umgekehrt in die Glaswanne.

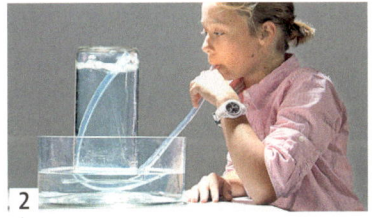
2

2 Führe das Ende des Schlauchs vorsichtig unter das Becherglas.

3 Hole so tief wie möglich Luft und blase so viel Luft, wie du kannst, durch den Schlauch in das Becherglas. Lies nun an der Skala auf dem Becherglas ab, wie viel Luft im Becherglas ist.

4 Halte dein Ergebnis fest.
a ○ Notiere, wie viel Luft im Gefäß ist und bestimme so dein Lungenvolumen.
b ○ Sammelt die Ergebnisse innerhalb eurer Klasse.
c ◕ Stelle Vermutungen an, welche mögliche Fehlerquellen dieser Versuch hat.

Material B

Ein- und Ausatemluft

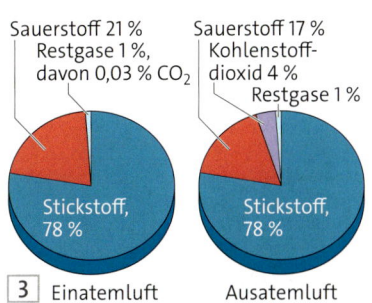

Sauerstoff 21 %
Restgase 1 %, davon 0,03 % CO_2

Sauerstoff 17 %
Kohlenstoffdioxid 4 %
Restgase 1 %

Stickstoff, 78 %

Stickstoff, 78 %

3 Einatemluft   Ausatemluft

1 Betrachte Bild 3.
a ○ Vergleiche die Zusammensetzung der Ein- und Ausatemluft miteinander.
b ◕ Erkläre die unterschiedlichen Zusammensetzungen.
c ● Begründe, warum bei der Ersten Hilfe die Beatmung mit Ausatemluft trotzdem hilft.

Material C

Bauchatmung im Modell

Ein Modell kann helfen, die Bauchatmung zu verstehen.

1 ○ Ordne die Bestandteile des Modells den entsprechenden Teilen des Körpers zu. Erstelle eine Tabelle.

2 ◕ Beschreibe, was passiert, wenn man die Gummihaut nach oben drückt.

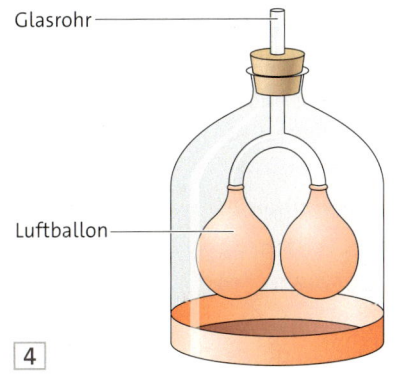
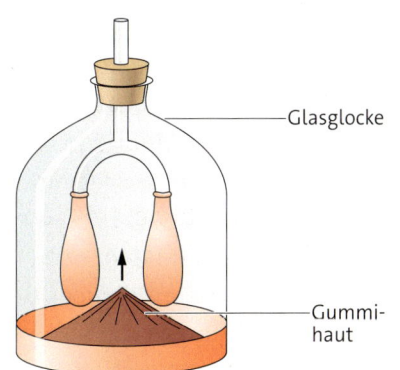

Glasrohr

Glasglocke

Luftballon

4

Gummihaut

3 ● Erkläre, weshalb sich die Luftballons füllen, wenn man die Gummihaut wieder loslässt.

Die Lunge – Atmung und Gasaustausch

Rauchen gefährdet die Gesundheit

1 Passivrauchen

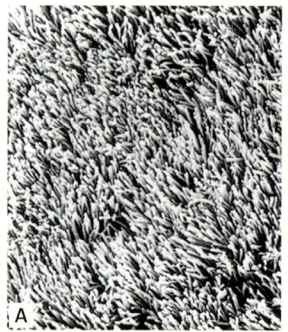

2 Flimmerhärchen: **A** gesund, **B** verklebt

Rauchen • Beim Rauchen einer Zigarette wird Tabak verbrannt. Dabei entstehen viele Schadstoffe. Diese werden eingeatmet und über das Blut durch den ganzen Körper transportiert.
5 Viele dieser Stoffe sind krebserregend. Ein Großteil der Lungenkrebserkrankungen ist auf das Rauchen zurückzuführen. Nichtraucher sind durch Passivrauchen gefährdet, dabei wird der Rauch von Rauchern eingeatmet. → 1

10 **Teer** • Die Schleimhaut der Bronchien besitzt kleine Flimmerhärchen. → 2 Diese können Fremdkörper wie Staub oder Krankheitserreger wie Bakterien durch Wellenbewegungen zum Rachen transportieren. Dort werden sie durch
15 Husten in den Mund befördert und können geschluckt oder ausgespuckt werden. Teer im Zigarettenrauch ist zum einen krebserregend, zum anderen verklebt er die Flimmerhärchen und kleinere Fremdkörper. Der Körper versucht,
20 die Verklebungen zu entfernen, wodurch ein typischer Hustenreiz entsteht, den man Raucherhusten nennt. Teer schädigt somit das Selbstreinigungssystem des Körpers.

Kohlenstoffmonooxid • Bei der Verbrennung
25 von Tabak entsteht das Gas Kohlenstoffmonooxid. Es bindet sich an die roten Blutkörperchen und verdrängt den Sauerstoff. Das führt zu Sauerstoffmangel in den Organen und verringert so die Leistungsfähigkeit des Körpers.

30 **Durchblutung** • Rauchen begünstigt die Ablagerung von Fetten und Kalk in den Blutgefäßen. Es entstehen Engstellen, durch die weniger Blut fließt. Dahinterliegende Gewebe
35 werden nicht mehr ausreichend mit Sauerstoff versorgt, dadurch geschädigt und altern schneller.
40 Ist die Schädigung weit fortgeschritten, können sogar ganze Gewebe absterben, wie beim soge-
45 nannten Raucherbein. → 3

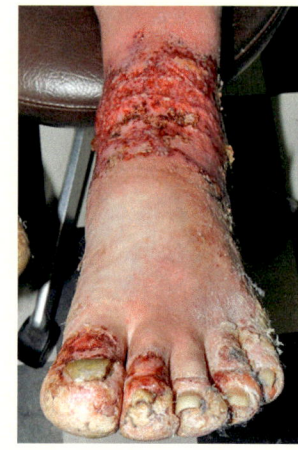

3 Raucherbein

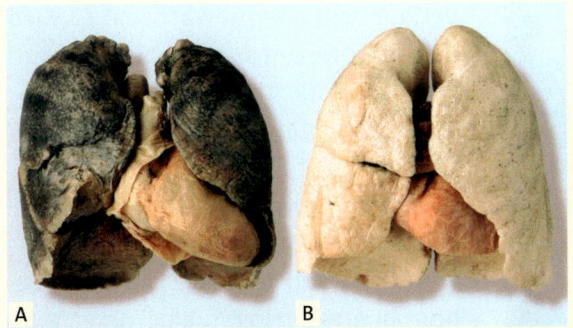

4 Lungen: **A** Raucherlunge, **B** gesunde Lunge

5 Warnhinweis auf einer Zigarettenschachtel

Warnhinweise • Auf Zigarettenschachteln befinden sich oft Hinweise auf mögliche Schäden und Krankheiten, die durch das Rauchen ausgelöst werden. Diese sollte man ernst nehmen.
→ 5

Sucht • Rauchen macht abhängig, denn Zigarettenrauch enthält den Suchtstoff Nikotin. Dieses starke Nervengift gelangt beim Rauchen über die Lunge ins Blut und von dort zu den Organen. Im Gehirn löst Nikotin das Verlangen nach der nächsten Zigarette aus.

Warum Jugendliche rauchen • Die meisten Jugendlichen sind neugierig: Wie fühlt sich das Rauchen an? Schmeckt das? Viele lassen nach den ersten Zigaretten die Finger davon. Andere rauchen weiter, um dazuzugehören. Sie wollen cool und angesagt sein. Dabei merken sie oft nicht, dass sie die Kontrolle über ihr Rauchverhalten verlieren und es zur Gewohnheit wird. Je länger man raucht, desto schwerer fällt es, damit aufzuhören. Daher sollte man am besten gar nicht anfangen zu rauchen.

Schwangere dürfen nicht rauchen • Durch das Rauchen während der Schwangerschaft werden die Schadstoffe auf das Kind übertragen. Die Gefahr von Fehlbildungen und sogar Fehlgeburten ist sehr stark erhöht.

Rauchen schädigt den gesamten Körper. Auch Nichtraucher sind gefährdet.

Aufgaben

1 ○ Nenne die Gefahren für die Atmungsorgane, die durch das Rauchen entstehen.

2 ◗ Eine Zigarettenschachtel mit 20 Zigaretten kostet etwa 5,50 Euro. Ein Durchschnittsraucher raucht etwa 15 Zigaretten am Tag. Berechne, wie viel Geld er im Monat für Zigaretten ausgibt.

3 ◗ Begründe die Berechtigung des Warnhinweises in Bild 5.

4 ● Nimm Stellung zu Bild 1.

Veränderungen in der Pubertät

1 Max und Lisa

Max wird 13 Jahre alt. Zu seinem Geburtstag möchte er wie in jedem Jahr eine Party feiern. Im vergangenen Jahr hatte er seine Klassenkameraden ein-
5 geladen und die Party war sehr schön. In den letzten Wochen hat er viel mit Lisa unternommen. Max findet sie nett. Sollte er sie zu seiner Party einladen?

Baustelle • Die Körper von Mädchen
10 und Jungen sind in der Kindheit abgesehen vom Bau der Geschlechtsorgane kaum voneinander zu unterscheiden. Zwischen dem 9. und dem 14. Lebensjahr ändert sich das. Dieser Zeitraum
15 wird Pubertät genannt. Mädchen und Jungen reifen in dieser Zeit zu Erwachsenen. Sie werden geschlechtsreif und können Kinder bekommen.

Verhalten • Auch das Verhalten ändert
20 sich. Mädchen verbringen nun viel Zeit mit anderen Mädchen in einer Gruppe. Auch die Jungen fühlen sich in einer Jungengruppe am wohlsten. Man möchte gemeinsam herumalbern, mit
25 anderen die gleichen Dinge tun und auch die gleiche Kleidung tragen. Im Verlauf der Pubertät wächst aber auch das Interesse am anderen Geschlecht und das Bedürfnis nach freundschaft-
30 licher Zuneigung.

Geschlechtshormone • Die Veränderungen in der Pubertät werden durch bestimmte Botenstoffe, die Geschlechtshormone, ausgelöst. Sie bewirken auch
35 die Reifung von Geschlechtszellen. Die Pubertät beginnt bei Mädchen meist etwas früher als bei Jungen, dieser Entwicklungsunterschied gleicht sich aber nach einigen Jahren wieder aus.

Im Zeitraum zwischen dem 9. und dem 14. Lebensjahr werden Mädchen und Jungen geschlechtsreif. Während dieser Zeit verändern sich der Körper und das Verhalten der Jugendlichen. Diese Zeit heißt Pubertät und wird durch Geschlechtshormone ausgelöst.

Aufgaben

1 ○ Beschreibe die Veränderungen in der Pubertät.

2 ◖ Nenne Veränderungen, die nicht sichtbar sind.

3 ◖ Gib Max einen Rat: Sollte er Lisa zu seiner Geburtstagsfeier einladen?

Material A

Körperliche Veränderungen während der Pubertät

Der Körper von Mädchen und Jungen verändert sich während der Pubertät.

1 ◐ Erstelle eine zweispaltige Tabelle. Liste für Mädchen und für Jungen die sichtbaren Veränderungen während der Pubertät auf.

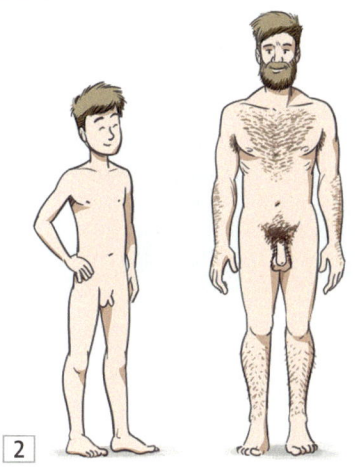 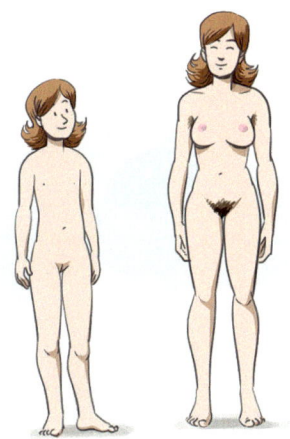

2

Material B

Wie man streitet

Zwischen Eltern und Kindern gibt es in der Pubertät häufig Meinungsverschiedenheiten. Manchmal entsteht so ein Streit.

3

1 ● Bildet Gruppen und berichtet, worüber häufig ein Streit zwischen Kindern und Eltern entsteht. Übt einen Streit als Rollenspiel ein. Führt die Rollenspiele in der Klasse vor.

2 Um einen Streit bei Meinungsverschiedenheiten zu vermeiden, sollte man folgende Regeln einhalten: Vorwürfe vermeiden, eigene Wünsche deutlich formulieren, die Wünsche des Gegenübers ernst nehmen, Kompromisslösungen suchen.
● Verändert euer Rollenspiel entsprechend den Regeln. Führt das veränderte Rollenspiel in der Klasse vor.

Material C

Gespräch

1 ◐ Schreibt getrennt voneinander (Jungen und Mädchen) jeder für sich jeweils drei Aussagen zu folgenden Sätzen auf eine Schreibfolie:
„Was wir schon immer von euch wissen wollten ...."
„Was wir euch schon immer einmal sagen wollten ...."

2 ◐ Tauscht die Folien zwischen Mädchen und Jungen aus und kommentiert sie schriftlich.

3 ◐ Besprecht die Ergebnisse gemeinsam in der Klasse.

Vom Jungen zum Mann

1 Wächst da schon der erste Bart?

In der Pubertät setzt bei Jungen der Bartwuchs ein. Zunächst zeigt sich ein dünner Haarflaum auf der Oberlippe. Welche körperlichen Veränderungen
5 gibt es sonst noch?

Der männliche Körper • In der Pubertät wächst der Körper von Jungen in die Länge. Die Schultern werden breiter. Die Muskeln entwickeln sich kräftiger
10 als bei Mädchen. Die Körperbehaarung nimmt zu. Oberhalb des Penis wachsen Schamhaare. Später bilden sich Achselhaare und Barthaare. Auch Brust, Bauch, Arme und Beine können
15 unterschiedlich stark behaart sein. Beim Stimmbruch wird aus der hohen Kinderstimme eine tiefe Männerstimme. Durch diese Veränderungen entstehen die sekundären Geschlechts-
20 merkmale.

Die Geschlechtsorgane • In der Pubertät werden Penis und Hoden größer.
2 In den Hoden reifen nun lebenslang männliche Geschlechtszellen, die
25 Spermienzellen. Sie werden in den Nebenhoden gespeichert. Sind die Nebenhoden gefüllt, werden Spermienzellen zusammen mit etwas Flüssigkeit nach außen abgegeben. Die Flüs-
30 sigkeit wird von der Vorsteherdrüse, der Prostata, und der Bläschendrüse gebildet. Spermienzellen und Flüssigkeit zusammen heißen Sperma. Muskeln drücken das Sperma durch den
35 Spermienleiter und die Harn-Sperma-Röhre nach außen. Das Ausstoßen des Spermas wird als Samenerguss bezeichnet. Mit dem ersten Samenerguss sind Jungen geschlechtsreif. Die Ge-
40 schlechtsorgane werden als primäre Geschlechtsmerkmale bezeichnet.

Die Erektion • Mit der Pubertät wird der Penis häufiger steif. Dabei staut sich Blut in den Blutgefäßen der
45 Schwellkörper. Der Penis wird dicker und länger. Er richtet sich auf. Dieser Vorgang wird Erektion genannt. Bei einer Erektion zieht sich die Vorhaut zurück, die sonst die berührungsemp-
50 findliche Eichel des Penis schützt. Die Berührung des Penis kann mit angenehmen Gefühlen verbunden sein, sodass es zu einem Samenerguss kommt. Dieser ist oft mit einem Ge-
55 fühlshöhepunkt, dem Orgasmus, verbunden.

Die Geschlechtszellen • Spermienzellen bestehen aus einem Kopfteil, einem Mittelstück und einem Schwanz. → [3]
60 Der Kopfteil enthält den Zellkern, der Schwanz dient der Fortbewegung und das Mittelstück liefert die Energie, die für die Fortbewegung benötigt wird.

> Die primären Geschlechtsmerkmale des Mannes sind die Geschlechtsorgane. Zu den sekundären Geschlechtsmerkmalen gehören der Körperbau, der Bartwuchs und die tiefe Stimme. In der Pubertät werden Jungen geschlechtsreif.

Aufgaben

1 ○ Beschreibe die Veränderungen der primären und sekundären Geschlechtsmerkmale in der Pubertät

2 ◐ Lege eine zweispaltige Tabelle an und trage die Namen der männlichen Geschlechtsorgane sowie ihre Aufgaben ein.

3 ● Beschreibe den Weg der Spermienzellen vom Hoden bis zum Austritt aus dem Penis.

[3] Eine Spermienzelle

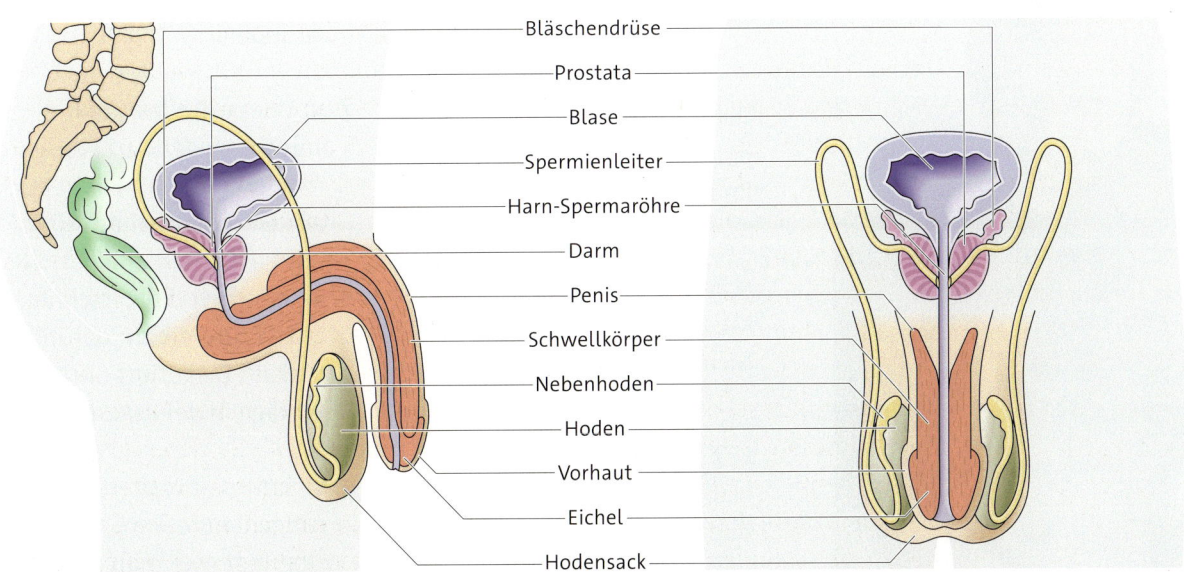

Bläschendrüse
Prostata
Blase
Spermienleiter
Harn-Spermaröhre
Darm
Penis
Schwellkörper
Nebenhoden
Hoden
Vorhaut
Eichel
Hodensack

[2] Die männlichen Geschlechtsorgane

Vom Jungen zum Mann

Material A

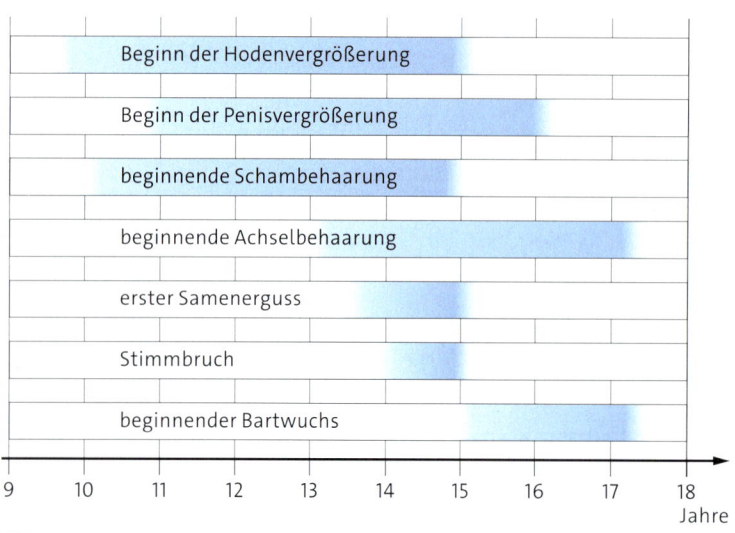

1 Körperliche Veränderungen bei Jungen

Pubertät bei Jungen

Während der Pubertät bilden sich bei Jungen die typischen körperlichen Merkmale eines Mannes aus.

1 ○ Beschreibe anhand von Bild 1 die körperlichen Veränderungen bei Jungen während der Pubertät.

2 ◗ Erkläre die Bedeutung der Pubertät für das spätere Erwachsenenleben.

Material B

2 Jan

Ein Mitschüler äußert sich abfällig über Jans Aussehen.

Eine Freundin seiner jüngeren Schwester findet ihn süß.

Schüler aus einer Parallelklasse sagen dauernd „Hey, Kleiner" zu ihm.

Er findet eine Mitschülerin nett, aber sie sagt: „Jungs sind doof."

3 Typische Äußerungen

Verhalten in der Pubertät

1 ○ Bildet eigenständig Gruppen.

2 ◗ Wie sollte Jan auf die verschiedenen Äußerungen reagieren? → 3 Einigt euch auf einen Ratschlag.

3 ◗ Sammelt die Ratschläge jeweils auf einem „Gruppenplakat". Diskutiert die Ratschläge in der Klasse.

4 ◗ Sammelt weitere Äußerungen aus eurem Alltag. Überlegt, wie man darauf reagieren sollte.

Material C

Intimhygiene

1 ○ Gib die Regeln zur Intimhygiene mit eigenen Worten wieder. → 4

2 ◖ Begründe die Regeln.

Intimhygiene bei Jungen

In der Pubertät wird vom Körper mehr Schweiß und Talg produziert. Es ist daher wichtig, sich täglich das Gesicht, die Achselhöhlen und die Geschlechtsorgane zu waschen. Jungen müssen besonders darauf achten, die Stelle zwischen Vorhaut und Eichel zu reinigen, damit sich dort keine Bakterien ansammeln, die schmerzhafte Entzündungen hervorrufen können.

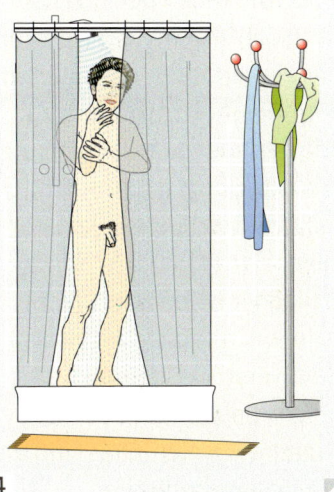

Material D

Stimmbruch

Wenn Jungen in die Pubertät kommen, durchläuft ihr Körper viele Veränderungen. Eine dieser Veränderungen ist der Stimmbruch. In dieser Zeit krächzen viele Jungen und ihre Stimmen überschlagen sich beim Reden. Das kann sehr peinlich sein. Doch dies ist ganz normal und geht wieder vorbei. Am Ende dieser Entwicklung haben Jungen eine tiefe Männerstimme. Was genau passiert beim Stimmbruch?

Gummiband

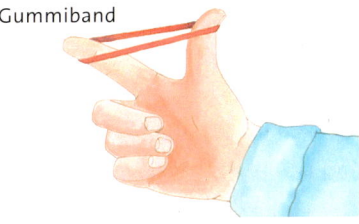

5 Versuch zum Stimmbruch

Materialliste: 2 verschieden lange Gummibänder

1 Spanne nacheinander die Gummibänder zwischen zwei Finger und zupfe sie wie eine Gitarrensaite. → 5

a ○ Beschreibe deine Beobachtung.

b ◖ Fasse die Informationen zum Stimmbruch in zwei Sätzen zusammen. → 6 7

c ◖ Erkläre, wie deine Beobachtungen beim Versuch und die Veränderungen beim Stimmbruch zusammenhängen.

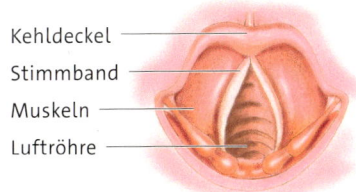

Kehldeckel
Stimmband
Muskeln
Luftröhre

6 Stimmbänder im Kehlkopf

Jeder Mensch hat Stimmbänder. Diese liegen im Kehlkopf und sind für die Stimme eines Menschen verantwortlich. Erst sie ermöglichen das Sprechen. Die durch die Luftröhre strömende Luft versetzt die Stimmbänder in Schwingungen. Es entstehen Laute. Mithilfe von Muskeln können die Stimmbänder angespannt werden, dadurch kann man die Laute verändern: Man spricht. In der Pubertät werden die Stimmbänder länger und dicker. Bei Jungen verdoppeln sie in dieser Zeit ihre Länge von vorher einem auf etwa zwei Zentimeter. Die Muskeln im Kehlkopf müssen erst wieder lernen, mit dieser Veränderung umzugehen. Deshalb überschlägt sich die Stimme in dieser Zeit häufig.

7 Funktion der Stimmbänder

4

Vom Mädchen zur Frau

1 Gespräch „unter Frauen"

Aus Mädchen werden Frauen. Welche körperlichen Veränderungen bringt die Pubertät bei Mädchen mit sich?

Der weibliche Körper • In der Pubertät
5 wächst der Körper von Mädchen in die Länge. Becken und Hüften werden breiter, dadurch entstehen rundliche Formen. Die Brust beginnt zu wachsen. Im Bereich der Geschlechtsorgane
10 wächst die Schambehaarung. Auch unter den Achseln wachsen Haare. Diese Merkmale werden als sekundäre Geschlechtsmerkmale bezeichnet.

Die Geschlechtsorgane • Diese Organe
15 werden als primäre Geschlechtsmerkmale bezeichnet. Sie entwickeln sich während der Pubertät weiter. ➜ 2
Die großen und kleinen Schamlippen sowie der Kitzler werden größer. Sie
20 schützen die inneren Geschlechtsorgane und nehmen Reize auf. Durch Berührung des empfindlichen Kitzlers können lustvolle Gefühle und auch ein Orgasmus ausgelöst werden. Die
25 Schamlippen umgeben den Scheideneingang und die Öffnung der Harnröhre. Die Scheide verbindet die äußeren und inneren Geschlechtsorgane. An ihrem Ende befindet sich der Eingang
30 zur Gebärmutter, der Gebärmuttermund. Gebärmutter, Eierstöcke und Eileiter liegen in der Bauchhöhle. Sie gehören zu den inneren Geschlechtsorganen. In jedem der beiden wal-
35 nussgroßen Eierstöcke befinden sich bereits bei der Geburt etwa 200 000 winzige, unreife Eizellen. Dies sind die weiblichen Geschlechtszellen. ➜ 3

Die Menstruation • Im Eierstock reift
40 jeden Monat eine Eizelle in einem
Eibläschen heran. Nach etwa 14 Tagen
wandert das Eibläschen an den Rand
des Eierstocks, platzt auf und entlässt
die reife Eizelle in den Eileiter. Dieser
45 Vorgang heißt Eisprung. Im Eileiter
kann die Eizelle durch eine Spermienzelle befruchtet werden. In der Gebärmutter baut sich während der Eireifung
eine Schleimhaut auf. Diese nimmt die
50 befruchtete Eizelle auf. Falls keine Befruchtung erfolgt, wird die Schleimhaut
zusammen mit der abgestorbenen Eizelle und etwas Blut etwa 14 Tage nach
dem Eisprung durch die Scheide nach
55 außen abgegeben. Diese Blutung nennt
man Menstruation oder Regelblutung.
Mit dem ersten Tag der Menstruation
beginnt ein neuer Kreislauf, er dauert
etwa 28 Tage. Mit der ersten Menstrua-
60 tion sind Mädchen geschlechtsreif.

Die primären Geschlechtsmerkmale
der Frau sind die Geschlechtsorgane.
Zu den sekundären Geschlechts-
merkmalen gehören die breiten Hüften und die Brüste. In der Pubertät
werden Mädchen geschlechtsreif.

Aufgaben

1 ○ Beschreibe die Veränderungen
der primären und sekundären Geschlechtsmerkmale.

2 ◖ Lege eine zweispaltige Tabelle
an und trage die weiblichen Geschlechtsorgane sowie ihre Aufgaben ein.

3 ● Beschreibe den Weg, den eine
Eizelle vom Eisprung bis zur
Menstruation zurücklegt.

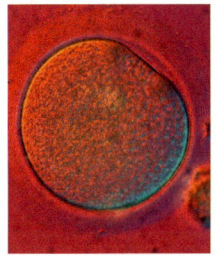

3   Eine Eizelle

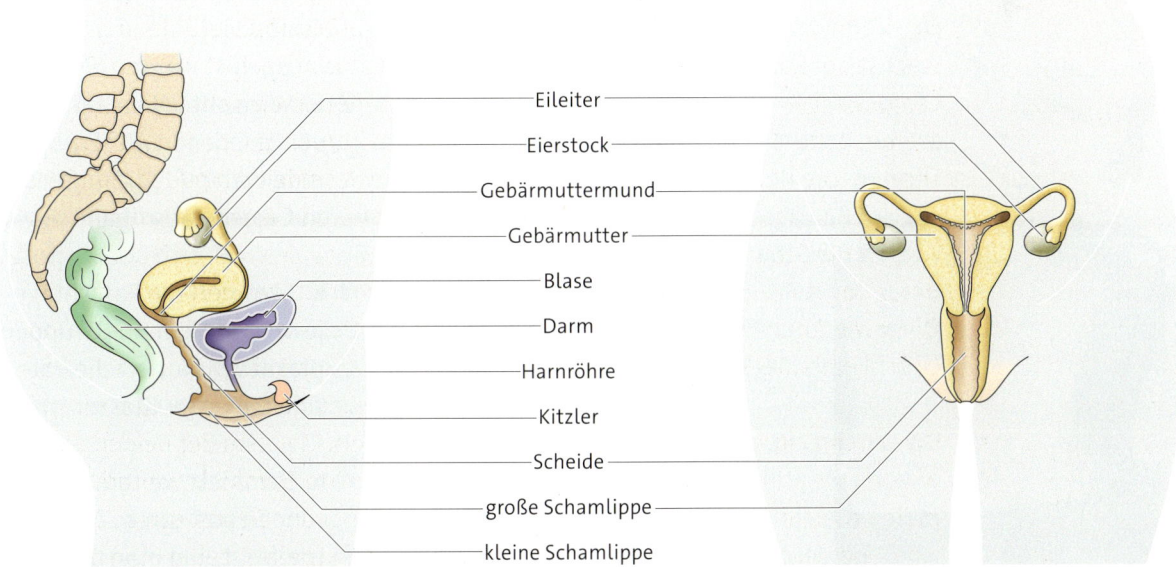

Eileiter
Eierstock
Gebärmuttermund
Gebärmutter
Blase
Darm
Harnröhre
Kitzler
Scheide
große Schamlippe
kleine Schamlippe

2   Die weiblichen Geschlechtsorgane

Vom Mädchen zur Frau

Material A

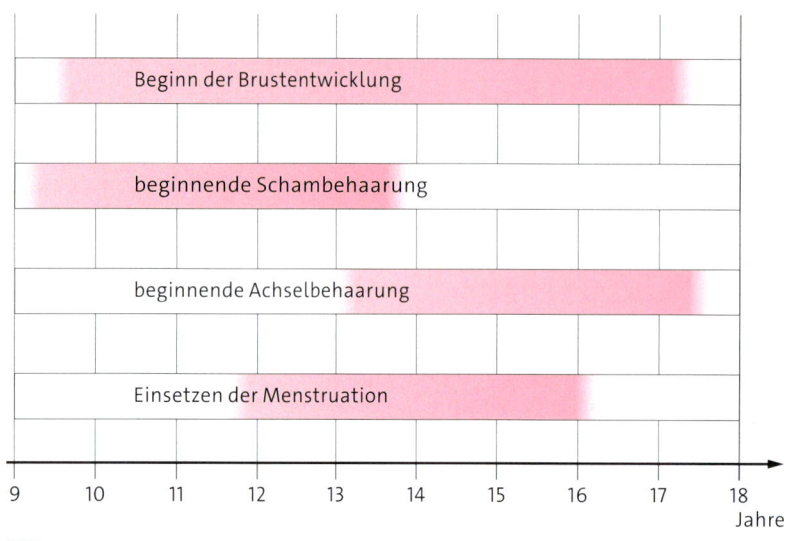

Beginn der Brustentwicklung

beginnende Schambehaarung

beginnende Achselbehaarung

Einsetzen der Menstruation

9 10 11 12 13 14 15 16 17 18
Jahre

1 | Veränderungen bei Mädchen

Pubertät bei Mädchen

Während der Pubertät bilden sich bei Mädchen die typischen körperlichen Merkmale einer Frau aus.

1 ○ Beschreibe anhand von Bild 1 die körperlichen Veränderungen bei Mädchen in der Pubertät.

2 ◗ Erkläre die Bedeutung der Pubertät für das spätere Erwachsenenleben.

Material B

2 | Nina

Eine Mitschülerin äußert sich abfällig über Ninas Aussehen.

Der Freund ihres Bruders findet sie süß.

Schülerinnen aus einer Parallelklasse sagen dauernd „Hey, Kleine" zu ihr.

Sie findet einen Mitschüler nett, aber er sagt: „Mädchen sind doof."

3 | Typische Äußerungen

Verhalten in der Pubertät

1 ○ Bildet eigenständig Gruppen.

2 ◗ Wie sollte Nina auf die verschiedenen Äußerungen reagieren? → 3 Einigt euch auf einen Ratschlag.

3 ◗ Sammelt die Ratschläge jeweils auf einem „Gruppenplakat". Diskutiert die Ratschläge in der Klasse.

4 ◗ Sammelt weitere Äußerungen aus eurem Alltag. Überlegt, wie man darauf reagieren sollte.

Material C

Intimhygiene

1 ○ Gib die Regeln zur Intimhygiene mit eigenen Worten wieder. → 4

2 ◖ Begründe die Regeln.

Intimhygiene bei Mädchen

In der Pubertät beginnt die Scheide ein milchiges Sekret abzusondern. Die Haut produziert nun mehr Schweiß. Daher ist es wichtig, sich täglich Gesicht, Achselhöhlen und Geschlechtsorgane zu waschen. Besonders während der Menstruation ist dies wichtig, da auch das Menstruationsblut unangenehm riechen kann. Dieses Blut kann mit Binden oder Tampons aufgenommen werden.

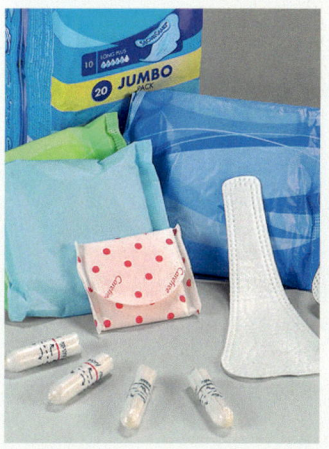

4

Material D

Tampons und Binden

Materialliste: Tampons, Binden, ein Papiertaschentuch, Becherglas (100 mL), Schere, Messzylinder (100 mL), Klammer, Wasser

1 Schneide je einen Tampon und eine Binde auf.
○ Beschreibe deine Beobachtungen.

2 Fülle den Messzylinder mit 100 mL Wasser und gieße es dann in das Becherglas. Halte nun eine neue Binde mithilfe der Klammer in das Wasser. Gieße dann das verbleibende Wasser zurück in den Messzylinder. → 5
◖ Berechne, wie viel Wasser die Binde aufgesaugt hat.

3 Wiederhole den Versuch mit einem neuen Tampon und einem Papiertaschentuch.
◖ Stelle die aufgenommene Wassermenge der Binde, des Tampons und des Papiertaschentuchs in einem Säulendiagramm dar.

4 ● Erkläre die Unterschiede mithilfe deiner Beobachtungen aus Aufgabe D1.

Wenn Mädchen in die Pubertät kommen, setzt bei ihnen die Menstruation oder Regelblutung ein. In dieser Zeit tritt Menstruationsblut aus der Scheide aus. Mithilfe von Binden und Tampons kann dieses aufgefangen werden. Je nach Stärke der Blutung sollten die Binden oder Tampons dabei mehrmals am Tag gewechselt werden. Es kann sonst zu unangenehmen Gerüchen und der Vermehrung von Krankheitserregern kommen.

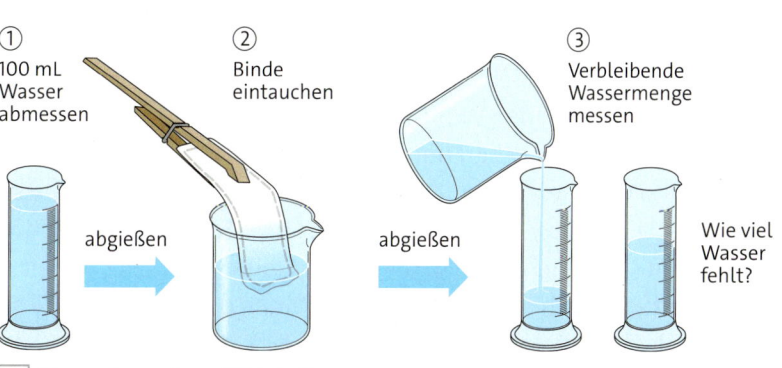

5 Versuch zur Saugfähigkeit

Sexualität und Medien

Vernetzt in allen Lebenslagen • Soziale Netzwerke sind „in". Computer, Handy, Tablet – wir sind immer online, tauschen uns mit Freunden aus und schicken Fotos. ➔ 1 Leider werden
5 digitale Medien nicht immer verantwortungsvoll genutzt. Beim Cybermobbing werden Jugendliche im Netz systematisch angegriffen, fertiggemacht oder bedroht. Die Anfeindungen beginnen mit sexistischen Sprüchen zu Aussehen oder Verhalten und enden mit sehr privaten Fotos. Oft geben sich Erwachsene im Netz als Jugendliche aus. Sie erschleichen sich das Vertrauen im Chat und fordern Jugendliche auf, Fotos oder Videos zu schicken.

15 **Sexualität in den Medien** • Jugendliche begegnen heute unterschiedlichsten Beschreibungen und Darstellungen von Sexualität. Rapper haben Erfolg mit frauenfeindlichen Texten, Sängerinnen zeigen sich in freizügigen Outfits und
20 mit aufreizenden Posen auf der Bühne. Auch die Werbung hat erkannt: „Sex sells." An dieser Scheinwelt orientieren sich Jugendliche und entwickeln ihre eigenen Vorstellungen von Sexualität.

25 **Das Schönheitsideal** • Soaps, Reality- und Castingshows sind beliebt. In der Pubertät wecken diese Sendungen den Wunsch nach dem perfekten Erscheinungsbild und verstärken ihn negativ. Mädchen und auch Jungen möchten
30 attraktiv und sexy erscheinen. Doch solche Sendungen schaffen falsche Vorbilder und lehren Jugendliche, sich anzupassen, die geforderte Freizügigkeit ist dabei nebensächlich.

1 Fotos tauschen – nur unter Freunden

2 Models als Vorbilder?

> Nutzer sollten mit digitalen Medien und Informationen verantwortungsvoll umgehen.

Aufgaben

1 ○ Beschreibe die Vorteile und Nachteile von sozialen Netzwerken.

2 ◑ Erläutere die Auswirkungen des Spruchs: „Wer schön sein will, muss leiden."

3 ● Begründe, wieso man keine Nacktfotos posten soll.

Toleranz und Traditionen

Multikulti • In Deutschland treffen unterschiedliche Kulturen aufeinander. Diese Vielfalt bietet die Chance, Traditionen und Gebräuche anderer Kulturkreise kennenzulernen. In der
5 westeuropäischen Tradition haben Mädchen und Jungen heute viele Freiheiten. Sie bekommen meist Taschengeld und nutzen es zum Shoppen, für Kino- oder Partybesuche. Sie treffen sich mit Freunden und entscheiden selbst,
10 mit wem und wann sie erste sexuelle Erfahrungen sammeln. In anderen Kulturen haben Frauen nicht die gleichen Rechte wie Männer.

Sommer, Sonne – nackte Haut • Je höher die Temperaturen, desto geringer die Stoffmenge.
15 Mädchen tragen Miniröcke, Hotpants und enge Tops, Jungen ärmellose Shirts. In anderen Kulturkreisen ist Frauen das Zeigen von Haaren und viel nackter Haut verboten. Strenggläubige Mennonitinnen tragen lange Röcke, strenggläu-
20 bige Muslima die körperverhüllende Burka, im Schwimmunterricht den Burkini. ➔ 3

„Ich habe ein Date" • Teenager treffen sich mit der oder dem Auserwählten. Aus einem „Date" kann mehr werden, das Paar ist zusammen,
25 macht erste sexuelle Erfahrungen. Manche Religionen und Kulturen verbieten Kontakte oder Freundschaften zwischen Mädchen und Jungen. In diesen Gemeinschaften dürfen Mädchen keinen Sex vor der Ehe haben.

> Unterschiedliche Kulturen haben verschiedene Traditionen und Werte, die gegenseitig respektiert werden müssen.

3 Muslima tragen zum Schwimmen oft einen Ganzkörperbadeanzug, einen sogenannten Burkini.

4 Das erste „Date"

Aufgaben

1 ○ Vergleiche die westeuropäischen Traditionen mit anderen Kulturen.

2 ◐ „Mädchen pendeln zwischen den Kulturen." Erkläre diese Aussage.

3 ● Beschreibe, welche Probleme entstehen können, wenn sich ein Junge und ein Mädchen ineinander verlieben, die sehr unterschiedlichen Kulturkreisen angehören.

Ein Mensch entsteht

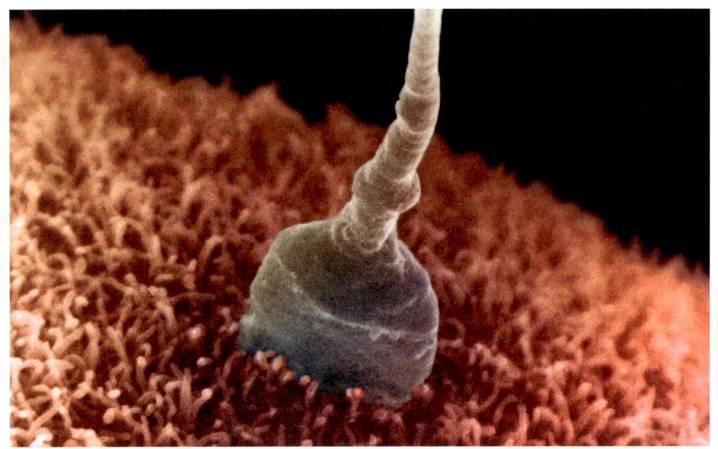

[1] Eindringende Spermienzelle

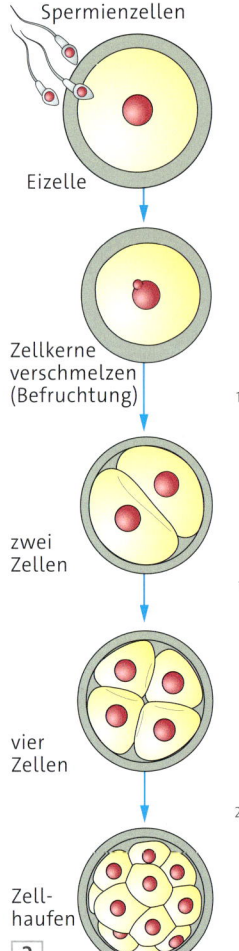

Spermienzellen

Eizelle

Zellkerne verschmelzen (Befruchtung)

zwei Zellen

vier Zellen

Zellhaufen

[2]

Eine Spermienzelle dringt in eine Eizelle ein. Dies ist der Beginn eines neuen Lebens.

Miteinander schlafen • Wenn ein Mann
5 und eine Frau sich lieben, sind sie oft zärtlich zueinander. Sie küssen und streicheln sich und haben auch den Wunsch, miteinander zu schlafen. Dabei führt der Mann seinen steifen Penis
10 in die Scheide der Frau ein und bewegt ihn hin und her. Das bezeichnet man als Geschlechtsverkehr. Es entstehen angenehme Gefühle und es kann zum Orgasmus kommen. Mit dem Samener-
15 guss des Mannes gelangen 200 bis 300 Millionen Spermienzellen in die Scheide der Frau.

Befruchtung • Nach dem Samenerguss schwimmen die Spermienzellen durch
20 die Scheide in die Gebärmutter und von dort in die Eileiter. Im Eileiter kann sich nach dem Eisprung eine Eizelle befinden. Nur einer Spermienzelle gelingt es, in die Eizelle einzudringen. Gleich

25 darauf bildet sich eine feste Hülle um die Eizelle, die das Eindringen weiterer Spermienzellen verhindert. In der Eizelle verschmelzen die Zellkerne von Eizelle und Spermienzelle miteinander.
30 Diesen Vorgang nennt man Befruchtung.

Einnistung • Die befruchtete Eizelle gelangt durch den Eileiter in die Gebärmutter. Auf dem Weg dorthin beginnt
35 sie sich zu teilen. Es entstehen erst zwei, vier, dann acht Zellen und schließlich ein kugeliger Zellhaufen.
→ [2] In der Gebärmutter angekommen, verwächst dieser Keimling mit
40 der Gebärmutterschleimhaut. Sie ernährt und schützt ihn. Dieser Vorgang wird Einnistung genannt. Ab diesem Zeitpunkt bleibt die Menstruation aus. Eine Schwangerschaft dauert neun
45 Monate.

> Dringt eine Spermienzelle in eine Eizelle ein, verschmelzen die Kerne der beiden Zellen. Dies nennt man Befruchtung. Der Keimling nistet sich in der Gebärmutterschleimhaut ein und entwickelt sich in neun Monaten zu einem Baby.

Aufgaben

1 ◐ Beschreibe die Befruchtung der Eizelle.

2 ◐ Erkläre, warum das Ausbleiben der Menstruationsblutung ein Zeichen für eine Schwangerschaft sein kann.

Material A

Sag „NEIN!"

1 ◐ Bildet Vierergruppen und lest die nebenstehenden Aussagen. ➝ 3 Entscheidet in der Gruppe, in welchen Situationen ihr euch wohlfühlen würdet und in welchen ihr „NEIN!" sagen solltet.

Dein Freund will dich auf den Mund küssen.

Ein fremder Mann fasst dich an, obwohl du das nicht willst.

Deine Omi gibt dir einen Kuss auf die Wange.

Dein Volleyballtrainer gibt dir vor dem Spiel einen Klaps auf den Hintern.

3 „Ja" oder „NEIN!"?

Hilfe bei sexueller Belästigung und Gewalt:

Nummer gegen Kummer e. V. 116111 oder 0800-1110333

Kinder-Notruf-Telefon 0800-1516001

Menschen, zu denen du Vertrauen hast

4 Hier findest du Hilfe.

Material B

Zwillinge

Zwillinge sind eine Besonderheit. Sie sind Geschwister, die sich zusammen im Bauch ihrer Mutter entwickelt haben. Sicher hast du schon einmal gehört, dass es eineiige und zweieiige Zwillinge gibt. Worin unterscheiden sich diese Zwillinge?

1 ◯ Vermute, welches der Fotos A und B eineiige und welches zweieiige Zwillinge zeigt. ➝ 5

2 ◐ Beschreibe die Vorgänge, die in den Schemazeichnungen C und D dargestellt sind.

3 ◐ Ordne den Bildern A und B jeweils eine der Schemazeichnungen C und D zu. Begründe.

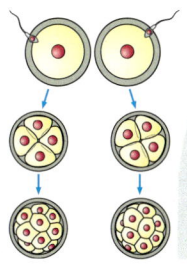
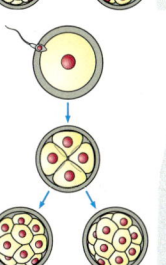
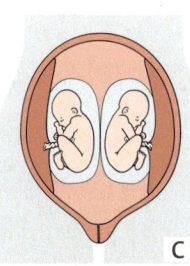
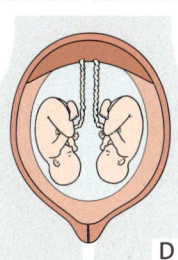

5 Die Entwicklung von eineiigen und zweieiigen Zwillingen

Schwangerschaft und Geburt

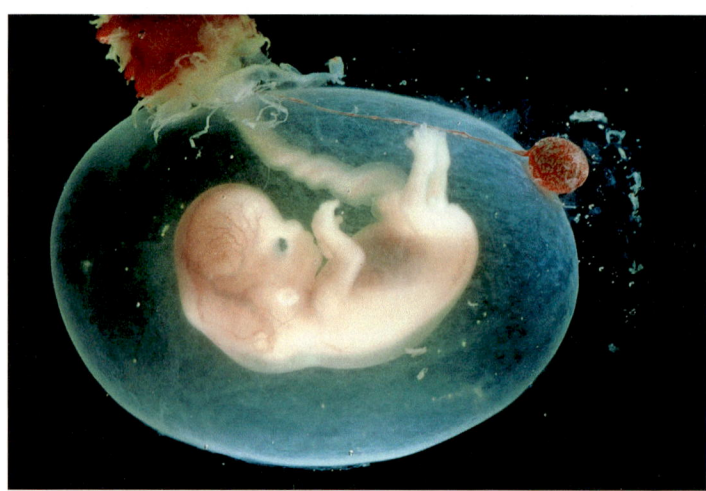

1 │ Menschlicher Fetus in der Fruchtblase

In der Schwangerschaft entwickelt sich das Kind in einer mit Flüssigkeit gefüllten Blase. Wie verläuft diese Entwicklung?

5 **Die Entwicklung** • Nach der Einnistung des Zellhaufens in der Gebärmutterschleimhaut entwickelt sich ein Embryo in der Gebärmutter. Zunächst kann man nicht erkennen, dass aus
10 dem Embryo ein Mensch werden wird. Aber er wächst heran und innerhalb der ersten acht Wochen bilden sich alle Organe. Der Embryo wird größer und schwerer. Ab dem vierten Monat
15 wird der Embryo Fetus genannt. Bis zur Geburt schwimmt er in der Fruchtblase, die mit Fruchtwasser gefüllt ist. Sie schützt den Fetus vor Erschütterungen.

20 **Die Versorgung** • Mutter und Kind sind durch die Nabelschnur miteinander verbunden. Sie beginnt am Bauch des Kindes und endet in einem verdickten Bereich der Gebärmutter, dem Mutter-
25 kuchen. Über die Nabelschnur erhält das Kind von seiner Mutter alles, was es für seine Entwicklung benötigt.

Die Geburt • Nach etwa neun Monaten im Mutterleib wird das Kind geboren.
30 Die Geburt setzt mit dem krampfartigen Zusammenziehen der Gebärmuttermuskulatur ein, den Wehen. Sie drücken das Kind mit dem Kopf gegen den Gebärmuttermund. Der Gebärmutter-
35 mund und die Scheide weiten sich. Die Fruchtblase platzt und das Fruchtwasser fließt heraus. Dieser Abschnitt der Geburt heißt Eröffnungsphase. In der folgenden Austreibungsphase
40 wird das Kind von den Wehen durch die Scheide nach außen geschoben. Es ist noch durch die Nabelschnur mit der Mutter verbunden. Die Nabelschnur wird einige Zentimeter vom Körper des
45 Kindes abgebunden und durchgeschnitten. Der Fetus ist nun ein Säugling. In der Nachgeburtsphase werden der Mutterkuchen, die Fruchtblase und der Rest der Nabelschnur ausgestoßen.
50 Diese Organe werden als Nachgeburt bezeichnet.

> Die Entwicklung des Kindes findet in der Fruchtblase statt. Über die Nabelschnur wird das Kind bis zur Geburt von der Mutter versorgt.

Aufgabe

1 🍃 Beschreibe die Entwicklung des Kindes von der Eizelle bis zur Geburt.

Material A

Geburt

Bei dieser Darstellung einer Geburt sind die Bilder durcheinandergeraten. → 2

1 ○ Nenne die drei Phasen der Geburt.

2 ○ Ordne die Bilder A–C in der richtigen Reihenfolge.

3 ◐ Beschreibe die Phasen der Geburt unter Verwendung der Begriffe Fruchtblase, Wehen und Nachgeburt.

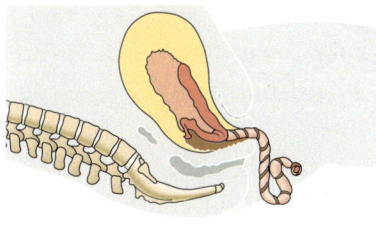

A

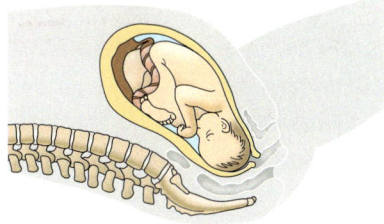

B

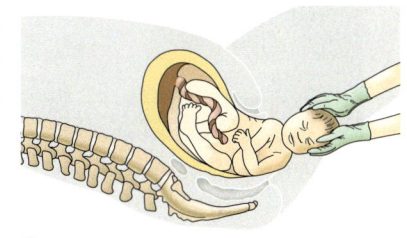

C

2 Phasen der Geburt – wie ist die Reihenfolge richtig?

Material B

Schutz des Fetus

Über die Nabelschnur erhält das Kind von seiner Mutter alles, was es für seine Entwicklung benötigt. Doch können auf diesem Weg auch Schadstoffe transportiert werden.

1 ○ Gib die Aussagen der Hebammen und der Kinderärztin kurz wieder. → 3

2 ◐ Nenne die Ursache, die möglicherweise für das geringe Gewicht des neugeborenen Babys verantwortlich ist. → 3

3 ◐ Beschreibe, auf welchem Weg die Schadstoffe des Zigarettenrauchs zum Fetus gelangt sind.

4 ◐ Erkläre vor diesem Hintergrund die Darstellung in Bild 4.

Frau Meier ist schwanger. Die Geburt steht kurz bevor. Als die Wehen einsetzen, fährt sie mit ihrem Mann ins Krankenhaus. Die Geburt verläuft reibungslos und anschließend wird das Baby – es ist ein Mädchen – gewaschen und gewogen. „Sie ist viel zu leicht", sagt eine der Hebammen. „Die Mutter hat vielleicht stark geraucht, dann ist das oft so", antwortet eine andere. „Wenn die Mutter stark geraucht hat, dann können demnächst auch noch Entwicklungsstörungen auftreten", sagt die Kinderärztin, die die Untersuchungsergebnisse überprüft.

3 Rauchen ist gefährlich – nicht nur für die Mutter

4 Kein Alkohol!

Schwangerschaft und Geburt

Empfängnisverhütung

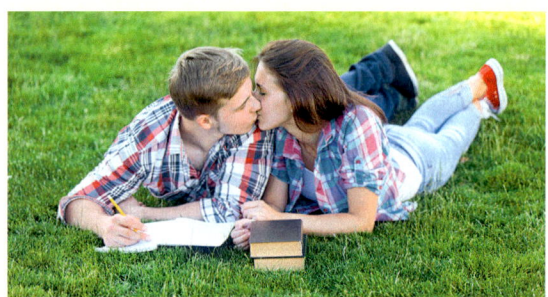

1 Verlangen, Verantwortung, Verhütung ...

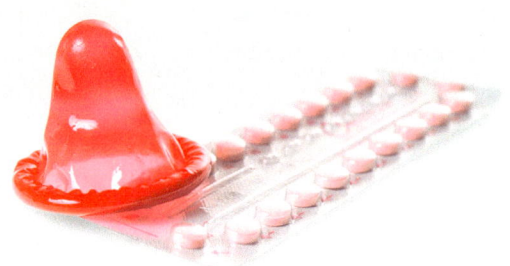

2 Pille und Kondom

Verhüten – aber womit? • Eine Schwangerschaft kann mit verschiedenen Verhütungsmitteln verhindert werden. Beide Partner sollten sich über Verhütungsmethoden infor-
5 mieren und dann gemeinsam über ihr Verhütungsmittel entscheiden.

„Ich passe schon auf" • Beim Coitus interruptus, dem unterbrochenen Geschlechtsverkehr, zieht der Mann vor der Ejakulation den Penis
10 aus der Scheide. Das ist jedoch keine Verhütungsmethode! Denn schon vor dem Orgasmus werden über den Penis sogenannte Lusttröpfchen mit Spermienzellen abgegeben.

Das Kondom • Kondome bestehen aus einer
15 dünnen Gummihaut und werden über den steifen Penis gerollt. Die Spermienzellen können somit nicht in die Scheide gelangen. → 2 Kondome schützen nicht nur vor ungewollter Schwangerschaft, sondern auch vor
20 sexuell übertragbaren Krankheiten.

Verhütung mit Hormonen • Die Pille ist das sicherste Verhütungsmittel. → 2 Sie wird

nur vom Frauenarzt verschrieben. Die enthaltenen Hormone bewirken, dass die Eierstöcke
25 keine eigenen Geschlechtshormone mehr bilden. Das Heranreifen der Eizellen im Eierstock wird verhindert, eine Befruchtung ist nicht möglich. Die Gebärmutterschleimhaut wird außerdem nicht vollständig aufgebaut, so-
30 dass sich eine befruchtete Eizelle nicht einnisten könnte.

Die Pille danach • Nur in Ausnahmefällen sollte die „Pille danach" nach ungeschütztem Geschlechtsverkehr eingenommen werden.
35 Sie kann eine Schwangerschaft verhindern, hat aber massive Nebenwirkungen.

> Verhütung ist die Aufgabe beider Partner. Der verantwortungsvolle Umgang mit Verhütungsmitteln schützt vor einer ungewollten Schwangerschaft.

Aufgabe

1 ◗ Diskutiert in der Klasse über die Sicherheit von Pille und Kondomen.

Formen der Sexualität

3 Lesbisches Paar

4 Schwules Paar

Menschliche Sexualität • Mit dem ersten Verliebtsein erwacht meist auch das Bedürfnis nach Sexualität. Unter Sexualität wird nicht nur Geschlechtsverkehr verstanden, sondern
5 auch der Wunsch nach Lust, Nähe und Zärtlichkeit. Sexualität gehört zu den Grundbedürfnissen des Menschen.

Wo die Liebe hinfällt • Die meisten Mädchen und Jungen, Frauen und Männer suchen ihren
10 Partner beim anderen Geschlecht. Es bilden sich heterosexuelle Paare. Es gibt jedoch auch noch andere Formen der Sexualität. Einige Menschen fühlen sich von Partnern desselben Geschlechts angezogen. Frauen, die als Paar
15 zusammenleben, bezeichnet man als lesbisch. → 3 Sie sind homosexuell. Homosexuelle männliche Partnerschaften bezeichnet man als schwul. → 4 Schwule und Lesben führen ganz normale Beziehungen,
20 genau wie heterosexuelle Paare auch. Sie erleben die gleichen Freuden, Probleme und Ängste. Sie können eine Lebenspartnerschaft eingehen, Familien gründen oder auch Kinder adoptieren. Einige Menschen gehen sexuelle

25 und emotionale Partnerschaften mit Personen beider Geschlechter ein. Sie sind bisexuell.

Was bin ich? • Viele Jugendliche sammeln erste sexuelle Erfahrungen mit dem gleichen Geschlecht. Das bedeutet aber nicht gleich,
30 dass man schwul oder lesbisch ist. Viele Menschen trauen sich nicht, öffentlich dazu zu stehen, dass sie schwul oder lesbisch sind. Sie haben Angst, als nicht „normal" zu gelten.

Was wichtig ist • Entscheidend für alle Formen
35 der Sexualität ist, was dem Einzelnen und dem Partner guttut. Auch Formen der Sexualität, die nicht der eigenen entsprechen, sollten mit Respekt und Toleranz begegnet werden.

> Hetero-, Homo- und Bisexualität sind verschiedene Formen der sexuellen Orientierung.

Aufgabe

1 🖊 Erkläre die Begriffe Heterosexualität, Homosexualität und Bisexualität.

Körper und Gesundheit

Zusammenfassung

Organsysteme • Zellen mit gleichem Aufbau und gleicher Aufgabe bilden zusammen ein Gewebe. Gewebe arbeiten in Organen zusammen und bilden Organsysteme. Im menschlichen Körper findet man das Verdauungssystem, das Atmungssystem, das Herz-Kreislauf-System, das Bewegungs- und Stützsystem und das Nervensystem. Die verschiedenen Organsysteme haben unterschiedliche Aufgaben.

Ernährung • Eiweiße, Fette und Kohlenhydrate liefern dem Körper als Nährstoffe Energie und Baustoffe. Vitamine, Mineralstoffe und Ballaststoffe unterstützen als Ergänzungsstoffe wichtige Körperfunktionen. Eine gesunde Ernährung ist abwechslungsreich und besteht aus gleichmäßig über den Tag verteilten Mahlzeiten. → 1

Verdauung • Die Zerlegung der Nährstoffe in kleine Bausteine mithilfe von Enzymen in Mund, Magen und Darm wird als Verdauung bezeichnet. Die Bausteine werden über die Darmschleimhaut ins Blut aufgenommen.

5 Fisch, Fleisch und Eier
6 Fette und Öle
1 Brot, Getreide, Kartoffeln
4 Milch und Milchprodukte
7 Getränke ohne Zuckerzusatz
3 Obst
2 Gemüse und Salat

1 Der Ernährungskreis

Blutkreislauf • Der Blutkreislauf besteht aus Lungenkreislauf und Körperkreislauf. In Arterien fließt das Blut vom Herzen weg, in Venen fließt es zum Herzen zurück. Über sehr dünne Kapillaren findet der Stoffaustausch zwischen Blut und Körperzellen bzw. Atemluft statt.

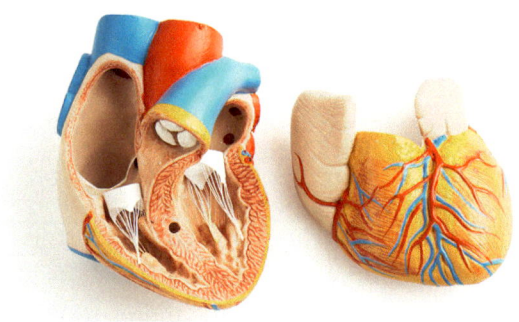

2 Das Herz

Herz • Dieser faustgroße Hohlmuskel pumpt das Blut in den Blutkreislauf. → 2 Das Herz besteht aus zwei Vorhöfen und zwei Herzkammern. Je eine Herzkammer und ein Vorhof sind miteinander verbunden.

Blut • Es transportiert Sauerstoff und Nährstoffe zu den Organen sowie Kohlenstoffdioxid und Abfallstoffe zur Lunge und den Ausscheidungsorganen. Blut besteht aus Blutplasma, roten und weißen Blutkörperchen und Blutplättchen.

Lunge • Die Luft gelangt über Mund oder Nase, Rachen, Luftröhre und Bronchien in die Lunge. In den Lungenbläschen wird Sauerstoff aus der Atemluft ins Blut aufgenommen und Kohlenstoffdioxid aus dem Blut in die Atemluft abgegeben.

Veränderungen in der Pubertät • Zwischen dem 9. und dem 14. Lebensjahr werden Mädchen und Jungen geschlechtsreif. Es entwickeln sich die sekundären Geschlechtsmerkmale: breite Hüften und Brüste bei der Frau, breite Schultern und der Bartwuchs beim Mann. → 3 Die Pubertät führt auch zu großen Veränderungen im Verhalten.

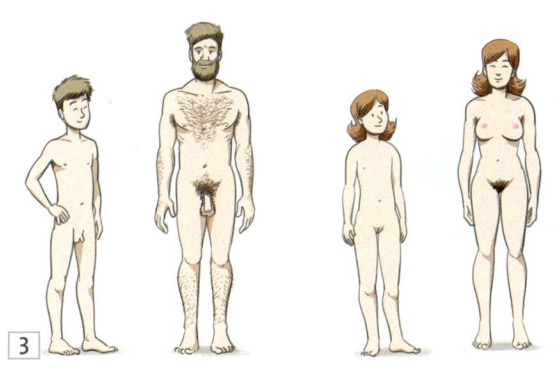

3

Die Geschlechtsorgane • In der Pubertät wachsen die primären Geschlechtsmerkmale: die Schamlippen und der Kitzler bei Mädchen, der Penis und die Hoden bei Jungen. Die Geschlechtsorgane müssen täglich gewaschen werden. Ansonsten kann es zu Entzündungen und unangenehmen Gerüchen kommen.

Die Geschlechtszellen • Männliche Geschlechtszellen, die Spermienzellen, entstehen ab der Pubertät im Hoden. → 4
In den Eierstöcken befinden sich unreife weibliche Geschlechtszellen. → 5 Ab der Pubertät reift etwa alle 28 Tage eine Eizelle heran und gelangt durch den Eisprung in den Eileiter, wo sie befruchtet werden kann.

Geschlechtsverkehr • Liebe weckt auch das Verlangen nach Zärtlichkeit und Sexualität. Beim Geschlechtsverkehr wird der Penis in die Scheide eingeführt. Ein Orgasmus ist der Höhepunkt der sexuellen Erregung.

Die Befruchtung • Die Befruchtung einer reifen Eizelle findet im Eileiter nach dem Eisprung statt. Eine Spermienzelle dringt dabei in die Eizelle ein. Die Zellkerne der Eizelle und der Spermienzelle verschmelzen miteinander.

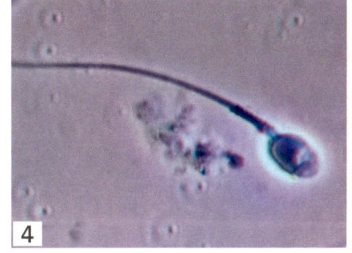
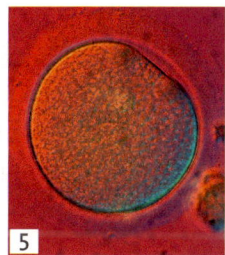

4   5

Schwangerschaft und Verhütung • Die befruchtete Eizelle teilt sich mehrmals. Der Keimling nistet sich in der Gebärmutterschleimhaut ein und entwickelt sich zum Embryo. Ab dem vierten Monat wird der Embryo Fetus genannt. Verhütungsmittel wie Pille und Kondom schützen vor ungewollter Schwangerschaft.

Sexualität • Viele Menschen suchen ihren Partner beim anderen Geschlecht, sie sind heterosexuell. Einige Menschen fühlen sich zu Partnern des gleichen Geschlechts hingezogen, sie sind homosexuell. Allen Formen der Sexualität sollte mit Respekt und Toleranz begegnet werden, auch wenn sie nicht der eigenen entsprechen.

Körper und Gesundheit

Teste dich! (Lösungen auf Seite 394)

Organsysteme

1 ◐ Beschreibe den Zusammenhang von Zellen und Organsystemen.

2 ● Nenne drei Organsysteme des menschlichen Körpers und beschreibe ihre Aufgaben.

Ernährung

3 Unsere Nahrung enthält verschiedene Bestandteile.

a ○ Nenne je drei Nährstoffe und drei Ergänzungsstoffe.

b ◐ Beschreibe, wozu der Körper die einzelnen Nährstoffe und Ergänzungsstoffe benötigt.

c ● Nenne je zwei Nahrungsmittel, die besonders viele Kohlenhydrate, Eiweißstoffe, Fette, Vitamine, Mineralstoffe oder Ballaststoffe enthalten.

4 ◐ Beschreibe, was zu einer gesunden Ernährung gehört.

5 ○ Nenne die Nährstoffe, die im Mund, im Magen und im Darm zerlegt werden.

1 Was ist gesund, was ungesund?

2 Bei körperlicher Anstrengung werden Atmung und Puls schneller.

Blutkreislauf und Atmung

6 ○ Nenne die beiden Blutkreisläufe.

7 ◐ Nenne die drei Blutgefäßarten und beschreibe, was jeweils in ihnen geschieht.

8 ● Erläutere, warum die linke Seite des Herzens größer ist als die rechte.

9 ◐ Beschreibe die Funktion der Herzklappen.

10 ● Begründe, weshalb Blut in unterschiedlichen Blutgefäßen eine hellrote oder eine dunkelrote Farbe haben kann.

11 ○ Nenne vier Bestandteile des Blutes.

12 ◐ Beschreibe die Brustatmung und die Bauchatmung.

13 ○ Nenne alle Bestandteile des Atmungssystems.

14 ◐ Beschreibe, was man unter dem Gasaustausch in der Lunge versteht.

Veränderungen in der Pubertät

15 In der Pubertät kommt es bei Jugendlichen zu unterschiedlichen Veränderungen.
a ○ Nenne körperliche Veränderungen.
b ○ Nenne Veränderungen des Verhaltens.

16 ◑ Beschreibe die Rolle der Geschlechtshormone für die Pubertät.

Die Geschlechtsorgane

17 ◑ Nenne für Mädchen und Jungen jeweils vier sekundäre Geschlechtsmerkmale, die sich während der Pubertät entwickeln.

18 ◑ Beschreibe den Unterschied zwischen Spermienzelle und Sperma.

19 ○ Beschreibe, was bei der Erektion passiert.

20 ◑ Beschreibe den Vorgang des Eisprungs.

21 ◑ Notiere in deinem Heft die richtigen und korrigiere die falschen Aussagen:
a Mädchen bekommen einen Stimmbruch.
b Spermienzellen werden im Hoden gebildet.
c Während der Pubertät bekommen Mädchen breite Schultern.
d Eizellen reifen im Eierstock.
e Die Menstruationsblutung entsteht im Eileiter.
f Die Gebärmutter enthält eine Schleimhaut.

22 ◑ Erläutere, weshalb ab der Pubertät für Mädchen und Jungen die Intimhygiene besonders wichtig ist.

Die Bildung von Geschlechtszellen

23 ◑ Nenne Gemeinsamkeiten und Unterschiede von männlichen und weiblichen Geschlechtszellen. → 3

24 ● Beschreibe den Menstruationszyklus.

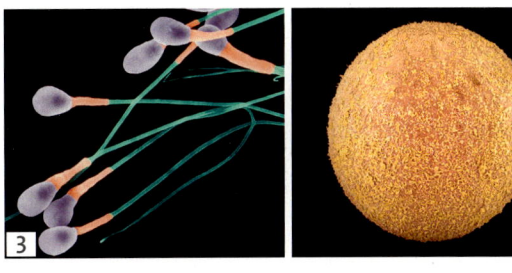

Sexualität, Schwangerschaft und Verhütung

25 ◑ Beschreibe den Vorgang der Befruchtung.

26 ● Beschreibe den Weg einer Spermienzelle nach einem Samenerguss bis zur Eizelle.

27 ◑ Erkläre den Unterschied zwischen Embryo und Fetus.

28 ◑ Nenne die drei Phasen der Geburt und beschreibe die Vorgänge in den Phasen.

29 ◑ Nenne zwei verschiedene Verhütungsmethoden und beschreibe jeweils ihre Wirkung.

30 ◑ Erkläre die Begriffe heterosexuell, homosexuell und bisexuell.

Anhang

Keine Missverständnisse mehr bei Aufgaben

Die meisten Aufgaben in diesem Buch beginnen mit einem Verb:
- **Nenne** die fünf ...
- **Beschreibe** die Fortbewegung von ...
- **Erkläre**, warum unser Trinkwasser ...
- **Erläutere** die Begriffe ...
- ...

Diese Verben geben an, was du tun sollst.

Nenne

Notiere Namen oder Begriffe.

Aufgabe: Nenne die fünf Wirbeltierklassen.

Lösung: Fische, Amphibien, Reptilien, Vögel und Säugetiere

Beschreibe

Formuliere so genau (mit Fachwörtern), dass man sich alles vorstellen kann.

Aufgabe: Beschreibe die Fortbewegung von Schlangen.

Lösung: Beim Schlängeln ziehen Schlangen abwechselnd die Muskeln rechts und links der Wirbelsäule zusammen. Der Körper krümmt sich so zuerst in die eine und dann in die andere Richtung. Zusätzlich richten Schlangen ihre Bauchschuppen auf, stoßen sich mit diesen vom Boden ab und schieben sich dadurch vorwärts.

Erkläre – Begründe

Notiere eine oder mehrere Ursachen.

Aufgabe: Erkläre, warum Nadelbäume im Herbst ihre Blätter nicht abwerfen.

Lösung: Nadelblätter sind von einer Wachsschicht überzogen, diese verringert die Verdunstung von Wasser. Deshalb müssen Nadelbäume im Gegensatz zu Laubbäumen im Herbst ihre Blätter nicht abwerfen, um sich vor dem Austrocknen zu schützen.

Ordne

Teile in Gruppen ein. Lege z. B. Listen an.

Aufgabe: Ordne Stoffe aus dem Alltag nach „löslich in Wasser" und „nicht löslich in Wasser".

Lösung:
Löslich in Wasser: Zucker, Kochsalz, Essig, Luft
Nicht löslich in Wasser: Sand, Eisen, Öl, Glas

Erläutere

Erkläre ausführlich und liefere Beispiele.

Aufgabe: Erläutere die Begriffe „Schmusekatze" und „Stubentiger" im Hinblick auf die natürliche Lebensweise und die Verhaltensweisen der Katzen.

Lösung: Katzen kuscheln und schmusen mit dem Menschen. Sie haben sich aber neben ihrer Friedfertigkeit dem Menschen gegenüber auch ihre Wildheit bewahrt. Beispielsweise jagen sie wie eine Wildkatze. Sie schleichen sich in geduckter Haltung an ihre Beute heran. Die scharfen, spitzen Krallen an den Pfoten können beim Beutefang ausgestreckt werden. Die Beute wird mit den Krallen festgehalten und mit einem Biss in den Nacken getötet.

Vergleiche

Stelle Gemeinsamkeiten und Unterschiede dar.

Aufgabe: Vergleiche die Bestandteile von Pflanzenzelle und Tierzelle.

Lösung:

	Pflanzenzelle	Tierzelle
Zellwand	vorhanden	nicht vorhanden
Zellmembran	vorhanden	vorhanden
Zellplasma	vorhanden	vorhanden
Zellkern	vorhanden	vorhanden
Vakuole	vorhanden	nicht vorhanden
Mitochondrien	vorhanden	vorhanden
Chloroplasten	vorhanden	nicht vorhanden

Stelle Vermutungen an

Überlege mögliche Gründe oder Auswirkungen. Begründe deine Antwort.

Aufgabe: Stelle Vermutungen an, warum in Deutschland ein Vitamin-C-Mangel so gut wie nicht vorkommt.

Lösung: Vitamin C ist in vielen Obst- und Gemüsesorten enthalten. Manchen Lebensmitteln wird es sogar noch extra zugesetzt. In Deutschland gibt es keinen Mangel an Nahrungsmitteln, deshalb ist es fast unmöglich, zu wenig Vitamin C aufzunehmen. Ein Vitamin-C-Mangel ist daher sehr selten.

Zeichne

Gib dir Mühe, ein genaues und vollständiges Bild anzufertigen.

Aufgabe: Zeichne ein Blütendiagramm der Tulpenblüte. Beschrifte die einzelnen Blütenteile.

Lösung:

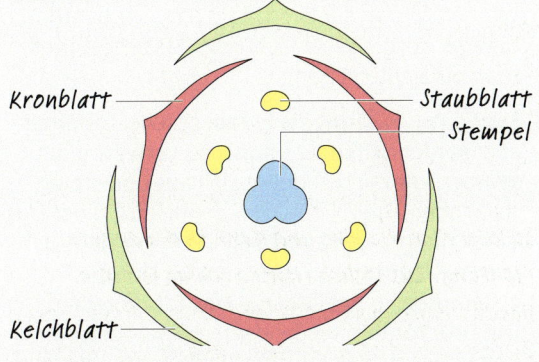

Sonne – Wetter – Jahreszeiten – Seite 264/265

1 a Ohne die Wärmeenergie der Sonne wäre es auf der Erde dunkel und so kalt, dass kein Leben existieren könnte. Die Sonnenenergie treibt den Wasserkreislauf der Erde an. Pflanzen benötigen Licht, um mithilfe der Fotosynthese energiereiche Stoffe aufzubauen. Pflanzen, Tiere und Menschen nutzen die darin gespeicherte Energie.
b Sonne → Lichtenergie → Solarzelle → elektrische Energie

2 Biber: Winterruhe, Erdkröte: Winterstarre, Amsel: winteraktiv, Igel: Winterschlaf

3 Zugvögel verlassen ihr Brutgebiet vor dem Winter und ziehen in den Süden. Standvögel bleiben das ganze Jahr über in ihrem Brutgebiet.

4 a Wärmeleitung,
b Wärmestrahlung,
c Wärmeströmung

5 a Wenn Licht auf einen lichtundurchlässigen Körper fällt, gelangt in den Raum dahinter kein Licht. Dieser Raum heißt Schattenraum.
b Wenn man sich auf die Laterne zubewegt, wird man mehr von oben als von vorne angestrahlt, Dadurch wird der Schatten des eigenen Körpers kürzer. Am kürzesten ist der Schatten, wenn man direkt unter der Laterne steht. Geht man weiter, wird der Schatten wieder länger.
c Zwei Schattenbilder entstehen, wenn ein Körper von zwei Lichtquellen beleuchtet wird. Das ist der Fall, wenn man sich zwischen zwei Laternen befindet.

6 Wird ein Lichtstrahl reflektiert, ist der Einfallswinkel immer genauso groß wie der Reflexionswinkel.

7 Licht ändert an der Grenzfläche zweier lichtdurchlässiger Körper seine Richtung. Das bezeichnet man als Lichtbrechung.

8 Die Sonne erwärmt die Erdoberfläche. Landmassen werden schneller und stärker erwärmt als Wasser. Warme Luft dehnt sich aus und steigt nach oben, ihre Dichte wird geringer und der Luftdruck nimmt ab, dadurch entsteht ein Tiefdruckgebiet. Über kalten Gebieten ballt sich die Luft zusammen, es entsteht ein Hochdruckgebiet. Die Druckunterschiede werden durch Teilchenbewegungen ausgeglichen, Luft strömt vom Hochdruck- zum Tiefdruckgebiet. Diese Luftströmung nehmen wir als Wind wahr. Wenn Wasser erwärmt wird, verdunstet es. Kühlt feuchte Luft ab, kondensiert das Wasser zu Tropfen, es regnet.

9 Die Sonne erwärmt Landmassen und Meere unterschiedlich stark. Am Tag entsteht dadurch über dem warmen Land ein Tiefdruckgebiet, über dem im Vergleich zum Land kühleren Meer ein Hochdruckgebiet. Deshalb strömt die Luft am Tag vom Meer zum Land. Nachts ist es umgekehrt. Daher kann ein Segelboot am besten nachts aus dem Hafen auslaufen, wenn der Wind vom Land zum Meer weht. Das Boot hat dann „Rückenwind".

10 Kontrolle der Schemazeichnung: Seite 235, Bild 3. Die Wurzeln geben Halt im Boden und dienen der Aufnahme von Wasser und Mineralstoffen. Die Sprossachse leitet Wasser, Mineral- und Nährstoffe zu den Blättern und Blüten. Die Blätter stellen aus Sonnenlicht und Kohlenstoffdioxid selbst Nährstoffe und Sauerstoff her. Die Blüte dient der Fortpflanzung.

11 1 Kronblatt, 2 Staubblatt, 3 Narbe, 4 Griffel, 5 Fruchtknoten, 6 Stempel, 7 Kelchblatt

12 Eine Biene fliegt auf der Suche nach Nahrung von Blüte zu Blüte. Dabei bleibt Pollen an ihrem Körper hängen. Beim Besuch der nächsten Blüte überträgt sie die Pollen auf die Narbe dieser Blüte. Die Blüte wird bestäubt.

13 a Falsch. Nach der Bestäubung bildet das Pollenkorn einen Pollenschlauch aus.
b Richtig
c Richtig
d Falsch. Eine Frucht kann mehr als einen Samen enthalten.

14 a Es gibt Verbreitung durch Wind, Wasser, Tiere, Mensch und die Selbstverbreitung.
b Eichhörnchen legen mit gesammelten Samen und Früchten Vorräte für den Winter an. Werden nicht alle Samen oder Früchte wiedergefunden, können diese auskeimen. Ungewollt betätigt sich das Eichhörnchen als Gärtner, indem es für die „Anpflanzung" neuer Pflanzen sorgt.

15 Die Voraussetzungen für die Keimung einer Pflanze sind Wasser, Wärme und Luft.

16 1 Laubblätter, 2 Keimstängel, 3 Keimwurzel, 4 Keimblätter, 5 Samenschale

17 Im Sommer nimmt der Baum Wasser über die Wurzeln aus dem Boden auf. Über den Stamm und die Äste erfolgt der Transport bis zu den Blättern. Über die Blätter wird Wasserdampf nach außen abgegeben. Im Winter ist das Wasser im Boden gefroren und kann nicht aufgenommen werden.

18 Die Pflanze gibt ständig Wasser über die Blätter ab. Damit die Pflanze nicht vertrocknet, werden die Blätter abgeworfen. Da im Winter das Bodenwasser gefriert, können die Pflanzen kein Wasser mehr aufnehmen.

Geräte und Maschinen im Alltag – Seite 289

1 a Wenn der Ball das Clownsgesicht trifft, klappt der hintere Hebel (3) weg und der Hebel mit dem Schokokuss (5) wird freigegeben. Die Gummibänder (2) ziehen den Hebel (5) rasch nach oben. Der Schokokuss wird weggeschleudert.
b 1 – Trägerelement, 2 – Antriebselement, 3 – Steuerelement, 4 – Übertragungselement, 5 – Arbeitselement

2

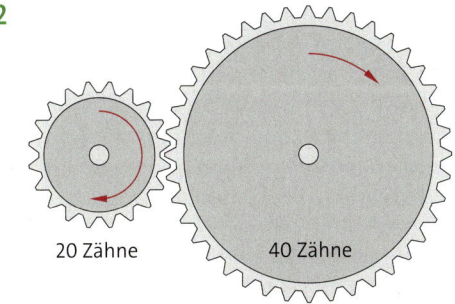

20 Zähne   40 Zähne

3 Beide Leitungen von der Lampe sind mit ein und demselben Pol der Batterie verbunden. Damit die Lampe leuchten kann, muss aber jeder Pol der Batterie mit einem Kontakt der Lampe verbunden sein.

4

5 a Parallelschaltung
b

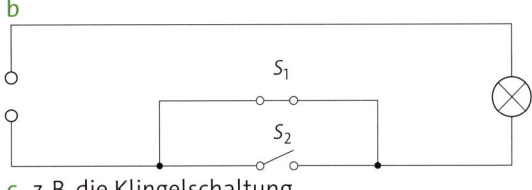

c z. B. die Klingelschaltung

6 Feste Stoffe: z. B. Kupfer, Eisen, Silber | Flüssigkeiten: z. B. Salzwasser, Essig, Zitronensaft

7 a Ein Wasserkocher wandelt elektrische Energie in Wärme um. Eine LED-Lampe wandelt elektrische Energie in Licht (und Wärme) um.
b elektrische Energie → Wasserkocher → Wärmeenergie |
elektrische Energie → LED-Lampe → Lichtenergie

8 a Elektrische Energiequellen sind Energiewandler. Sie wandeln Energie aus anderen Energieformen in elektrische Energie um. Ohne „hineingesteckte" Energie liefern sie keine elektrische Energie – sie liefern also keine elektrische Energie für umsonst.
b z. B. Batterie und Nabendynamo
chemische Energie → Energiewandler Batterie → elektrische Energie
Bewegungsenergie → Energiewandler Nabendynamo → elektrische Energie

Stoffe im Alltag – Seite 329

1 a Stoffe: Aluminium, Glas, Silikon, Papier | Gegenstand: Backform
b Metall: Aluminium | Nichtmetall: Glas | Kunststoff: Silikon | Naturstoff: Papier
c Kuchenformen aus Aluminium, Glas, Silikon und Papier sind zum Kuchenbacken geeignet, weil sie sich beim Erhitzen nicht verformen.

2 Regeln vor dem Experimentieren:
• Im Nawi-Raum darf nicht gegessen oder getrunken werden.
• Vor dem Experimentieren muss der Tisch aufgeräumt werden, sodass nur noch die Dinge darauf liegen, die für den Versuch notwendig sind.
• Anleitungen für Versuche müssen genau durchgelesen und befolgt werden.
• Immer eine Schutzbrille aufsetzen.
• Lange Haare müssen immer zum Zopf zusammengebunden werden, damit sie nicht versehentlich am Gasbrenner entzündet werden.

Lösungen der Testaufgaben

Regeln während des Experimentierens:
- Der Geschmack von Chemikalien darf nie getestet werden.
- Flüssigkeiten müssen sehr vorsichtig erhitzt werden | das Reagenzglas wird dabei schräg vom Körper weggehalten. Die Öffnung darf nicht auf Personen gerichtet werden.
- Für eine Geruchsprobe hält man die Nase nicht direkt über das Gefäß, sondern fächelt sich die Dämpfe immer nur mit der Hand zu.
- Chemikalien fasst man nicht mit den Fingern an, sondern benutzt einen sauberen Spatel. Man arbeitet immer mit kleinsten Mengen und schüttet Reste nie in die Gefäße zurück.
- Pannen werden sofort dem Lehrer gemeldet.

3 a Der Eisennagel leitet elektrischen Strom und Wärme, die anderen Gegenstände tun dies nicht, da sie Nichtleiter bzw. Isolatoren sind.
   b Nichtleiter bzw. Isolatoren

4 A giftig, B leicht entzündlich

5 fest: Eis, z. B. als Eiszapfen, Eisberg, Eisscholle | flüssig: Wasser, z. B. in Flüssen, Seen, Meer, Grundwasser |
gasförmig: Wasserdampf, z. B. als Wolken oder Morgennebel über Gewässern

6 a schmelzen,
   b verdampfen,
   c kondensieren,
   d erstarren,
   e sublimieren,
   f resublimieren

7 Ein Streichholz brennt: Verbrennung | ein Draht rostet: Korrosion | Apfelschalen werden zu Erde: Kompostierung

8 Stoffgemische lassen sich durch verschiedene Verfahren trennen. Stoffe, die sich nicht weiter trennen lassen, sind Reinstoffe.
Reinstoffe sind z. B. Wasser oder eine Glasflasche | Stoffgemische sind z. B. Müsli oder Müll

9 a Soße mit oben schwimmender Fettschicht: Dekantieren
   b Orangensaft mit Fruchtfleisch: Filtrieren

Körper und Gesundheit – Seite 388/389

1 Zellen mit gleichem Aufbau und gleicher Aufgabe bilden zusammen ein Gewebe. Gewebe arbeiten in Organen zusammen und bilden Organsysteme.

2 Verdauungssystem: Zerlegung der Nährstoffe der Nahrung in Bausteine und Aufnahme dieser Bausteine in das Blut
Atmungssystem: Lufttransport über die Luftröhre in die Lungen, Sauerstoffaufnahme das Blut, Kohlenstoffdioxidabgabe aus dem Blut an die Atemluft
Herz-Kreislaufsystem: Das Herz pumpt das Blut durch das Blutgefäßsystem des Körpers, das Blut transportiert Sauerstoff, Nährstoffbausteine, Boten- und Abfallstoffe durch den gesamten Körper.
Bewegungs- und Stützsystem: Das durch Gelenke bewegliche Knochengerüst des Körpers enthält als zentrale Stütze die Wirbelsäule. Plattenknochen schützen die inneren Organe, Bewegungen entstehen durch das Zusammenziehen von Muskeln.
Nervensystem: Das Gehirn ist als wichtigstes Kontrollorgan des Körpers über Nerven mit den Sinnesorganen verbunden. Im Gehirn findet Wahrnehmung, Denken, Fühlen und Planen statt.

3 a Nährstoffe: Eiweiße, Fette und Kohlenhydrate | Ergänzungsstoffe: Vitamine, Mineralstoffe und Ballaststoffe
   b Nährstoffe liefern Energie und sind Baustoffe: Kohlenhydrate sind wichtige Energielieferanten für Muskeln und Organe. Eiweißstoffe werden für den Aufbau von Zellen im gesamten Körper benötigt. Der Energiegehalt von Fett ist doppelt so hoch wie der von Eiweißen und Kohlenhydraten. Außerdem sind Fette Bestandteil von Zellmembranen und damit für den Aufbau von Zellen notwendig. Ergänzungsstoffe unterstützen wichtige Körperfunktionen. Vitamine kann der Körper nicht selbst herstellen, darum müssen sie mit der Nahrung aufgenommen werden. Fehlende oder zu geringe Aufnahme von Vitaminen führt zu Mangelerscheinungen. Mineralstoffe werden für den Aufbau von Zellen benötigt. Ein Mangel an Mineralstoffen führt zu Funktionsstörungen im Körper. Ballaststoffe binden Wasser und quellen daher im Magen und Darm auf, sättigen und regen die Verdauung an. Sie werden unverdaut wieder ausgeschieden.
   c Kohlenhydrate: Nudeln, Reis, Kartoffeln, Brot
Eiweißstoffe: Fleisch, Fisch, Eier, Linsen, Erbsen, Bohnen
Fette: Butter, Wurst, Käse, Nüsse, Öle
Vitamine: Obst, Gemüse (Zitronen enthalten z. B. besonders viel Vitamin C)
Mineralstoffe: kommen in allen Nahrungsmitteln vor

Ballaststoffe: in Schalen und Hülsen von pflanzlichen Nahrungsmitteln, z. B. Getreide, Gemüse, Obst

4 Zu einer gesunden Ernährung gehören eine abwechslungsreiche Lebensmittelauswahl, genügend Wasser und eine gleichmäßige Verteilung der Mahlzeiten über den Tag.

5 Enzyme des Mundspeichels zerlegen Stärke in den Zweifachzucker Malzzucker | Enzyme der Magenschleimhaut zerlegen Eiweißstoffe in Aminosäuren | Enzyme des Gallensafts zerteilen die Nahrungsfette in kleinere Fetttröpfchen | Enzyme im Bauchspeichel zerlegen Fette und vollenden außerdem die Zerlegung von Kohlenhydraten und Eiweißstoffen.

6 Körperkreislauf und Lungenkreislauf

7 In Arterien fließt das Blut vom Herzen weg. In Venen fließt das Blut zum Herzen zurück. Über die sehr dünnen Kapillaren findet der Stoffaustausch zwischen Blut und Körperzellen bzw. Blut und Atemluft statt.

8 Das Herz muss mehr Kraft aufbringen, um das Blut aus der linken Herzkammer durch die Aorta in den ganzen Körper zu pumpen, als aus der rechten Herzkammer über die Lungenarterien in die Lungen. Deshalb ist der Herzmuskel auf der linken Seite wesentlich größer als auf der rechten.

9 Die Herzklappen funktionieren wie Ventile, sie verhindern ein Zurückfließen des Blutes aus den Herzkammern in die Vorhöfe.

10 Sauerstoffreiches Blut ist leuchtend hellrot, sauerstoffarmes Blut dagegen eher dunkelrot. Aus der rechten Herzkammer fließt dunkles, sauerstoffarmes Blut über die Lungenarterie zur Lunge. Dort nimmt das Blut Sauerstoff aus der Atemluft auf und gibt Kohlenstoffdioxid ab, dadurch wird das Blut hellrot. Über die Lungenvene fließt das hellrote Blut zurück zum Herzen, und wird aus der linken Herzkammer über die Aorta, die große Hauptschlagader, in den Körper gepumpt. An den Körperzellen gibt das Blut den Sauerstoff ab und nimmt Kohlenstoffdioxid auf, dadurch wird es dunkelrot. Über Venen fließt das Blut zurück zum Herzen.

11 Blutplasma enthält vor allem Bausteine der Nährstoffe, Mineralstoffe und Vitamine. Die roten Blutkörperchen transportieren Sauerstoff und Kohlenstoffdioxid, die weißen Blutkörperchen wehren Krankheitserreger ab. Blutplättchen helfen beim Verschluss von Wunden.

12 Bei der Brustatmung ziehen sich die Muskeln zwischen den Rippen zusammen und heben dadurch die Rippen an. Der Brustraum wird so vergrößert und die Lunge erweitert sich, Luft wird von außen angesaugt.
Bei der Bauchatmung zieht sich das in den Brustraum gewölbte Zwerchfell zusammen, es wird flacher. Dadurch vergrößert sich die Brustraum, die Lunge erweitert sich und Luft wird von außen angesaugt.

13 Mund/Nase, Rachen, Luftröhre, Bronchien, zwei Lungenflügel

14 In den Lungenbläschen wird Sauerstoff aus der Atemluft ins Blut aufgenommen. Gleichzeitig gibt das Blut Kohlenstoffdioxid an die Atemluft ab, es wird anschließend ausgeatmet.

15 a In der Pubertät werden Mädchen und Jungen geschlechtsreif. Außerdem entwickeln sich die sekundären Geschlechtsmerkmale: Brüste und breite Hüften bei Mädchen, breite Schultern und Bartwuchs bei Jungen.
b Mädchen und Jungen verbringen mehr Zeit mit Gleichaltrigen. Es steigt auch das Interesse am anderen Geschlecht. Es treten vermehrt Probleme mit Eltern und Lehrern auf.

16 Geschlechtshormone bewirken die Auslösung der Pubertät und die Reifung von Geschlechtszellen.

17 Mädchen: breitere Hüften, Rundungen, Brustwachstum, Schambehaarung, Achselbehaarung
Jungen: Bartwuchs, vermehrtes Muskelwachstum, Stimmbruch, breitere Schultern, vermehrte Körperbehaarung, Scham- und Achselbehaarung

18 Spermienzellen sind männlichen Geschlechtszellen. Sperma enthält Spermienzellen sowie Flüssigkeiten, die von der Prostata und der Bläschendrüse beim Spermaerguss abgegeben werden.

19 Bei einer Erektion wird Blut in den Schwellkörpern des Penis gestaut, sodass sich der Penis aufrichtet.

20 Beim Eisprung verlässt eine befruchtungsfähige Eizelle den Eierstock und gelangt in den Eileiter.

21 a Falsch. Nur Jungen haben einen Stimmbruch.
b Richtig
c Falsch. Während der Pubertät bekommen Jungen breite Schultern.

d Richtig
e Falsch. Die Menstruationsblutung geht von der Gebärmutter aus.
f Richtig

22 Während der Pubertät werden von der Haut vermehrt Schweiß und Talg produziert. Diese können von Bakterien zersetzt werden, sodass unangenehme Gerüche entstehen. Bei Mädchen kann auch das Menstruationsblut unangenehm riechen. Bei Jungen muss die Stelle zwischen Vorhaut und Eichel gereinigt werden, damit keine Entzündungen entstehen.

23 Eizellen und Spermienzellen besitzen jeweils einen Zellkern. Spermienzellen sind klein und beweglich, Eizellen sind groß und unbeweglich. Spermienzellen bestehen aus einem Kopfteil, einem Mittelstück und einem Schwanz. Eizellen sind einheitlich rund.

24 Während der ersten 14 Tage des Menstruationszyklus reift im Eierstock eine Eizelle heran. In der Gebärmutter wird eine Schleimhaut aufgebaut. Nach 14 Tagen wird die reife Eizelle aus dem Eierstock in den Eileiter entlassen. Sie wandert nun zur Gebärmutter. Während dieser Zeit kann eine Befruchtung stattfinden. Die befruchtete Eizelle kann sich in der Schleimhaut einnisten. Falls keine Befruchtung stattfindet, wird die Schleimhaut mit dem abgestorbenen Ei und etwas Blut nach außen abgegeben. Der Beginn dieser Menstruationsblutung ist der Beginn eines neuen Zyklus. Ein Zyklus dauert etwa 28 Tage.

25 Als Befruchtung wird die Verschmelzung der Zellkerne von Eizelle und Spermienzelle bezeichnet.

26 Nach einem Samenerguss befinden sich die Spermienzellen im hinteren Scheidenbereich. Sie müssen nun den Gebärmuttermund überwinden und durch die Schleimhaut der Gebärmutter bis zur Einmündung des Eileiters schwimmen. Anschließend führt der Weg den Eileiter aufwärts bis zur befruchtungsfähigen Eizelle.

27 Bis zum Alter von drei Monaten spricht man vom Embryo, ab dem vierten Monat vom Fetus.

28 Die Geburt wird in die Eröffnungsphase, die Austreibungsphase und die Nachgeburtsphase unterteilt. Eröffnungsphase: Der Fetus wird durch Wehen mit dem Kopf voran gegen den Gebärmuttermund gedrückt. Der Gebärmuttermund und die Scheide weiten sich. Die Fruchtblase platzt und das Fruchtwasser fließt ab. Austreibungsphase: Wehen drücken das Kind mit dem Kopf voran durch die Scheide nach außen. Die Nabelschnur wird durchgeschnitten. Nachgeburtsphase: Die Fruchtblase, die Nabelschnur und der Mutterkuchen werden nach außen abgegeben.

29 Kondome verhindern, dass Spermienzellen in die Scheide und darüber in die Gebärmutter und zur Eizelle gelangen. Eine Befruchtung ist damit nicht möglich. Sie schützen auch vor sexuell übertragbaren Krankheiten. Die Pille enthält Hormone, die die Hormonproduktion der Eierstöcke verhindern. So wird das Heranreifen der Eizellen im Eierstock verhindert und eine Befruchtung ist nicht möglich.

30 Suchen Menschen ihren Partner beim anderen Geschlecht, sie sind heterosexuell. Fühlen sich Menschen zu Partnern des gleichen Geschlechts hingezogen, sie sind homosexuell. Gehen Menschen Partnerschaften mit Personen beider Geschlechter ein, sind sie bisexuell.

Stichwortverzeichnis

Bildquellenverzeichnis

Titel: OKAPIA KG/imagebroker/Stefan Huwiler/M, Germany (Hamster, oben), Coulorbox.de (Blume, unten) | action press: S. 193/l., REX FEATURES LTD.: S. 213/3, PMD: S. 367/4a+b | Agentur Focus/eye of science/Meckes/Ottawa: S. 359/4 | Bildagentur Huber: S. 217/5 | BMJ Publishing Group Ltd, 2011: S. 366/2a+b | Clip-Dealer/Torsten Dietrich: S.264/2, Rebmann: S.301/4 | Colourbox.com: Cover/u., Prill Mediendesign & Fotografie: S.250/3 | Cornelsen: S.300/2, S.358/2, S.390/o., S.391/u. | Cornelsen/Detlef Seidensticker: S.198/6, S.202/2b, S.222/2, S.224/3, S.225/4, S.225/5, S.227/3, S.227/4, S.232/3, S.297/2, S.298/2, S.307/4, S.306/1, S.311/5, S.311/3, S.312/2, S.316/2, S.317/4, S.321/4, S.321/3, S.322/2, S.322/1, S.323/3, S.326/2, S.335/3, S.340/1, S.343/2, S.386/1 | Cornelsen/Esther Gollan: S. 337/2, S. 337/3, S. 337/4, S. 353/6, S. 351/2, S. 352/2, S. 352/1, S. 355/2, S. 361/6 | Cornelsen/Heepmann, Bernd: S. 273/7 | Cornelsen/Heinz Mahler: S.199/10, S. 225/6, S. 285/3 | Cornelsen/Jochim Lichtenberger, Fahren: S. 201/4 | Cornelsen/Karin Mall: S. 337/2, S. 337/3, S. 337/4 | Cornelsen/Markus Gaa: S. 197/4, S. 197/5, S. 202/2a, S. 207/4b, S. 207/4c, S. 207/4a, S. 224/1, S. 272/1, S. 272/2, S. 275/7a, S. 275/7b, S. 275/7c, S. 275/7d, S. 275/7e, S. 275/7f, S. 275/7g, S. 275/7h, S. 279/7, S. 280/1, S. 280/2, S. 281/6, S. 282/1, S. 284/1b, S. 284/1a, S. 314/2 | Cornelsen/Matthias Pflügner: S. 204/3, S. 232/4, S. 268/1, S. 269/5, S. 271/3, S. 277/3, S. 278/1, S. 286/1, S. 294/1, S. 294/2, S. 294/3, S. 295/4, S. 295/5, S. 295/6, S. 295/7, S. 300/1, S. 306/3, S. 312/1, S. 318/1, S. 369/2, S. 369/3, S. 387/3 | Cornelsen/Maryse Forget & Robert Fontner-Forget: S. 211/4, S. 257/3, S. 325/3 | Cornelsen/Peter Wirtz: S. 357/3 | Cornelsen/Rainer Götze: S. 194/2, S. 195/3, S. 195/4, S. 197/3, S. 199/11, S. 199/7, 8, 9, S. 200/2, S. 200/3, S. 201/5, S. 206/2, S. 207/3, S. 208/1, S. 208/2, S. 208/3, S. 208/4, S. 209/6, S. 209/7, S. 209/8, S. 210/2, S. 211/3, S. 214/2, S. 215/4, S. 215/5, S. 215/6, S. 219/4, S. 220/1, S. 221/3, S. 223/4, S. 223/3, S. 228/1, S. 229/2, S. 230/2, S. 231/5, S. 232/1, S. 233/5, S. 262/2, S. 270/2, S. 272/4, S. 272/5, S. 273/6, S. 273/7, S. 274/1, S. 274/2, S. 274/3, S. 274/4, S. 275/7i- 7x, S. 276/1, S. 277/5, S. 278/2, S. 279/3, S. 279/5, S. 281/4, S. 281/5, S. 281/6, S. 282/2, S. 283/3, S. 283/4, S. 283/5, S. 283/6, S. 284/2, S. 285/4, S. 285/5, S. 287/5, S. 287/6, S. 288/1, S. 288/2, S. 288/3, S. 288/4, S. 288/5, S. 288/6, S. 289/7, S. 289/8, S. 289/9, S. 299/4, S. 311/4, S. 313/4, S. 313/5, S. 315/6a, S. 315/6b, S. 365/3, S. 365/4, S. 397/o., S. 397/M., S. 397/u. | Cornelsen/Robert Fontner-Forget: S. 236/1, S. 237/5, S. 241/7, S. 243/3, S. 245/9b, S. 245/8, S. 252/2, S. 256/2, S. 260/2, S. 260/3, S. 265/6, S. 327/3, S. 372/1, S. 373/5, S. 373/6, S. 376/1, S. 377/5, S. 380/2, S. 381/5d, S. 381/5c | Cornelsen/Stephan Röhl: S. 292/2, S. 293/4, S. 302/1, S. 302/2, S. 302/3, S. 303/4 | Cornelsen/Stephan Winkler: S. 353/6 | Cornelsen/Tom Menzel: S. 204/1, S. 204/2, S. 205/4, S. 205/5, S. 235/3, S. 239/5, S. 239/4, S. 240/1, S. 240/2, S. 241/8, S. 241/9, S. 244/7, S. 244/5, S. 244/6, S. 247/2, S. 247/3a, S. 247/4, S. 248/2b, S. 248/4d, S. 248/3c, S. 248/1a, S. 252/3, S. 254/2, S. 255/3, S. 261/4, S. 263/3, S. 265/7, S. 327/5, S. 333/2, S. 334/1, S. 335/2, S. 345/4, S. 345/3, S. 346/2, S. 347/3, S. 348/1, S. 349/2, S. 351/2, S. 352/3, S. 352/2, S. 352/1, S. 355/2, S. 356/2, S. 356/1, S. 357/5, S. 361/6, S. 362/2, S. 363/3, S. 364/1, S. 371/2, S. 373/4, S. 375/2, S. 383/2 | Cornelsen/Volker Döring: S. 256/1 | Cornelsen/Volker Minkus: S. 239/6, S. 239/3, S. 241/6, S. 248/3, S. 248/4, S. 261/5a, S. 261/5b, S. 332/1, S. 365/2, S. 377/4, S. 360/1, S. 360/2 | ddp images/Joerg Koch: S. 367/5, Science Photo Library/Dr Yorgos Nikas/(c) Dr Yorgos Nikas/Corbis Creative: S. 389/3b | Deutsches Museum, München: S. 200/1 | dpa Picture-Alliance/Arco Images GmbH: S. 243/5, Felix Hörhager: S. 210/1, blickwinkel/Metodi Popow: S. 234/1, S. Derder/S: S. 249/5, Arco Images GmbH: S. 245/9a, D.Harms/WILDLIFE: S. 249/6, Polfoto: S. 253/8, Leo Himsl: S. 271/4, David Ebener: S. 341/5 | F1online: S. 195/6, S. 218/3, S. 267/r., S. 292/1, Adelheid Nothegger/Imagebroker RM: S. 212/2a, S. 264/3, FLPA: S. 212/2b, Milena Boniek/PhotoAlto: S. 374/1 | Fotolia/Africa Studio: S. 315/5, Alexander Raths: S. 354/1, anoli: S. 376/2, ARochau: S. 188/o. S. 266/M., artush: S. 231/3, BEAUTYofLIFE: S. 323/4a, Brad Pict: S. 267/l., by-studio: S. 310/2, choucashoot: S. 383/4, Christoph Hähnel: S. 253/c, contrastwerkstatt: S. 286/2, cut: S. 323/4c, Daniela Stärk: S. 329/3d, digitalfoto105: S. 246/1, S. 286/4, Dinadesign: S. 226/2b, drubig-photo: S. 388/2, Eléonore H: S. 370/1, exclusive-design: S. 329/3c, Fontanis: S. 341/4, grafikplusfoto: S. 193/r., hachri: S. 362/1, Horst Schmidt: S. 209/5, Ig0rZh: S. 198/2, Ivonne Wierink: S. 378/1, JiSign: S. 307/7, Jürgen Fälchle: S. 222/1, S. 331/r., kab-vision: S. 344/1, S. 344/2, Katarina S.: S. 232/2, Kitty: S. 366/1, Kzenon: S. 188/u., S. 290, S. 379/3, lassedesignen: S. 187/o., S. 192, Lulu Berlu: S. 194/1, M.studio: S. 338/1, magann: S. 264/5, marcrossmann: S. 198/3, Masson: S. 384/1, Miriam Dörr: S. 303/5, Miroslawa Drozdowski: S. 236/2, Monkey Business: S. 230/1, S. 346/1, monticellllo: S. 328/2, Natalia Klenova: S. 310/1, nicknick_ko: S. 198/1, nixki: S. 353/5, Pelz: S. 250/1, Perytskyy: S. 307/6, Photographee.eu: S. 388/1, PhotographyByMK: S. 384/2, PhotoSG: S. 329/3a, Picture-Factory: S. 304/1, pressmaster: S. 342/1, rdnzl: S. 307/8, rimmdream: S. 372/2, soulrebel83: S. 315/4, StockPhotosArt: S. 307/5, Subbotina Anna: S. 379/4, Thaut Images: S. 262/1, tunedin: S. 189/o., S. 330, TwilightArtPictures: S. 237/3, S. 329/3b, vencav: S. 329/5, volff: S. 331/L., Wirepec: S. 198/4, | GlowImages/Corbis/Felix Wirth: S. 336/1, Ulrich Niehoff/imagebroker: S. 368/1 | Hommelfilm, Herford: S. 195/5, | Image Source/Alex Greenwood: S. 196/2c, Alexei Aliev: S. 305/3, Heide Benser: S. 224/2, Herbert Spichtinger: S. 258/1, Jonathan Gibson: S. 269/3, Jonathan Gibson: S. 269/4, Lilian Henglien: S. 196/1, Markus Henttonen: S. 226/2a | imago: S. 270/1a, S. 350/1, imago/Harald Lange: S. 212/1, imago sportfotodienst/Westend61: S. 270/1b, imago stock&people/blickwinkel: S. 264/4, imago stock&people/ZUMA Press: S. 253/9, | interfoto e.k./Sammlung Rauch: S. 320/2, imagebroker/Siepmann: S. 259/5 | Juniors/Arndt, S. E.: S. 263/4, S: S. 217/4 | laif/CONTRASTO/ELIGIO PAONI: S. 253/a, Keystone Schweiz: S. 286/3, Thomas Ernsting: S. 375/3, S. 387/5 | mauritius images/age: S. 218/1, S. 218/2, mauritius images/foodcollection: 241/5, alamy/David Wootton: S. 249/7, Bluegreen Pictures: S. 216/1, Dirk von Mallinckrodt: S. 251/7, Emmanuel LATTES: S. 251/6, Eye Ubiquitous: S. 207/5, Elisabeth Schmidbauer: S. 240/4, FELLOW: S. 307/6, Günther Essbach: FreshFood: S. 248/1, Geordie Torr: S. 206/1, James R Clarke: S. 305/4, Jörn Friederich: S. 216/2, Harald Lange: S. 244/1, Ikon Images/Ian Cuming: S. 203/4, imageBroker/Andrey Nekrasov: S. 196/2a, imageBroker/BAO: S. 317/3, S. 366/3, Jochen Tack: S. 324/2, Mark Axcell: S. 202/1, Michael Grant: S. 231/4, Michael Runkel: S. 328/1, Minden Pictures/LeeC: S. 253/5, S. 213/4, Pacific Stock: S. 196/2b, Phototake: S. 360/4a, S. 389/3a, Pixtal: S. 264/1, Radius Images: S. 254/1, Sabine Schürhagel: S. 215/3, Science Source: S. 380/1, S. 203/3, S. 359/6, Steve Vidler: S. 238/1, United Archives: S. 259/3, way out west photography: S. 229/4, S. 242/2, S. 244/4, S. 251/4, S. 253/4, Westend61: S. 381/5b | OKAPIA KG/Chris Martin Bahr/SAVE: S. 240/3, Hans Lutz: S. 243/4, Ake Lindau: S. 244/3, Dr. Eckart Pott: S. 250/2, imagebroker/Stefan Huwiler/M, Germany: Cover/o., info@okapia. de: S. l/u., NAS/Biophoto Associates: S. 359/3, NAS/Lynwood M. Chace: S. 234/2, S. 360/4b, Stem Jems: S. 359/5, Werner Scheuber/SAVE: S. 242/1 | Photoshot/ TIPS/Alberto Nardi: S. 229/3, Clover: S. 247/3b, NHPA: S. 259/4 | picture-alliance/OKAPIA/Manfred P.Kage: S. 371/3, global-MET: S. 378/2, S. 387/4 | Reuters/LEHTIKUVA: S. 213/5 | Science Photo Library/Geoff Tompkinson: S. 313/6, DR G. MOSCOSO: S. 382/1 | shutterstock/2xSamara.com: S. 358/1, Africa Studio: S. 316/1, AlessandroZocc: S. 252/1, amphaiwan: S. 326/1, Denise Sirois: S. 198/5, Gouvi: S. 296/1, Juraj Kovac: S. 291/l., Kochneva Tetyana: S. 324/1, Lyubov Levitskaya: S. 381/5a, mangostock: S. 385/3, S. 385/4, Milleflore Images: S. 339/2c, MonikaKL: S. 237/4, nanantachoke: S. 306/2, olmarmar: S. 298/3, originalpunkt: S. 386/2,Patrick Foto: S. 226/1, Phil McDonald: S. 304/2, science photo: S. 314/1, Serg64: S. 323/4b, TAGSTOCK1: S. 339/2a, tamsindove: S. 339/2d, Wasu Watcharadachaphong: S. 339/2b, worradirek: S. 320/1, Yan Simkin: S. 291/r., zhekoss: S. 253/b | TopicMedia: S. 238/2, Herbert Kehrer: S. 251/5, ib: S. 253/6, S. 248/2, S. 258/2a, S. 258/2b, Ruckszio: S. 244/2 | yourphototoday/Bernd Friedel/www.a1pix.com: S. 233/6, a1pix/Bernd Juergens/PM: S. 293/5